翻译能力的构成以及培养研究

黄丹丹　王　娟　著

西北工业大学出版社

西　安

【内容简介】　本书内容包括翻译能力研究综述、翻译能力的构成、习得及评价、英语翻译的理论基础、英汉互译的过程描述及翻译中的思维现象分析、我国翻译能力教学分析、文化语言视角下的翻译教学、认知视角下的翻译教学、英语翻译教学在学生翻译能力培养上的不足及对策以及学生在学习翻译能力学习与习得中需要注意的问题等 9 章。

本书可作为相关专业以及从事相关职业的人员参考。

图书在版编目（CIP）数据

翻译能力的构成以及培养研究 / 黄丹丹, 王娟著. — 西安 : 西北工业大学出版社, 2020.9
ISBN 978-7-5612-7289-3

Ⅰ. ①翻… Ⅱ. ①黄… ②王… Ⅲ. ①英语-翻译-教学研究-高等学校 Ⅳ. ①H315.9

中国版本图书馆 CIP 数据核字(2020)第 173751 号

FANYI NENGLI DE GOUCHENG YIJI PEIYANG YANJIU
翻译能力的构成以及培养研究

责任编辑：梁　卫　　　　策划编辑：雷　鹏
责任校对：雷　鹏　　　　装帧设计：吴志宇
出版发行：西北工业大学出版社
通信地址：西安市友谊西路 127 号　　　　邮编：710072
电　　话：（029）88493844　88491757
网　　址：www.nwpup.com
印 刷 者：北京市兴怀印刷厂
开　　本：710 mm×1 000 mm　　1/16
印　　张：14.25
字　　数：215 千字
版　　次：2021 年 1 月第 1 版　　2021 年 1 月第 1 次印刷
定　　价：78.00 元

前　　言

英语作为世界的通用语言，随着国家间的交往日益频繁，我国对高素质翻译人才的需求将会大大增加。如何培养出更多符合社会需要的高素质翻译人才，成了一项紧迫任务。翻译本质及译者的研究，对翻译教学颇具启示。

翻译能力，是集听、说、读、写等于一体的语言运用能力，是语言知识和其他知识的综合体现。翻译能力的培养，除了需要汉英两种语言的修养之外，还应注重强化翻译技能训练和其他相关能力的培养。当前，我国翻译教学存在的不足，主要表现为教学目标不够明确、教学方法相对滞后、课程设置缺乏系统性、翻译评估体系缺少、学生双语基础不够扎实等，翻译能力的培养相对滞后。为应对市场对高素质英语翻译人才的需求，我国对英语专业学生翻译的培养越来越重视，不少外语院校也在不断探索和改进翻译教学，这将会促进我国的翻译教学趋向于更加科学化和规范化。翻译教学改革应遵循其内在规律.，找出这些内在规律将有助于翻译教学的改进和学生翻译能力的提高。

本书通过对语言及翻译活动的解读以及现今我国翻译教学现状的阐释，来探究当代中国的翻译教学现状，并在此基础上探讨翻译能力的内涵、培养的科学途径及应当注意的问题。本书共分九章，主要内容包括: 第一章　翻译能力研究综述、翻译能力的构成、习得及评价、翻译的理论基础、英汉互译的过程描述及翻译中的思维现象分析、我国翻译能力教学分析、文化语言视角下的翻译教学、认知视角下的翻译教学、英语翻译教学在学生翻译能力培养上的不足及对策、学生在学习翻译能力学习与习得中需要注意的问题等。

写作过程中，参考了众多专家学者的研究成果，在此表示诚挚的感谢。由于时间和精力的限制，书中难免存在疏漏和不足之处，敬请读者不吝指正。

作　者

2020 年 3 月

前言

目　录

第一章　翻译能力研究综述

第一节　翻译能力的定义

一、抽象能力与交际能力

Chomsky 提出了“语言能力”的概念，作为一种抽象的理想能力，语言能力与语言的实际使用无关。与之相反，Hymes 于 1967 年提出了“交际能力”的概念，认为语言能力必须在语言的实际使用中来加以定义，作为交际能力的语言能力不仅包括词汇、句法等语言结构层面的正确使用，而且需要符合社会准则，从而达到具体交际情境中的交际目的。在翻译领域，从最初以 Catford 为代表的纯语言学研究路径发展到后期逐渐重视对翻译过程中社会、文化因素的研究，人们也越来越认识到翻译行为离不开特定的情境，研究者目前普遍认同“翻译能力是交际能力的一种特殊形式”(Gile 1995：22；Shreve 1997；Gutt 1999；PACTE 2000；Colina 2003：24)。例如，Bell 将翻译能力定义为“译员所具有的知识和能力，使之能够完成交际活动，这种交际活动不仅符合语法规则，而且能被社会认可 (1991：41)。可以看出，我们所说的“翻译能力”与传统外语教学中的语法—翻译教学有着本质的区别。后者以发展学生的语言能力为目标，翻译的目的并不是为了完成某一项交际活动，而是帮助学生掌握词语、句法等语言知识，是一种外语教学手段。而现实生活中的翻译活动来源于对跨语言信息传递的需求，这就要求译员不能拘泥于语言结构本身的因素，而要充分考虑交际活动的各项要素，如交际意图、交际对象、交际情境等，从而达到交流的目的。

二、知识与技能

交际能力包含知识与技能两部分。如果翻译能力是交际能力的一种形式，那么它不仅包括翻译的相关知识，还包括译员运用知识进行翻译的技能。因此，大部分对于“翻译能力”的定义都涉及“知识”和“技能”两方面。Bell(1991：43)认为，翻译能力即“译者翻译时所必须具备的知识和技能”。PACTE(2000；2003；2005)指出，翻译能力即“翻译所需的内在知识系统和技能”，并根据 Anderson(1983)明确提出翻译能力包括陈述性知识(declarative knowledge)和程序性知识(procedure knowledge)两部分，前者实际上指“知识”，后者指“技能”。

三、专家能力与一般能力

翻译能力是一种交际能力，但是两者也有区别。根据 Shreve(1997)，交际能力是一个语言社团的人共同拥有的，而翻译能力则并非如此。简单地说，每个人都有交际能力，但并不是每个人都有翻译能力，后者是随着经验的累积而发展出来的(experience driven)。PACTE 小组在这一点上延续了 Shreve 的观点，认为翻译能力属于交际能力的一种，两者相异之处在于翻译能力是一种专家知识，是专业译者所具有的能力(PACTE 2003：45)。当然，这种专家能力并不是译者一开始就具备的。能力是一个相对的、程度性的概念。不同水平的译者其能力有高低之分，但是并不能说翻译初学者就没有翻译能力，只能说和专业译者相比，能力要低一些(Dimitrova 2005：16)。那么这种能力经历了哪些发展阶段得以最终形成？

Chcsterman(2000)借鉴 Dreyfus&Dreyfus(1986)的理论，提出了翻译能力发展的五阶段模式：

(1) 新手(novice stage)阶段，学习者有意识地学习如何进行简单的信息加工，在该阶段掌握的知识是脱离语境的，正如学开车时只是学会了如何踩油门、踩刹车，但是并不能协调各项技能，因此只是掌握了客观知识及行动规则。

(2) 熟练新手(advanced beginner)阶段，学习者开始考虑语境因素，能根据具体情形的需要下意识地整合各项技能。

(3) 能力(competence)阶段，学习者随着经验的增加，能够全面考虑任务过程中各因素之间的轻重缓急程度，针对具体情形进行整体的分析、规划。

(4) 熟练(proficiency)阶段，除了运用理性分析，学习者的个人经验、感性直觉开始发挥重要作用。

(5) 专家水平(experience)阶段，感性直觉占主导地位，理性的监控虽然并没有消失，但已经转到地下。由此，学习者完成了从有意识做决定阶段向自动化决定阶段的过渡，但这都是由于经验的不断累积才能实现的。

与 Chesterman 类似，PACTE(2000)从心理认知角度出发，提出了翻译能力的发展模式：

根据这一模式，从“前翻译能力”发展到“翻译能力”阶段的过程中，各能力成分不仅各自发展，而且通过译者对学习策略的运用得到有效协调，译者根据具体的翻译任务与交际情境在各项分能力中进行选择、调控、整合，由此推动翻译能力的整体发展。

与上述模式中的心理认知视角相比，Shreve(1997)对于翻译能力发展的论述更注重社会因素的作用。他认为应根据不同的服务对象、翻译任务、翻译需要等具体情境来讨论翻译能力的发展。Shreve 将译者的内部图示变化(心理认知视角)与翻译活动的社会性(社会规范视角)结合起来，提出了翻译能力由自然翻译(natural translation)向建构翻译(constructed translation)发展的假说。在自然翻译阶段，个体拥有相似的翻译能力，但是随着翻译经验的累积，译者的图示发生改变、重构，从而建构翻译能力。

翻译能力的习得和以下因素有关(1997：127—128)：①翻译活动进行的交际场合，如是否是职业翻译还是教学翻译。②翻译过程中有无监督人或监督机构，如是否自学翻译还是参加了专业训练。③任务性质，如任务描述、解决方案的提出、讨论等。④客户对任务完成情况的反馈。总之，在该模式中，翻译经验的增加促使译员内在图示发生变化，而翻译活动所具有的社会性又使外在因素对翻译能力的发展起作用，两者的结合导致自然翻译向建构翻译发展。

四、语言能力与翻译能力

对翻译能力的认识固然离不开上述三点，但更为关键的是厘清它与双语能力的关系。尽管大部分研究者对于翻译能力是一种交际能力、包括知识和技能两部分等观点并无异议，但是在翻译能力与双语能力的关系问题上历来存在分歧。概括而言，这种分歧主要体现在以下三种不同立场：双语能力包含翻译能力；翻译能力包含双语能力；翻译能力和双语能力无关。

（一）双语能力包含翻译能力

Harris(1977；1978)，Harris&Sherwood(1978)较早进行了关于翻译能力的研究，他们提出了“自然翻译”(natural translation)的观点，认为随着双语能力的发展，翻译能力自然就会发展。翻译能力随着年龄及双语能力的增长经历了三个阶段：前翻译阶段(pretranslation)、自动翻译阶段(auto translation)、通导阶段(transduction)。这样一来，翻译能力就成了双语能力的一种衍生物，双语能力就成为翻译能力的上义词。

随着研究的深入，翻译能力随双语能力自然发展的观点遭到了摒弃。Toury(1984)提出了“天生译者”(native translator)的说法，对Harris的观点进行了修正，他认为翻译能力和双语能力并非同步发展。虽然双语者确实存在一种内在的翻译潜能(innate predisposition for translating)，但是能否实现这种潜能，能否在翻译行为中体现出来，则是另一回事。Harris 并没有说明翻译能力之所以得以发展的根本原因，在Toury(1995)看来，翻译是交际行为，受社会情境、翻译规范等作用而激发启动，翻译能力的习得也就是译者渐渐熟悉社会的翻译“规范”并受翻译规范支配的过程。

（二）翻译能力包含双语能力

Toury(1984；1986；1995)指出双语者要成为一名译者，不仅需要先天的语言能力，还需要一种“转换能力”(transfer ability)，并提出翻译能力是包含语言能力和转换能力在内的集合体。该模式的出发点在于认为翻译能力包含但不限于双语能力，因此根据这一观点，翻译能力在一定程度上是双语能力的上义词。目前大部分研究者采用了该模式，均认可语言能力只是翻译能力的一个组成部分，不过不同的学者对于除了语言能力之外翻译能力还包含哪些能力成分的看法有所差异。

Bell(1991)认为，翻译能力包括：目的语语言知识、语篇类型知识、源语语言知识、主题知识、对比知识以及涵盖语法、社会语言学等方面的解码、编码技能(总称为“交际能力”)。

Cao(1996)较为系统地借鉴 Baehman(1990)的语言能力模型构建了翻译能力模式，主要包括语言能力、知识结构、策略能力，其中语言能力又分为组织能力与语用能力，组织能力主要指语法能力与语篇能力。该模式以语言能力模型为基础，方法上主要以逻辑分析与理论构建为主，并没有对此开展实证研究，但作为翻译领域比较早期、相对系统的研究成果，该模型的构建具有十分积极的意义。

Campbell(1998)主要构建了从母语译人外语的翻译能力模式，主要包括文体能力、词汇能力、监控能力、性情等成分。Neubert(2000：6)主张翻译能力包括语言能力、语篇能力、主题能力、文化能力和转换能力，转换能力指“构成译者独特的认知体系即语言匹配能力、语篇主题能力以及文化能力的心理机制”(2000：12)，它建立在前几项能力的基础上，同时将它们统一协调起来，使译者能够完成翻译行为。Schaffner 认为翻译能力包含语言能力、文化能力、语篇能力、主题能力、查询研究能力、转换能力。和 Neubert 一样，她强调转换能力的特殊地位，认为是翻译所特有的，指“生成译语文本从而满足翻译任务要求的一种能力”，该能力将其他的分项能力整合起来(2000：146—148)。

近年来关于翻译能力研究较有影响力的是西班牙 PACTE(Process of Acquisition of Translation Competence and Evaluation)研究小组，该小组提出的翻译能力模式包括双语能力、语言外能力、翻译专业知识、工具操作能力、策略能力，这五项能力通过心理—生理机制起作用(PACTE 2005)。在此基础上，奥地利 Trans Comp 研究小组成员 Gopferich(2009)提出了另一个类似的翻译能力成分模式，包括双语交际能力、专业领域能力、工具使用及研究能力、翻译流程激活能力、心理生理能力和策略能力。以上模式的特点是考虑了现实生活中职业翻译市场特点，将职业译者使用翻译记忆、翻译辅助软件等工具的能力纳入模式中。

对多成分翻译能力模式的批评主要来自 Pym(2003)，他认为这种多成分模式受到翻译研究的跨学科趋势影响，“既然任何相邻学科都可以借鉴，那么任何东西实际上都可以加入‘翻译能力’的成分模式中来”(2003：487)，从“翻译述要”译者的常识、打字速度等，不断有新的内容加入进来，能力模式就会日趋复杂。多成分能力模式竭力想要将译者完成翻译任务所需的不同方面的能力囊括进来，这一思路注定了此类模式将总是落后于时代的要求，因为技术手段革新迅速，总是比现有成分模式中所列的能力要求要先行一步。因此，Pym 认为多成分模式在方法论上存在明显的弊端，主要体现为以下几点：①很难明确翻译能力应该由多少成分构成；②对翻译能力的定义似乎过于理想，并没有结合译员真正的学习过程来进行说明；③大部分模式声称是基于描述性研究的成果，但实际上充满了假设，理论成分居多(2003：487)。

（三）翻译能力与双语能力无关

Wilss(1982：58)很早就提出，“和传统的四项单语能力‘听、说、读、写’显然不同，翻译需要一种语际‘超能力’(supercompetence)”。换言之，他将翻译能力与语言能力并列起来，两者成为两个完全不同的概念。

Koller(1979：185，转引自：Pym 2003)认为翻译能力和语言能力存在本质差别，两者之间的差异正如“言语”(parole)与“语言”(langue)之间的区别。

Krings(1986)让6位德语母语学习者将一篇德语原文译为法语，并将翻译中碰到的问题分类，其中一类与语言知识有关，如由于法语能力不够所导致的翻译问题，另一类为语际转换过程(interlingual process)中出现的问题。他认为只有后一种才与译者的翻译能力有关。

和 Krings 一样，Pym(2003)主张一种完全独立的翻译能力观，这种能力应该是翻译特有的。他认为研究者应该致力于确定那些只与翻译有关的因素，这样才能把握翻译能力的本质。不同的是，Krings 从语际转换角度来说明翻译能力并不等同于语言能力，而 Pym 本人是从翻译行为的角度来定义翻译能力的，他认为翻译能力即：①针对某一源语文本生成一系列可能译本的能力；②从中迅速、自信地选择一个合适译本的能力。简言之，翻译能力就是生成和选择的能力。此外，Pym 指出将翻译能力从语言能力中分离出来具有重要意义，对两者进行有效区分才能使翻译教学不至于等同于语言教学，翻译测试不至于沦为语言能力测试，从而有助于翻译学科的发展。

尽管该派中各学者的提法各异，但从根本上而言，他们均认为翻译能力是双语能力之外的另一种能力。Pym 用了翻译能力的“最简方案”(minimalist approach)这一术语，倒是能够很好概括这一派观点的特征。

（四）对三种观点的评价

以上是关于翻译能力与双语能力关系的三种主要观点，其中翻译能力等同于双语能力的观点已经退出了历史舞台，当前研究者普遍认同翻译能力是包含双语能力在内的多成分能力。与“翻译能力完全不同于双语能力”的观点相比，多成分模式不仅涵盖了双语能力，而且一些多成分模式中还包含了第三种观点所重点强调的“转换能力”。例如，Neubert，Schaffncr 等人提出的多成分模式中均包含“转换能力”，只不过他们采用的是广义的翻译能力观，转换能力是翻译能力的一部分，而 Wilss 等认为翻译能力就是转换能力，因此采用的是一种狭义的翻译能力观。下面对这三种观点进行具体评价。

首先，以往三四十年间研究者对翻译能力有了进一步的认识， Harris 将翻译能力等同于双语能力发展衍生物的观点已经不被学界所认可。不仅如此，从职业翻译市场和职业译者的角度来看，翻译能力也并非只是语言能力的简单相加。美国译者协会明确指出，双语能力并不是翻译能力的充分条件，双语者尽管语言能力出色，但是并不一定具备在两种语言之间传递信息的能力。另外，从翻译教学的角度来看，翻译能力研究的出发点在于为译员培训、翻译教学服务，如果翻译能力只是双语能力的衍生物，那还有必要进行单独的翻译教学吗？语言教学就足以达到目的，因为学生的语言能力提高了，翻译能力自然就会提高。如此一来，翻译教学似乎成为语言教学的一部分，此种观点无益于翻译学科的独立与发展。

其次，对翻译能力完全不同于双语能力的观点主要有两点批评。第一，两者的区分是否具有心理现实性。Lorcher(1991：96)针对 Krings(1986)的研究指出，将翻译能力问题与语言能力问题区分开来存在一定难度。在该研究中，只有 6.5%的问题被学生认为是属于翻译能力的范围。对受试来说，两者之间的区分可能不具有心理现实性。或许正因如此，Lorscher 本人索性避开这个问题，不谈“能力”，只谈翻译“策略”。第二，将两者完全区分开来的做法是否在教学实践中具备可操作性。例如，Pym 虽然对翻译能力多成分模式的缺陷有清楚的认识，他本人提出的最简方案对于翻译学科的独立也具有重大的理论意义，但是从实践的角度来看，如何在教学中帮助学生发展他所说的两点能力还是个未知数，Pym 自己也并没有后续研究来说明这一点。因此，有学者(Lesznyak 2007)认为，Pym 的翻译能力模式在翻译教学中的实践操作性不强，这是不无道理的。

相比之下，包含双语能力在内的多成分翻译能力模式得到了较多学者的支持，可以说是当前研究者的主流观点(Colina 2003：132)。虽然不同研究者关于翻译能力到底包含哪些成分各有不同看法，但根本的出发点是一致的，都将翻译能力视为各分项能力的集合。与带有几分神秘色彩的翻译能力最简方案相比，该模式较为直观地呈现出翻译能力的构成成分。其优势在于可分解性，也就是说将翻译能力分解为多项分能力，这一点对译员培训尤其有用，因为翻译教学内容的安排需要根据翻译人才培养目标，有步骤、有计划地分解操作(武光军 2006)。例如，根据 PACTE(2003)提出的模式，翻译能力包括文化能力、资料查询能力等，因此翻译教学中可有针对性地开展对译员文化知识、翻译辅助工具应用等方面的培训。该模式也利于翻译测试，其优点在于“为设计间接翻译测试提供理论支持，有利于翻译试题的多样化和科学化”(邹申 2005：399)。对研究者而言，通过分解多成分模式，可以对各分项能力展开更为深入的研究。

综上所述，翻译能力由包括双语能力在内的多种成分构成，从性质上来说属于交际能力，不仅指译者对语言规则、翻译原则等陈述性知识的掌握，而且指译者根据语言交际的语境充分调动内在知识以完成交际活动的能力。翻译能力是一个连续体(continuum)，其发展不仅涉及译者内部心理认知因素的改变与整合，而且需要结合社会规范、翻译情境等外部因素对译者翻译能力的影响来进行考量。

第二节　国内外翻译能力研究概况

一、国外翻译能力研究

从20世纪70年代末首次提出“翻译能力”这一研究课题，短短三四十年间，国外的翻译能力研究得到了长足的发展，主要呈现出以下几个特点：

(一) 研究规模及影响力不断扩大，且多以合作型研究的形式进行

目前除西班牙巴塞罗那自治大学的PACTE小组外，翻译能力的主要研究者包括：西班牙的PETRA研究小组、奥地利的TransComp小组、由芬兰Ja~iskelainen，Tirkkonen—Condit和德国Kussmaul等多位欧洲学者组成的EXPERTISE小组、巴西的Alves，Gonqalves等人以及丹麦的Jakobsen，Carl，Hansen等人。

(二) 呈现出跨学科趋势

翻译能力最早获得关注是在双语研究领域，随后不断有学者从各个学科角度切入，如功能语言学(Bell 1991)、认知心理学(Danksetal．1997；Presas 2000；Shreve& Angelone 2010)等。Schafffner&Adab 于 2000 年主编出版的《培养翻译能力》(Developing Translation Competence)一书展示了该领域早期的多角度研究成果，对翻译教学及翻译研究起到了良好的推动作用。此外，Angelleli(2009)较好地融合了翻译教学及翻译资格考试机构对翻译能力(包括口译能力)的研究视野和实践做法，从语言测试角度对翻译能力的定义及评估进行了探讨。总体而言，翻译能力研究涉及文本、译者的认知心理和能力的评测等多个方面，是一个跨学科研究课题。

(二) 实证研究逐步加强，研究方法多样化

翻译能力已经从早期的理论阐述逐步过渡到实证研究，强调理论与实践的结合。在这一方面由于得益于科学技术手段的进步，从翻译过程角度开展的翻译能力实证研究获得了大力发展(Olohan 2000；PACTE 2008；Gopferich&Jaskelainen 2009)。就具体研究方法而言，早期主要借鉴心理学研究中的有声思维法 TAP)，后期随着研究的逐步深入和技术手段的进步，不断开发出新的研究方法，如记录翻译过程的 Translog，Camtasia 等软件。近年来随着科学技术的进步，不断有新的研究工具运用到翻译认知过程的研究中来。例如，用眼动仪对译者翻译时的眼

部活动进行研究(Gtopferich et al. 2008)，以及利用事件相关电位(EEG)、正电子. 发射断层扫描(PET)、脑电图(EEG)和脑磁图(MEG)、功能磁共振成像(fMRI)等技术对译者大脑进行神经生理学研究(Garcia 2013)。翻译过程研究中的方法论问题本身已经成为一个引人注目的研究课题(Bernardini 2001；Li 2004；李德超 2004)。相比之下，从译文质量角度来分析翻译能力的研究较少。

二、国内翻译能力研究

与国外蓬勃发展的翻译能力研究相比，国内相关研究起步稍晚，但近年来随着翻译本科专业以及翻译专业硕士学位的设立，与翻译教学密切相关的翻译能力研究也受到了越来越多的关注。苗菊(2006：47)指出，“译者翻译能力的构成及其在翻译教学中的发展已成为翻译学研究的前沿性研究”。

当前国内研究主要集中在以下几个方面：

第一，翻译能力构成成分以及与翻译教学关系的理论探索。苗菊(2007)提出翻译能力包括认知能力。语言能力和交际能力三大模块，并阐述了教师培养这些能力的途径和方法；王树槐、王若维(2008)对国外翻译能力构成成分的相关文献进行了综述，并提出了“翻译能力的综合模式”，包括语言—语篇—语用能力、文化能力、策略能力、工具能力、思维能力、人格统协能力六项内容。文军(2005)提出翻译能力包括语言语篇能力、策略技巧能力、自我评价能力和理论研究能力，并对各能力成分之间的关系进行了理论探讨。马会娟、管兴忠(2010)以汉译英能力为重点考察对象，提出的能力成分包括：双语交际能力、翻译专业知识、策略能力、语言外能力以及查询资料的能力，其中以双语能力为核心。

第二，方法论评介。郑冰寒(2006)对国外专门用于研究翻译过程的 Translog 软件进行了较为全面的介绍；李德超(2004)和文军、孙三军(2006)深入探讨了翻译能力研究中有声思维方法的利弊和使用注意事项。

第三，实证研究。郑冰寒、谭慧敏(2007)以职业译者、半职业译者和翻译初学者共 15 名受试为研究对象，利用有声思维对英译汉过程中的翻译单位进行了实证研究；文军、邓萍(2005)同样利用有声思维的方法研究了学习者翻译过程中文化因素的影响。整体来看，国内翻译能力研究以评介国外研究和理论探索居多，实证研究则以考察译者翻译过程中的思维特点为主。

第三节　翻译能力的研究途径与主要成果

一、翻译能力的研究途径

以往对翻译能力的一些研究主要是理论阐述(如：Cao 1996：. Neube~2000)，

但近年来实证方法正逐步得到应用。翻译能力实证研究大致可分为两类：①过程研究，重点探索不同水平译者在翻译过程中体现出来的差异，对译本的研究相对关注较少，可称之为“翻译能力的过程研究模式”。②成品研究，通过分析译本质量、对比不同水平译者的译本差异从而确立翻译能力的不同等级(如：Campbell 1998)，可称之为“翻译能力的文本研究模式”。

(一) 过程研究模式

基于翻译过程的翻译能力研究主要包括以下两种情况。第一类，观察性研究。研究者观察译者在正常工作环境下的翻译行为特点，就译者翻译过程中的某一或某几个特定方面进行描述与分析。这类研究一般以专业译者为观察对象，研究的目的在于深入了解他们的翻译过程，从中寻找规律性的特征，确定翻译专家技能的行为表现。例如 Seguinot(1989)在不干预译者正常工作的情况下，考察了一名政府部门专业译者完成例行翻译任务的过程，除了比较原文与译文的差异外，她还通过译者翻译过程中的停顿等方面的特征来研究译者的翻译策略。这类研究最大的问题是能否找到愿意参加研究的专业译者。因此，除 Mossop(2000)及 Asadi& Seguinot(2005)以外，目前翻译能力研究中关于这方面的成果尚不多见。大部分的研究采用了另一种方法，即实验研究。

第二类，实验研究。研究者往往对一个或几个变量进行干预或控制。例如，要求不同类型的受试在相同条件下完成同一翻译任务，通过实证数据了解译者的翻译过程，并比较不同水平译者的能力差异。以往实验研究涉及的受试类型一般有以下三类：初级水平译者(如翻译初学者或外语学习者)、中级水平译者(具备一定能力的学习者)、高级水平译者(高年级翻译学习者或专业译者)。实验中研究者主要采用以下方法收集数据：

(1) 有声思维 TAP。从心理学借用过来的 TAP 是过去二十多年翻译过程实证研究的主要手段。在这期间经历了不少演变和发展，研究者对 TAP 的了解也逐步深入。

关于有声思维开展的时间，是在翻译过程中还是翻译结束后进行更为有效？研究者发现 TAP 容易捕捉译者的在线思维活动，而译后回省(retrospection)的数据比有声思维更能揭示译者在翻译过程中采用的整体策略(Rambek 2004)。

有声思维是以单人还是双人对话的形式进行？House(1988)的研究表明和单人有声思维法相比，双人对话有声思维法(即要求两名译者边翻译边就翻译问题进行对话)更自然，为了解译者的翻译过程提供的数据也更为丰富。

有声思维是否会影响翻译活动的正常进行？Jakobsen(2003)的研究表明有声思维减缓了译者的翻译速度，因而增加了翻译时间，并且使译者的翻译单位变小。

进行有声思维时译者在完成笔译任务的同时还要进行口头汇报，后者实际上涉及口译，这样实验中就出现了两种翻译形式，这两种模式是否会相互干扰？

(Toury 1995：235)和前几点不同，由于这方面的实验设计较为复杂，目前研究尚未取得突破(李德超 2004：390)。

(2) 问卷和量表。调查法是社会科学研究中的传统方法，与 TAP 相比，操作上更简便，对受试翻译过程的干扰也较小。问卷和量表对于了解受试的自我评价及态度、信念等方面的情况尤其有效。只要设计周全、数据解释合理，这些方法非常有助于揭示受试翻译能力发展过程中的细微变化。例如，在 Orozco&Hurtado(2002)的研究中，受试在完成翻译任务后需要回答问题，如“是否觉得原文中的某一处会对翻译造成困难”，研究者借此考察受试对翻译问题的认识。 Malkiel(2006)的研究中受试间隔两年完成相同的翻译任务，研究者制定了五级量表，要求受试分别对原文难度和译文的自我满意度进行打分，以此观测随着翻译能力增强，译者的态度、自信心等方面是否发生变化。

(3) Translog 和 Proxy 软件。实证过程研究开始之初，译者翻译过程的研究数据主要来自译者本人的主观汇报(如有声思维)和研究者本人的观察、记录(如 S6guinot 1989 年对译者翻译时间的人工记录)，受主观因素影响较大。1999 年丹麦哥本哈根商务大学的 Jakobsen 和 Schou 研发出 Translog 软件(1999)，极大地改进了翻译过程的研究方法。该软件的 2006 年新版本包括两个部分。译者在“Translog 用户”界面进行翻译活动，该界面具备一般的文本编辑功能，分两个窗口，上面一个窗口是原文本，下面一个窗口供译者输入译文，译者键盘操作的次数、类别(如输入、删减字符等活动)将会被记录下来，生成相应文件。研究者在“Translog 管理者”界面可打开文件，回看译者在翻译过程中的活动，大大方便了对于译者翻译时间、修改步骤等的研究。由于保存文件的需要，译者在 Translog 软件环境下进行翻译时会被提示进行保存，PACTE(2003)认为这在一定程度上影响了研究的“生态效度”(ecological validity)。因此他们的研究采用了与 Translog 功能类似的 Proxy 平台，该平台的操作界面和译者平时工作时使用的 Word 环境非常相似，能尽量真实地展现译者的工作状态。

(4) 观察表、录像软件 Camtasia 及眼部追踪仪 Eyetracking。尽管 Translog 计算机软件的开发为翻译过程研究提供了更全面、更客观的研究数据，但它只能记录译者在计算机上的操作活动，如果要捕捉翻译过程中的其他一些活动，如译者在翻译过程中起身休息、查字典等行为就必须借助其他的工具。因此，PACTE 的研究中采用了观察表的方法，即由研究者观察译者的活动，并记录下活动的类型和次数。计算机内置录像软件 Camtasia 近年来也用于翻译研究，和传统的录像机和研究者人工观察相比， Camtasia 把实验对译者的影响降至最低。眼部追踪仪(Eye tracker)是最新的研究工具，一直致力于开发翻译过程研究技术的。丹麦 CRITT 小组已经将之运用到翻译过程研究中来。不过，由于眼部追踪仪设备的成本较高，目前在翻译研究领域尚未得到大规模应用。同时在方法论层面上，如何分析 Camtasia

及眼部追踪仪采集到的数据是一个需要深入探讨的问题。

(5) 大脑的神经生理学研究。翻译过程研究的主要目的是了解翻译过程中译者的认知特点与思维模式，上述四种方法具有一个共同点，那就是它们都是基于下面一个假设：大脑是个难以直接观察的“黑匣子”，译者的行为(如记笔记、查字典)、眼部活动、键盘活动等是外部活动，这些外部活动是译者内部大脑机制的观察窗口。究其本质，这些研究属于对译者思维的间接性研究。而利用脑功能定位和脑成像技术(如 EEG，PET，fMRI)等考察双语者的大脑机制则是对大脑的一种较为直接的研究方式。这种方法一般出现在认知神经科学研究中，研究的重点也并非是与翻译有关的问题，但是近年来也有学者开始利用这些技术手段来研究翻译能力与脑部生理基础的关系，如 Garcia2b15)。一般来说，此类研究对技术手段的要求较高，并且需要研究者具备相关的研究训练，目前来看，仍处于初步发展阶段。

(二) 文本研究模式

翻译能力研究的另一模式是从文本分析人手，与过程研究模式相比，文本研究的方法相对单一。数据采集主要有两种途径，一是借助已有翻译测试的数据。例如，Campbell(1998)利用澳大利亚国家口笔译认证局 NAATI 考试的数据，分析了不同母语背景考生由母语译人英语的翻译能力情况；二是进行实验研究。研究者根据研究目的确定合适的研究对象，在控制实验条件的情况下要求受试完成翻译任务，从而获得相关数据，如 Colina(1999)。第一种方法不易复制，因为大型翻译测试的数据通常并不对外公开，国内尤其如此，因此一般研究者很难得到相关数据。第二种方法相对容易操作，但是实验性研究对样本抽样、实验材料选取、数据收集过程等方面均有严格要求，而以往研究在实验设计上往往存在诸多缺陷。

数据收集完成过后研究者可以依据经验进行分析，也可以建立语料库后进行分析。研究者运用专家知识考察译文质量的研究一般只涉及具体的一个或几个方面的文本特征，如某一语序特征或语篇衔接手段。借助语料库技术则能在多个层面进行分析，如译文的词汇特点(类符形符比、名词动词比等)、句法特点(平均句长、句子数量等)以及语篇特点(如连接词数量)，但由于语料库手段本身的特点，一般不涉及语义。

二、翻译能力研究的主要成果

不同的翻译能力研究途径对于揭示翻译能力的表现具有不同的作用。采取过程模式的研究主要记录译者的翻译过程，然后根据研究问题分析过程中产生的数据，以此推断研究对象的翻译能力。采取产品模式的研究则不直接关注译文产生的过程，而重点关注对译文的分析，通过译文质量评估来评价研究对象的翻译能力。以往实证研究主要有以下几个方面的发现：

(一) 翻译过程中的翻译能力差异

(1) 翻译思维模式。Kussmaul(1995)，Jaaskelainen(1989；1993)，Lorscher(1992)发现，和翻译初学者相比，高水平译者更倾向于采用从上至下(top-down)的思维模式，在翻译时能全面考虑文本的语用信息、文本类型、翻译述要等要求，不会拘泥于语言形式和文本内容本身。相比之下，低水平译者更容易受制于语言形式，很少考虑翻译目的及目标读者的需要，其思维模式呈现出自下而上(bottom-up)的特征。

与之类似，Dragsted(2005)对比了翻译新手和职业译者的行为表现，认为前者的翻译思维模式是“分析型”的，具体表现为他们的翻译单位较小、往往停留在字词层面、翻译速度较慢、翻译过程中的停顿较长；后者是“综合型”的思维模式，表现为翻译往往在小句及句子层面进行，因此与新手相比，他们的翻译单位要大些，且翻译速度较快。

(2) 翻译单位。译者的思维模式与翻译单位之间有密切的关系。传统的翻译过程研究通过研究者人工记录译者的翻译时间与停顿等行为来推测其翻译单位，而近些年随着 Translog 键盘操作记录软件及 Camtasia 等录像软件的使用，对译者翻译单位的研究更为方便有效。实证研究在这一点上的发现大致相同，即高水平译者的翻译单位要大于低水平译者。此外，翻译单位还受到翻译方向的影响，L2—L1 时的翻译单位要大于 L1—L2；翻译单位是个动态概念，不是一成不变的，译者在实际翻译过程中的客观翻译单位可能不同于TAP数据体现的主观翻译单位(Jakobsen 2003；郑冰寒、谭慧敏 2007)。

(3) 翻译时间与翻译步骤。Dimitr6va(2005)对比了不同水平译者的翻译时间差异，研究发现翻译初学者由于对翻译过程中的问题敏感性不够，忽略了很多应该处理的问题，因此总体翻译时间较短。中等水平的译者在经过一段时间的培训后，敏感性大大增强，但由于相应的处理能力不够，因此所用的翻译时间最长。高水平译者能注意到翻译问题的存在，并具备相应的处理能力，因此翻译时间最短。Malkiel(2006)对翻译学习者的跟踪研究也表明，随着翻译能力的提高，受试完成翻译任务所需的时间逐渐减少。

此外，Dimitrova(2005)还借鉴写作研究成果，将翻译过程分为准备、翻译和修改三个阶段，并对比了不同译者在各阶段的差异。研究表明高水平译者在译前准备阶段的总体全局观更强，能根据翻译任务的交际情境来规划操作步骤；译中阶段高水平译者的翻译单位要大于低水平译者；高水平译者对译文的修改实际上大部分已经融合在翻译过程中，边译边改的倾向更强，因此与低水平译者相比，他们在最后整体修改阶段改动较少。

(4) 专业操作能力。这方面以往实证研究以考察译者的辞典使用策略为主。Kussmaul(1995：22—25)发现即使学生对词语意思的猜测是正确的，如果不能在词典上得到证实，他们也会放弃自己的看法。翻译初学者在词典使用方面的行为特征与他们翻译时的思维模式有关。译者越是拘泥于字词，就越会依赖词典等工具，而不会考虑翻译任务的交际目的、交际对象等语境因素。Livbjerg＆Mees(2003)的研究也证实初学者翻译时过分依赖词典，而且往往不考虑语境因素，直接选用词典提供的词条解释与翻译建议。H。u(2000)发现，有的译者过分依赖词典等翻译工具，有的译者则对这些工具使用不够。她认为，翻译培训过程中有意识地让译者使用不同的策略，如大量使用或尽量少用词典等工具，可以提高译者对翻译过程的认识。

Renowicz et al・(2005)对不同水平译者的词典使用能力研究作了较为全面的综述，并通过实验发现词典的使用与译者的词汇量负相关，翻译新手查词典的次数要多于其他类别的译者，而且似乎并没有掌握词典的使用方法，因此查词典并不能够提高他们的译文质量。

Pavlovic(2009：80)指出，翻译过程研究的产生有两大背景：一是对翻译过程本身的研究兴趣，研究者希望通过实证方法来推测翻译的实际操作过程；二是通过过程研究来确定译者的行为特征，了解译者具备哪些翻译能力，从而用于指导教学实践。上述基于过程的翻译能力研究有利于加深人们对翻译活动本质的认识．帮助人们了解翻译能力的具体表现，进而对翻译教学有所启示。

(二) 翻译成品中的翻译能力差异

与基于过程的翻译能力研究相比，基于成品的翻译能力实证研究成果相对较少，并且与具体的语言现象联系更为紧密，如译文的词汇、句法、语篇特征等。

在词汇层面，Malkiel(2006)进行了一项笔译词化现象的历时研究，发现随着翻译能力的提高，译文的“词化”程度增强，而且翻译方向是一个影响因素，译者在译出时的词化程度比译人时更高。

在句法层面，Al-Jarf(2007)研究了学生译者从英语译人阿拉。伯语时译文中的SVO语序错误现象，发现55％的英语测试句在译成阿拉伯语时语序没有变化，不符合译语规范。Colina(1999)要求不同水平受试将标题从西班牙语译人母语英语。研究发现，在翻译后置定语式的名词词组标题时，高水平译者更倾向于将之转换为符合英语规范的前置定语。与低水平译者相比，他们的译文较少受到原文结构的影响，表达更地道。Colina认为，这一结果证实了Toury(1995：275—277)提出的翻译中的“迁移”(interference)规律，即原文结构会对翻译产生影响，也就是说，译者在翻译过程中思维受制于原文的语言形式，导致译文出现不符合译语表达规范的现象。Dimitrova(2005)也发现，翻译时受原文句子结构影响从而使译文带有明显的原文结构特点，这是不同水平译者均表现出来的特征，然而正如Toury(1995)指出的那样，翻译能力越强，译者受原文结构干扰或影响的程度则越轻。

在语篇层面，相关研究涉及词汇衔接、连接词使用特征等方面的比较。

Klaudy&Kdroly(2000)对比了职业译者和翻译新手的译文，通过详细的统计分析，发现前者比后者更能通过重复手段形成译文的语句关联性，词汇衔接能力更强。

针对英语和汉语语言组合，以往从翻译能力角度出发比较学习者译文质量的实验研究比较少。叶子南(2008：26)在教学中发现，学习者英译汉过程中会将英语的连接特征迁移到汉语中，结果造成汉语译文繁复，失去了意合之美，但是此研究主要基于观察，并没有详细的实证研究设计。邵志洪等(2004)利用2003年英语专业八级考试数据，对学习者汉译英译文的句法结构特点进行了初步分析，研究发现，学习者的译文句子往往用逗号拼接，或者干脆不用任何标点符号从而变成熔合句。针对汉译英的译文语篇衔接特征，邵志洪、岳俊(2005)分析了2004年专业八级汉译英试题，发现水平较低的译者在汉译英过程中运用英语连接词的能力比较弱。

从方法论上来看，以往针对英语与汉语翻译的研究往往是随感式的，主要借助现有考试数据进行分析，缺乏抽样、统计分析等严谨的实验研究程序。在对译文文本特征的具体分析手段方面，最近几年语料库技术的应用越来越广泛。王金铨(2008)以学习者汉译英研究为主，利用语料库手段进行了大样本的数据分析，研究发现得分较高的学生译文比低分译文使用了更多的语篇连接词。同样针对汉译英的研究还有Dong & Lan(2010)，与王金铨(2008)的结论相反，该研究发现高水平译文的特征之一是使用较少的语篇衔接手段。两项研究结论不一致的原因可能是因为使用。的语料属于不同的文体，前者为记叙文，而后者为新闻社论，这说明译文语篇衔接手段的使用可能受到文体因素的影响，值得今后进一步探讨。在研究方法上，这两项研究则有相同之处，体现出较为鲜明的“基于语料库”方法的特点，即首先确定对比参数，通过量化分析手段比较好译文与差译文在预设参数上的差异，并以此确定好译文的外在文本特征。

第四节　翻译能力研究的不足

翻译能力研究开展至今已经在很多方面进行了有益的探索，取得的成果有助于我们了解翻译的具体过程、了解不同水平译者的能力差异，但也存在一些不足，主要表现为以下几点。

一、实证研究有待进一步深入

Melis&Hurtado(2001：281)指出，虽然PACTE等研究者或研究小组对翻译能力的多成分模式进行了详细讨论，但是这些研究在相当程度上属于理论论证。过去几十年来，尽管大多数学者倾向于认为翻译能力由不同的成分构成，然而翻译能力的“可分性及多成分”观点并未经过实证检验。翻译能力是否由不同成分组成？翻译能力与语言能力之间的关系是否能通过实验研究进行分析？

翻译能力的差异具体表现在什么方面？针对这些问题，实证研究还非常不够(Lesznyak 2007)。

二、以过程研究为主，对学习者译文的文本特征研究不够

在翻译能力的认知过程研究模式中，研究者重点关注翻译过程以及不同水平译者的思维差异，换言之，他们考察的翻译能力差异不是通过译文文本表现出来的。而翻译能力的译本研究模式则主要关注文本(Campbell 1998：8)，其理据为译本质量直接体现了译者的翻译能力。现有文献资料表明，西方对翻译能力的研究主要采取认知过程的研究模式。例如，在 Munday 2009 年主编的书中，对于“翻译能力”研究的介绍完全是在题为“翻译的认知过程”一章中进行的(Hurtado&Alves 2009)。由此带来的一个结果就是：一方面研究者通过各种日趋先进的过程研究手段来深入了解译者的思维认知特点；另一方面，对这些思维特点与译文之间的关系缺乏深入的阐述。也许正是因为这个原因，有不少学者提倡将翻译能力的过程研究模式和译本研究模式进行结合(Dimitrova2005：15；PACTE 2005；Gopferich&Jaskelainen 2009)。然而尽管如此，目前过程研究模式仍占主导地位，这一方面与长期以来的研究传统有关，另外一方面可能是因为文本研究需要大量的样本，研究实施起来有一定的难度。

三、重点研究翻译能力的某些成分，如策略能力，对其他分项能力之间的关系研究不足

PACTE 小组认为，双语能力、语言外能力是双语者同样具备的能力，而翻译活动特有的能力是翻译知识能力、策略能力和工具能力，因此这三者才是翻译能力研究的重点(2005：611)。这一观点也得到了其他研究者的认可，如 TransComp 小组(Gopferich 2009：29)。在此情形下，针对其他分项能力的研究受到忽视在所难免，尤其是目前针对语言能力与翻译能力关系的实证研究比较少。现有的一些相关讨论往往局限于理论层面，实证研究也较为零散，不成系统。在不同研究模式中，针对翻译能力与语言能力关系的实证研究可以采用不同的方法。如果以研究翻译过程为主，做法之一是通过 TAP 来考察译者翻译过程中在多大程度上利用母语思维、母语知识进行思考，如 Lorscher(1991)对译者有声思维中的此类数据进行了详尽分析。从性质上来说，此类研究属于质性研究，优势在于其研究深度，不足之处在于由于样本偏小，结论缺乏推广性。针对这一问题，本研究采用基于大样本的翻译成品研究视角，主要根据受试的英语语言测试成绩和汉译英成绩来考察学习者英语能力与汉译英能力的关系。那么这一研究模式具体如何操作？我们将在下一章的研究设计中详细说明。

四、缺乏对非印欧语系语言翻译能力的探讨

现有对翻译能力的实证研究主要以印欧语系语言为主，如 PACTE 研究小组的实验中翻译任务涉及的语言包括法语、西班牙语、加泰罗尼亚语(Catalan，西班牙巴塞罗那地区方言)、英语、德语(2003：50)。据笔者所知，目前针对英语—汉语两种语言组合的翻译能力实验研究还比较少。鉴于汉语与英语之间的差异不同于英语与印欧语系其他语言之间的差异，学习者在处理这两种特定语言的时候，翻译能力是否会呈现出不同的特征，语言的差异是否是一个重要因素等，这些问题都亟待实证研究予以回答。

五、缺乏专门针对学习者翻译能力的探讨

在研究对象类别上，现有翻译产品视角的翻译能力研究往往采用混合设计，受试类别涵盖职业译者、专家译者、新手译者、翻译学习者、外语学习者等各类人员。例如，在 Dong&Lan(2010)的研究中，研究对象包括英语母语专业译者、汉语母语专业译者以及汉语母语初级译者，对受试的分类较多。目前尚缺乏专门针对学生译者的研究，也就是说，以中国学习者为受试的规模性实验研究比较少。

六、研究缺乏严谨的设计

实验性研究的受试人数、实施过程常常不符合要求。例如，在 Dimitrova(2005)的研究中只有 9 名受试。这当然和研究视角也有一定的关系，以翻译过程为主的翻译能力研究通过 translog、访谈、有声思维等方法收集的数据量往往很大，如果受试人数众多，将会给分析带来很大的困难。不过在文本研究模式中，这一弊端往往会对研究结论的有效性造成很大影响。Colina(1999)的研究中尽管受试类别较多，但每一类的人数均未达到统计要求，研究设计并不严谨，因此实验性研究的可复制性和研究结论的可推广性会受到相当程度的制约。

第二章　翻译能力的构成、习得及评价

第一节　翻译能力的构成

要研究语料库在翻译本科专业学生翻译能力建设中所起的作用，首先必须要对翻译本科专业学生的翻译能力做出合理的定义并对其构成做科学的界定。国外研究者提出的翻译能力定义和模型有很高的参考价值，但不可完全照搬。国内已有的翻译能力研究往往滞后于教育现状，大多数仍停留在翻译本科专业学位开办之前。

一、翻译能力的定义

为了促进高等学校翻译本科专业的教学，提升翻译专业人才培养质量，推动翻译本科人才培养模式的创新，广东外语外贸大学联合外语教学与研究出版社，在教育部人文社会科学研究项目“翻译本科专业人才培养理念与模式研究”(项目号：09YJA740031)的依托下，对我国高等学校翻译本科专业教学要求与规范进行了深入的研究，起草了《高等学校翻译本科专业教学要求(试行)》(以下称《教学要求》)。《教学要求》充分吸收国内外各种翻译教学及语言教学大纲设计理念，经过全国众多翻译院系的专家反复论证及逐条讨论，并广泛征求了相关院校师生的意见。2011 年 3 月 13 日“教育部高等学校翻译专业教学协作组”在广州召开第一次全会，大会全面审议并最终通过《教学要求(试行)》。《教学要求》对翻译本科专业人才培养提出如下目标：

高等学校本科翻译专业旨在培养德才兼备、具有宽阔国际视野的通用型翻译专业人才。毕业生应熟练掌握相关工作语言，具备较强的逻辑思维能力、较宽广的知识面、较高的跨文化交际素质和良好的职业道德，了解中外社会文化，熟悉翻译基础理论，较好地掌握口笔译专业技能，熟练运用翻译工具，了解翻译及相关行业的运作流程，并具备较强的独立思考能力、工作能力和沟通协调能力。毕业生能够胜任外事、经贸、教育、文化、科技、军事等领域中一般难度的笔译、口译或其他跨文化交流工作。

结合《教学要求(试行)》中设定的人才培养目标，认真比较分析国内开办翻译本科专业学位学校的教学大纲和课程安排，结合国内外翻译能力的研究成果，尤其是 PACTE 研究团队的综合翻译能力模型，我们把翻译本科专业学生翻译能力定义为：完成通用型翻译所需要的各种知识和各项技能的综合体，即在适应各类翻译情况前提下，在充分考虑到译文使用者需求和目的语语言文化特征之后，利用各种翻译工具，把源语文本转换为目的语文本的能力。与 PACTE 研究团队的翻译能力定义相比，我们的定义从翻译本科专业教学目标出发，强调学生完成通用型翻译，而非专业型翻译的能力；强调学生对各种翻译场景，如传统翻译测试场景、信息技术辅助下的翻译测试场景、个体翻译场景、团队翻译场景、有严格时间限制的翻译练习场景等的适应能力，而非笼统的策略能力。

二、翻译能力的构成

从我们的翻译能力定义看，它包括五个子能力：语言能力、文化能力、转换能力、工具能力和适应能力。五个子能力还可以具体分解为若干个分项能力：

(1) 语言能力：包括句法分析能力、结构对比能力、语篇生成能力等；

(2) 文化能力：包括文化辨析能力、文化鉴赏能力、主题辨识能力等；

(3) 转换能力：包括技巧运用能力、过程管理能力、理论解释能力等；

(4) 工具能力：包括工具接受能力、工具使用能力、工具评估能力等；

(5) 适应能力：包括环境适应能力、团队合作能力、时间管理能力等。

在五个子能力中，以转换能力为核心，其余子能力的发展服务于转换能力的提高。每个子能力包括的若干分项能力是培养该子能力的重要参照。在培养子能力的过程中，分项能力的培养要根据学生学业水平、教师教学能力、学校软硬件设备等情况采取不同的步骤和手段。五个子能力之间的关系见图 2-1。

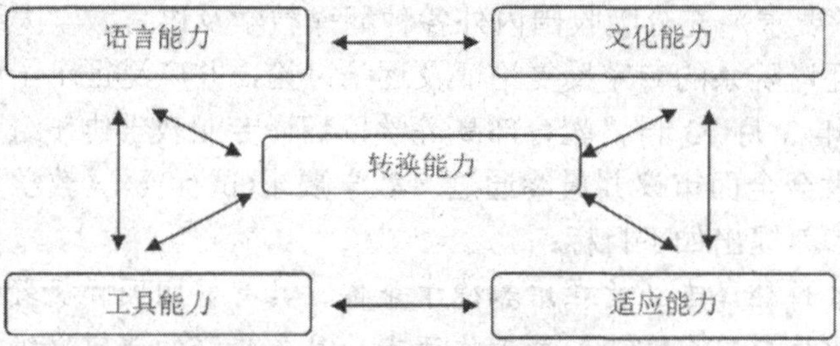

图 2-1　翻译能力构成及各部分之间的关系

翻译能力中的语言能力的重要性无须赘述，下面重点论述另外四个子能力，即文化能力、转换能力、工具能力和适应能力。

文化能力与翻译中涉及的文学文化和主题知识相关。在翻译过程中，尤其是在文学文化作品的翻译过程中，翻译者需要具备一定的文化辨析能力，要能对文本中的文学文化现象有一定的敏感性，能鉴赏原文之美，并能对译文中的文学文化要素进行评价。另外，在翻译非文学作品时，翻译者需要对所译领域的主题知识有所了解，对该领域文本的语言文化特征有一定的判断能力。翻译本科专业学生毕业之后能从事文学文化翻译的人数较少，因此培养学生的文化能力应该侧重于让学生具备较多的主题知识。

转换能力是恰当运用各种翻译技巧将源语文本转换为目的语文本的能力。它是翻译能力的核心，是翻译教学的最终目的所在。学生除了能在语篇层面进行转换之外，还需要实施科学的过程管理，包括翻译单元的确定、翻译的先后顺序、翻译问题的处理流程等。同时，学生应能解释转换过程中使用的策略，即能够令人信服地回答“我是怎么翻译的？”和“我为什么这么翻译？”等问题。

工具能力是指在翻译过程中使用各种工具的能力，包括对翻译工具的接受能力，翻译工具的使用能力以及翻译工具优缺点的评价能力。在本课题中，我们重点关注的是工具能力之一的语料库使用能力。Varantola 指出：

Modern translational competence also includes an understanding of how corpus information can be used in translation and text production.

(Varantola，2002，p. 184) .

现代翻译能力也包括理解语料库信息如何翻译和文本产出。

Varantolar 认为，在翻译教学过程中，任课教师需要培养学生以下能力：

Translator trainees need to be taught to understand the various uses of corpora, how to compile them and apply them in an intelligent way.

应该让受训译员理解语料库的不同用途，懂得如何创建语料库，并熟悉如何智慧地使用语料库。

适应能力是指能在各种环境下从事翻译实践的能力。翻译学习者未来的翻译工作都是在一定的环境中进行的，需要他们尽快适应环境，发挥潜能。就翻译本科专业学生而言，适应能力可分为低年级阶段适应新的学习和生活环境的能力和高年级阶段适应各种翻译任务和翻译场景的能力。从各个学校的培养方案看，翻译本科专业高年级学生都需要参加各类翻译实践，从实践中获取翻译经验。在高年级阶段，翻译授课形式也会发生变化，教师会组织更多翻译团队活动。此时，学生就要学会适应团队学习，合理处理与团队成员之间的关系。适应能力的提高既可以促进转换能力的有效发挥，也可为其他子能力的发展提供心理保障。

我们认为，处于核心地位的转换能力的提高依赖于语言能力、文化能力、工具能力和适应能力的合力作用，而转换能力的提高反过来又可为四种子能力的发展提供动力，促使学生不断挑战新的翻译项目。从我们自己的翻译教学实践和对翻译专业学生能力评估上来看，翻译专业高年级学生的语言能力和文化能力发展已经进入瓶颈期，想获得提高比较困难。适应能力的提高取决于任课教师是否能引入新的教学模式和新的翻译手段或工具。相对而言，工具能力的提高比较容易实现。任课教师需要从翻译市场现状出发，把行业需要的而传统翻译教学课堂无法提供的工具或者资源介绍给学生，教会学生使用，促成“工具能力提高—适应能力提高—语言能力和文化能力提高—转换能力提高—翻译能力提高”这样的良性连锁反应。

与国内外已有翻译能力定义和框架相比，我们的定义和构成具有以下优点：

首先，翻译能力定义紧扣《高等学校翻译本科专业教学要求》，突出翻译本科专业培养通用型翻译人才的目标。一方面，专门领域的翻译，如科技翻译、合同翻译等，需要译者不仅具备扎实的语言与文化知识，还需具备这些领域涉及的专业知识。接受翻译本科教育的学生尚不具备学习这些专业知识的能力。另一方面，虽然开办翻译本科专业的院校在高年级阶段都开设了专业翻译类课程，但是课堂传授的内容以翻译技巧为主，较少涉及专业知识，因为担任教学任务的教师大多数不具备翻译行业从业经历，对专业性很强的领域缺少了解。鉴于此，我们认为，培养学生从事通用型翻译的能力应是翻译本科教学的主要目标。

其次，翻译能力定义强调翻译本科学生适应各种翻译环境的能力。我们认为，从学生译者到职业译者，最明显的变化是翻译环境的改变。在翻译学习低年级阶段，培养学生对学校翻译环境，尤其是测试环境的适应能力非常重要。到了高年级阶段，学生要把对学校翻译环境的适应能力转换为对翻译市场的适应能力。在翻译本科学习阶段，需不需要强调学生的职业素养呢？我们认为，职业素养是职业内在的规范和要求，是在就职过程中表现出来的综合品质，包括职业道德、职业技能、职业行为、职业作风和职业意识等方面。在校学习期间，教师应该注重培养学生的职业技能，即从事一个职业应具备的专业知识和能力。

第三，在翻译能力构成图中，转换能力居于核心地位。已有的翻译能力组成要素研究都或多或少地提及转换能力，但是其重要性没有得到体现。我们将转换能力置于翻译能力的核心地位，并指出其他子能力均服务于转换能力。

最后，在翻译能力构成里，转换能力与其他四个子能力的关系是相辅相成，相互促进。转换能力的提高以四个子能力的获取为前提，而转换能力提高之后，四个子能力又将获得发展的动力，学生的综合翻译能力提高就水到渠成了。

第二节　翻译能力的习得

同其他能力的习得过程一样，翻译能力的习得是动态的、螺旋上升的过程，是从低年级双语语言、文化等基础知识的积累，到高年级转换能力不断强化的过程。在这个过程中，工具能力的发展是转换能力提高的外部条件保障，适应能力的发展是转换能力提高的内部心理保障。在翻译能力习得过程中，各个子能力之间互相作用，共同发展。翻译本科专业学生翻译能力获取过程可用图 2-2 来直观地认识。

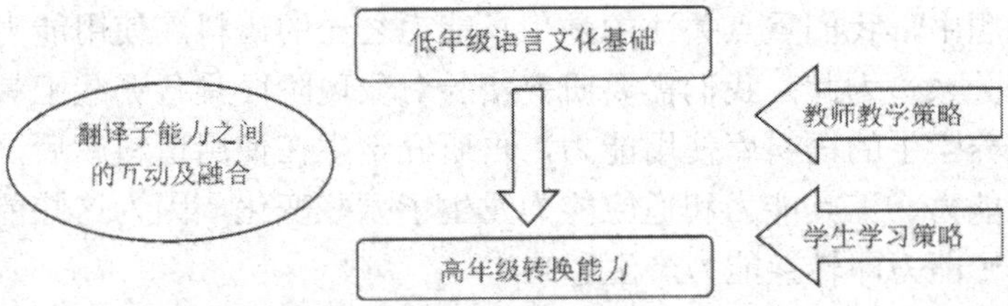

图 2-2　本科英语专业学生翻译能力习得的过程

在总结我们多年的翻译教学经验和参照国内开设翻译本科专业的高校的课程设置的基础上，我们认为，翻译本科专业学生翻译能力的习得体现出明显的阶段性特征，即低年级阶段(大学一、二年级)为语言能力和文化能力习得阶段；高年级阶段(大学三、四年级)为转换能力习得阶段。适应能力和工具能力则贯穿四年专业学习过程之中，只不过适应的对象和工具的类型随学习阶段不同而各异。就适应能力而言，低年级阶段需要适应新的学习和生活环境，高年级阶段需要适应各种翻译任务以及翻译实践教学新模式(如团队合作式翻译实践教学)。就工具能力而言，低年级阶段需学会使用基本的纸质资源，如字典、百科全书等，高年级阶段则要学会使用目前翻译行业普遍使用的电子资源及翻译辅助工具，如语料库、翻译记忆等。

翻译能力习得的阶段性特征要求翻译能力的培养也应分阶段进行。刘和平认为，"根据技能培训特点，翻译能力培养应该划分为两个主要阶段：以语言能力培养为核心(1)和以技能训练为核心(2—3—4)阶段。而这两个阶段又以能力与技能交替发展和练习策略培养为主要特征"(刘和平，2011，p. 40)。

从我们自己的教学实践来看，语言能力训练和文化能力训练应该结合，且应该集中在学生入学后的第一年和第二年进行。为了培养这两个子能力，学校需要开设的课程有：综合外语(如综合英语)、外语听力、口语、阅读、写作、现代汉语、古代汉语、汉语写作、语言学概论、中国文化概要、所学外语国家概况、所学外语国家文学概要、跨文化交际等。以技能训练为主的第二阶段应该集中在三、四年级进行，主要侧重培养学生的转换能力和工具能力。在第二阶段，教师应侧重培养学生将掌握的相关工作语言、具备的较强的逻辑思维能力、较宽广的知识面和较全面的跨文化交际素质应用到翻译实践中。教师在强化学生转换能力的同时，需训练学生使用各种翻译工具的能力，培养学生应对各种翻译场景的适应能力。可以开设的课程有：翻译概论、汉外笔译、外汉笔译、应用翻译、文学翻译、联络口译(可选)、交替传译(可选)、专题口译(可选)、信息检索、计算机辅助翻译等。

在翻译能力习得过程中，教师要根据翻译能力习得的阶段性特点，采用合适的教学方法和策略，以帮助学生尽快适应翻译专业学习，习得翻译能力。学生则要根据自身特点，选择适合自己的学习方法和策略，充分消化吸收教师课堂上的授课内容，积极有效开展课后自主学习。

在本课题中，我们重点关注的是工具能力之一的语料库使用能力与翻译能力建设之间的关系。为此，我们需要研究实验对象现阶段具备哪些工具能力，然后研究如何培养学生的语料库使用能力，再研究学生在使用语料库后，他们的语言能力、文化能力、工具能力和适应能力发生了哪些变化，因为这些能力的变化会对核心翻译子能力即转换能力产生影响。

第三节　翻译能力的评价

在翻译能力定义和构成确定之后，下一步就是考虑如何评价翻译能力培养的目标是否达到以及制定评价的标准。翻译能力由五个子能力构成，因此在评价翻译能力时，应根据子能力的不同而设定相应的评价措施和方案。除此之外，在评价学生的翻译能力时，需要把结果评价和过程评价结合起来。换句话说，对学生翻译能力的评价可从两个方面进行，一是从翻译结果的角度评价，即对目的语文本(译文)质量的评价；二是从翻译过程的角度评价，即翻译决策制定过程的功效评价。

一、翻译结果评价

我们认为，翻译结果评价主要用来检验学生语言能力和文化能力的培养目标是否达到，最常用的手段是翻译测试。翻译测试是测试的一种，而测试又是测量的一个子概念，因此翻译测试首先应该具备测量的基本内涵，即按照明确的规则和程序对我们感兴趣的特定物理或,ON 特质进行赋值(Bachman，1990，pp. 18-19)。通过翻译测试，测试者可以测量的特质就是被测者的语言能力和文化能力。当然，翻译测试有别于其他翻译测量形式(如翻译教师在期末给学生打的课堂表现分)之处在于它有助于我们获得被测者翻译行为的一个样本，从而可以进一步推断隐藏在被测者头脑中的语言能力和文化能力。从这个意义上说，尽管标准化试题也能使我们获得有关行为样本，但对于翻译而言，最直接的样本还是来自被测者对特定段落或文章的翻译，因为这种测试形式能最大限度地模拟真实世界的翻译任务。因此文本翻译测试应当是评价学生语言能力和文化能力的主要形式，而文本翻译测试的结果，即译文则是评价学生语言能力和文化能力的主要内容。

虽然翻译结果评价涉及的是翻译能力中的语言能力和文化能力，但它确是目前翻译能力评价的主要手段，广泛运用于高校翻译人才培养效果的测评、各类翻译资格证书考试以及各类标准化外语测试中的翻译试题。测试对象通常被要求在规定的时间内完成一定字数的汉译外和 / 或外译汉任务。测评者以提供的参考译文为主要评价依据，根据测试对象译文完成的质量，划分质量等级或者给出量化成绩。如果是划分质量等级，如优秀、良好、中等、及格或不及格等，可归为翻译结果的质性评价；若是给出量化成绩，如百分制，则可划为量化评价。

需要指出的是，通常我们所讲的翻译标准，不论是严复倡导的“信、达、雅”、傅雷提出的“神似”、钱钟书宣称的“化境”、泰特勒的翻译三原则，还是目前较为流行的翻译等值说、功能对等等标准，都是评价翻译测试结果的重要参考。然而，上述翻译标准基本用于翻译批评，属于理想化的标准。除此之外，它们大都是非量化的概念，“比较笼统宏观，缺乏可操作性”(穆雷，2006，p. 47)。因此，这些标准并不能直接用来评价学生译者的翻译测试结果。适合翻译教学背景之下的翻译测试结果评价标准应该是具体化的和条件化的，因为“没有条件即无法确定标准。反过来，有了条件的限定，标准也就可以明确了，而且条件越明确，标准越清楚。(杨晓荣，2005，p. 158)”因此，不同的翻译测试会根据测试目的，制定出不同的翻译标准，用于评价应试者翻译能力。如一年一度的英语专业八级考试中，英汉互译译文质量五级评价标准如表 2-1。

表 2-1　英语专业八级考试英汉互译译文质量五级评价表

级别	分数	标准描述
5	10—9	优异：忠实于原文，只有一二处用词不当，能准确反映出原文的风格和语气，译文用词恰当，句式变化得体
4	8—7	良好：译文大多忠实于原文，个别词语、短语、句子或内容的理解稍有出入，译文总体清晰、通顺、连贯、可读
3	6—5	合格：译文基本上忠实于原文，个别词语、短语、句子或内容的理解时有错误，大部分译文可读
2	4—3	不合格：译文只有大约一半能反映原文之意，个别词语、短语、句子或内容常常有误。译文大部分不可读
1	2—1	很差：译文能反映原文之意还不过半。几乎所有句子理解都有误。译文基本不可读

受国家人力资源和社会保障部委托，由中国外文出版发行事业局负责实施与管理的“全国翻译专业资格(水平)考试”(China Accreditation Test for Translators and Interpreters[CATTI])是国家级职业资格考试。根据其官方网站介绍，CATTI 的笔译实务的译文评价标准为：译文准确、完整、流畅；体现原文风格；无错译、漏译；译文逻辑清楚，无语法错误；标点符号使用正确。在此标准基础上，测评人员给每位应试者打分，用以反映应试者的翻译水平。

以上论及的各种翻译结果评价标准过于主观化，级差不明显，评价者在各个分数段或者质量等级之间往往无从取舍。在本研究中，如果仅仅凭借评价者最后打出的分数验证语料库使用是否能提高学生的语言能力和文化能力缺乏说服力，也不利于微观探究语料库使用与翻译子能力建设之间的关系。

二、翻译过程评价

我们认为，评价者在评价翻译能力中的适应能力、工具能力和转换能力时，需要关注翻译过程。翻译过程首先是一种思维过程，它与任何其他语言活动的思维过程皆不同。翻译的思维过程包含着形象思维和灵感思维的交替运用，而不是一维的抽象思维，它是比较考量各种翻译问题的解决方案的过程，也是合理解释最终采用的翻译策略和手段的能力。翻译的思维过程实际上体现的是译者的转换能力。

人类对于翻译时大脑的思维机制的兴趣几乎与有记载的翻译研究的历史一样悠久，但是碍于缺乏有效的研究手段，学界对翻译中的思维过程的研究一直没有很大的进展。20 世纪 60 年代以来，虽然有部分翻译理论家，如 Nida(1969)和 Kussmaul(1989)提出了一些译者在翻译时的思维机制的模式，但是这些模式基本是这些理论家的大胆猜测和主观臆断，因为这些推测性的模式均没有得到任何实际情况的检验(Gideon，1995)。

20 世纪 80 年代初期，随着有声思维法的出现与运用，翻译的思维过程研究才逐渐走出低谷，并在 90 年代快速发展，至今方兴未艾。从本质上来说，有声思维法属于心理学中收集思维过程数据的内省法或口语报告法中的一种，最早见于 Karl Buhler 和 Edouard Claparede(1993，1994)的研究中(Lorscher，1991a)。

学界在使用有声思维法研究翻译中的思维过程时，通常采用如下路径：首先，研究者给予受试者一项笔译任务，要求受试者在规定时间内完成并上交译文；其次，研究者要求受试者用言语表达出翻译时大脑经历的一切思维活动；再次，研究者用录音机或录像机记录下受试者在实验中表述的一切言语，然后再把它们转写为可以用于进一步分析的文本数据；最后，研究者在分析这些文本数据特征的基础上，重组出受试者翻译时的思维过程并归纳出数据显示出的倾向和特点。由于分析时需要用到经过转写的文本数据，因而运用于翻译的思维过程研究的有声思维法也被称为“有声思维数据分析法”(Think Aloud Protocols[TAPs])。虽然译界对 TAPs 是否适用于翻译的思维过程研究还存在分歧，但是基于 TAPs 的翻译的思维过程研究在近二十年得到突飞猛进的发展，成为当今译学研究一股新的力量。

我们认为，翻译过程除了是复杂的思维过程之外，还是翻译场景的适应过程和翻译工具的操作过程，因此可以作为衡量学生适应能力和工具能力的重要途径。用于记录翻译过程中的适应过程和工具操作过程的常用软件是 Translog。该软件的发明人是丹麦哥本哈根商学院的 Jakobsen 和 Schou 两位学者。该软件在 Windows 操作系统下运行，可以在不干扰文本输入的前提下，准确记录用户的所有按键活动，包括修改、删除、剪切、复制、光标移动、电子词典查询等，并能显示按键活动的时间。只要简单地点击程序中的播放键，就能重播任一时段的文字输入过程。也就是说，使用 Translog 可以让评价者观察到学生的适应过程和操作过程，并在此基础上判断学生的适应能力和工具能力是否获得提高。在本研究中，教学实验所在的自主学习中心自带计算机屏幕录制软件，可在用户不知情的状态下记录用户的计算机操作行为。相比 Translog，该屏幕录制软件具有占用内存小、隐蔽性高等特点，能满足本课题记录研究对象翻译场景适应能力和翻译工具使用能力的需求。

翻译能力评价历来注重对翻译测试结果的评价，如对译文的分析和评价、译文与原文的比较等。但是仅仅评价翻译结果是远远不够的，它无法让我们了解翻译结果的产生过程。受到翻译难度、应试者对翻译内容的兴趣等因素的影响，优秀的翻译结果可能只出现在某次翻译行为测试之中，而高效的翻译过程则会让译者受益终身。

高效的翻译过程是指在翻译活动中采取有效的翻译策略，借助多种翻译工具，在有限的时间内，高质量地完成翻译任务。这就要求在翻译本科专业人才培养过程中，对学生翻译能力的评价要兼顾结果和过程。从某种意义上说，过程评价比结果评价更为重要，因为结果评价是一次性的，而过程评价则可以引导学生养成良好的翻译习惯，为毕业后走上翻译工作岗位打好基础。

本章提出了适合我国翻译本科专业学生的翻译能力定义，即完成通用型翻译所需要的各种知识和各项技能的综合体，是在适应各类翻译情况的前提下，并充分考虑到译文使用者需求和目的语语言文化特征之后，利用各种翻译工具，把源语文本转换为目的语文本的能力。翻译本科专业学生翻译能力包括五个子能力：语言能力、文化能力、转换能力、工具能力和适应能力，每个子能力还可细分出若干分项能力。翻译本科专业学生翻译能力的习得具有阶段性特征。语言能力培训和文化能力培训应该是第一阶段(一、二年级)的重点。以技能训练为主的第二阶段应该集中在三、四年级进行，主要培养学生的转换能力和工具能力。适应能力的培养则应贯穿四年本科学习之中。在翻译能力评价方面，翻译测试仍是重要手段，但是应将翻译结果评价和翻译过程评价相结合。前者评价体系易于建立，因而操作相对简单。后者则有一定的软硬件要求，且评价体系不易构建。但是，从长远来看，需要注重培养学生的过程意识。

第三章　英语翻译的理论基础

学习翻译理论，不仅可以提高学生的理论素养，而且可以帮助学生认识翻译活动的基本规律，更快、更有效地提高翻译实践的能力，达到事半功倍的效果。学习和掌握一定的翻译理论知识是必要的，只有把翻译理论适当地应用到翻译教学中，才可以帮助教师认识翻译的本质和规律，从而有的放矢地开展翻译教学，切实提高翻译质量。如果翻译教学失去了理论的支持，就失去了开展翻译的基础，从而无法科学地培养学生的翻译技能，无法为学生提供更好的翻译策略的指导，更谈不上进一步发展学生的翻译意识了。这样的翻译教学只能是感性的经验上的行为，往往带有强烈的个人经验主义的片面性。因此在翻译教学中教授基本的翻译理论、揭示翻译学的规律至关重要。

第一节　错误分析理论与功能对等理论

一、错误分析理论

错误分析即对学生在学习外语的过程中所犯的错误进行全面系统的分析，以探索和研究所犯语言错误的性质和产生原因，进而防止或减少语言错误的发生。外语教学的改进与提高依赖于对学习过程的了解，而错误分析理论正是通过分析学生所出现的言语错误揭示学习过程中的一些带规律性的东西，并从理论上进行阐述。因此可以说，错误分析理论的建立是大学英语翻译教学的一大发展。

（一）错误分析理论概述

在错误分析理论倡导者科德(S．P．Corder)的《论学生错误的重要性》中，首次阐述并形成了错误分析理论，在目的语中所形成的错误反映了学生对目的语知识的习得还未完全掌握或不全面。由此可以看出，借由错误分析理论来指导外语教学是一大发展与贡献，可以通过对目的语错误的分析来探索语言学生语言错误的某些规律并进行总结，在此基础上将其上升至理论高度并对其错误的规律性问题统一进行阐述。学生的错误可以为研究人员提供语言习得方法的证据，同时也可以使教师了解学生的学习现状，分析产生错误的原因，有助于人们分析和解决外语学习过程中出现的一些现象与问题，以及研究和了解语言学习的进程。同时，在翻译教学中如果能够通过错误分析理论对学生翻译中的错误进行分析，即可了解其在学习过程中的欠缺和困难，有助于轻重有序地组织教学。对于学生，通过分析错误，可以对其所学的语言规则进行假设性质验证。在国内，也涌现出一批著名的语言学家，对错误分析理论不断进行探索性研究。通过国内外语言学家不断的探索与努力，形成了一系列的错误分析理论，这使得人们在语言学习中改变了对错误本身的认识，不再一味地避免、畏惧错误的产生，同时，认识到可以通过摸索错误本身的内在规律而将其作为语言学习自身和语言习得过程的内在导向。通过大量的研究探索，这一理论必将成为第二语言习得(second Language Acquisition，SLA)研究中具有积极意义的重要部分。综上所述，错误分析理论具有重大的意义及贡献。它使得错误的本质得到了重新认识，使其演变成为学生语言学习过程中的某种内在导向。语言错误的产生恰恰反映了学生所学的语言正处于积极进步的阶段，不断地进行错误分析是语言学习者或习得者在其学习过程中的一个不可避免的过程。

(二) 大学英语翻译教学中错误分析理论的应用

1．资料收集及基本步骤

首先，进行错误语料的收集，此阶段的语料主要是第二语言学生在口语和书面表达中所犯的一些典型错误案例。然后对错误进行分类，可以将收集到的错误按定性或定量的标准进行分类，确定其类别，之后可对典型错误进行识别或判断，判断的标准可依据是否符合目的语的表达习惯来划定。接下来分析错误产生的原因，使其真正成为语言学习中的内在向导，最后根据错误的严重程度对错误进行评价和分析，最终使其成为教学中的科学依据，从而能够有针对性地制定积极有效的课堂教学策略和规则。

2．将错误分析理论运用于大外英语教学的实例分析

首先收集错误的语料信息，我们对来自某高校非英语专业大二学生的翻译作业以及测试信息进行了收集。对 120 名学生的错误进行归纳分析，选取了典型的错误语料，在错误分析中主要从以下三个层次来进行，即语法层次(grammar errors，包含大小写错误、拼写错误、时态错误、标点错误、动词或名词的数错和语态错误等)、表达层次(expression errors，搭配错误、不合目的语逻辑和惯用法错误、自创新词、意思含混不清等)和篇章层次(textual errors，整篇逻辑条理不清和无关联性)。

例如，让学生完成以下翻译题目。

(1) 相比而言，我们更关心工作效率和产品开发。

(2) 我母亲总是告诉我，从长远来看就会发现我没有放弃练习钢琴是多么明智。

(3) 人们经常认为男人比较坚强，但实际情况往往相反。

(4) 他被判了 5 年有期徒刑，但在监狱里待了两年就被释放了。

(5) 几乎周围所有的土地都专属于几个富有的农场主。

在非英语专业二年级 120 名学生中选取出具有代表性的译文。

(1) Contrastly，we are more concerned about work efficiency and product development.

(2) My mother always tell me in the long term，you'll find that I have to practice the piano is a wise.

(3) People always think men are stronger than,. verr,en. but the realitv is opposite.

(4) He was judged 5 years punishment，but staved 2 vears in the Drison to released.

(5) All round lands in the area belong to several rich farmers.

首先，从 grammar errors 层面来看。句(2)中的第三人称单数使用错误及句(4)中的被动语态使用错误都属于这一层次，这一层次的错误多数是由于学生的疏忽或是最基础的语法掌握不扎实所造成的。而从学生的译文中发现，汉译英中学生常常在被动语态上出错，这也与英汉语言的差异有关，而学生更多地受母语影响而出现错误。

其次，从 expression errors 层面来看。一是另创新词。句(1)中 contrastly，根据 contrast 误以为 contrastly 是其副词形式，原因是词汇量少. 弄不清时自己生造。二是惯用法错误、搭配错误。句(4)中“判刑”译为“be judged”及“punishment”，错误的原因是不熟悉英文中的习惯表达及惯用语，按照自己的中文思维模式来任意搭配。三是表达不清、不合英文习惯。如句(5)中的“All round lands”，其原因为对文化背景的差异不了解，直接套用中文模式。

再次，从 textual errors 层面来看：上下文语义不连贯，篇章结构不清，句(2)没有应用“it is…that”这一句型结构，整句就是按照中式的思维模式及汉语习惯生硬地翻译成英文，造成语篇上的错误，句(3)的后半句、句(4)及句(5)都犯了类似错误。

经过对所有学生的错误进行统计可以看出，语际干扰对外语学生的干扰很大，所占比例高达 82%。而语内干扰的错误率并不高，其比例为 18%，对于这一类错误，只要学生能够认真对待并翻阅资料，一般能自行改正。而对于语际干扰所产生的错误，单凭学生自身无法认识到并积极改正，所以教师在上课过程中对文化背景及跨文化知识的讲解就显得尤为重要。只有鼓励学生多了解不同的背景知识，才能使其在翻译过程中考虑到汉英语言各自习惯表达之间的差异，才能减少此类错误，这需要通过大量的汉英翻译练习及教师的逐步引导，帮助学生逐步建立语感，使其意识到英语是一种逻辑性很强的语言，英语句子中各种成分之间的关系十分明确。

（三）错误分析法对大学英语翻译教学的作用及启示

1．加强理论对实践的指导作用，了解英汉语言差异

作为大学英语教师，想要提高学生在翻译过程中驾驭全篇的能力，避免在翻译中屡屡出错，就要有语篇意识并洞悉词在不同场合的搭配用法、感情色彩的差异，不能仅停留在词的字面意义上。从学生的典型错误中不难看出，学生的薄弱环节是容易在用词、语态、惯用法时态、表达方面出错。比如将“他被判了 5 年有期徒刑”译成 He was judged 5 years punishment。由于对英汉语言差异缺乏一定

的了解，没有应用“it is…that”这一句型结构。

目前，一方面，由于大学英语的课时有限，教师不可能专门花费大量的时间去传授翻译技巧，而且在所有大学英语的教材中，每单元都只是在课后有10句左右的英汉互译练习，并没有专门的课程及教材介绍不同的文化背景知识、翻译技巧；另一方面，学生根本不了解翻译的基本原则，又何谈合理运用，所以教师必须为学生补充足够优秀的译文范例，让学生通过欣赏范文来感受诸如直译、意译、同化异化法等不同的翻译方法。

2. 在课堂教学中传授翻译技巧，同时培养学生的独立思考能力

在课堂教学中，教师应通过大量优秀译文的灌输逐步让学生自己体会英汉思维方式和表达习惯的差异。学生遇到困难时，教师不设标准答案，让学生尽可能多地独立思考，写出有自己想法的多种翻译答案，尽可能让学生多实践。在课堂上，教师还应该列举一些英汉翻译的名篇名句，让学生经常背诵这些名句，慢慢积累，逐步养成英语思维的习惯，之后可以对这些名篇进行深入的分析和解读，让学生切实体会英汉思维方式的不同，并逐步培养用目的语思维的能力。在对翻译实践训练的过程中，教师首先要冲破障碍，运用错误分析理论去切实培养和提高学生的翻译能力。当然，游刃有余的翻译需要学生双语表达的深层次能力，如果不能达到一定要求，学生就会对原文不甚理解，译文不符合表达习惯，翻译技巧综合运用能力缺乏，等等。因此，非英语专业翻译教学的重点是首先培养和提高学生的语言能力、双语能力，之后再进行翻译理论技巧的训练，启发学生自己找到解决问题的方法。

由于翻译涉及源语和目的语之间的转换，自然离不开英汉两种语言，因此，还要格外注重学生双语基本功的培养。首先要求对汉语源语能够正确把握其结构及深层含义，同时要有扎实的英语语法知识和足够的词汇量，还要求有良好的中英文修辞方面的知识和技能。目前，学生源语言的基本功普遍不扎实，对于源语言本身就不能很好地把握与剖析，又缺乏翻译中的基本技能。所以，在大外的英语教学尤其是翻译教学中，要重视对学生综合语言技能的培养，首先需要大量的语言语料的输入，只有通过语言信息的大量刺激输入，学生才能初步建立起目的语的思维模式，才能逐步建立起对于目的语的所谓“语感”，才能提升语言应用的技能并将已形成的思维模式输出，并体现在外在的翻译等手段当中。教师应分析学生对目的语的输出错误并寻求其规律，有针对性地制订教学计划并运用恰当的教学方法。

二、功能对等理论

奈达在界定什么是翻译时说：“翻译是在接受语(receptor language)中寻找和源语(source language)信息尽可能接近的自然的对等话语，首先是意义上的对等。其次是风格上的对等。”在翻译时为了不受或少受限制，奈达认为：应该首先抓住原文的意义和精髓，即强调意义上的对等是第一位的；不应拘泥于原文的语言结构，即结构上的对等是第二位的。在评判翻译作品是否优秀时，奈达指出：一部优秀的翻译作品应丝毫看不出翻译的痕迹，因为译入语风格与其原语风格一致对等。

（一）奈达的功能对等理论

尤金·A. 奈达(Eugene A. Nida)1914年出生在美国的俄克拉荷马州，是当代著名的语言学家、翻译家和翻译理论家。他一生的主要学术活动都围绕《圣经》的翻译展开。在翻译《圣经》的过程中，奈达借助于现代语言学的研究成果，深刻思考在翻译理论研究和实践中遇到的问题，提出了一套自己的翻译理论，最终成为翻译研究的经典理论之一，而他本人则被誉为“西方现代翻译理论之父”。

“功能对等”是奈达翻译理论的核心概念。所谓“功能对等”，就是说翻译时要在两种语言间达成功能上如语义、风格和文体等各方面的对等，不是文字表面意义的死板对应。翻译的作品既要传达出词汇的表层信息，也要能反映出其背后隐含的文化深层信息。由于原语和译语文化背景差异巨大，在翻译时形式很可能掩藏源语的文化意义并阻碍文化交流。要想使所翻译的作品读起来清晰、通顺、易懂，并在译语读者群中产生与原语读者群一样的效果，就必须打破原文的语言结构，改变原文的形式，采用译入语的表达习惯与表达方式。这样才能实现真正的对等：词汇对等、句法对等、篇章对等以及文体对等。

奈达的理论贡献主要在于他以一种新姿态对待不同的语言和文化：任何能用一种语言表达的东西都能够用另一种语言来表达；在不同的语言之间、文化之间能通过寻找对等语，以适当方式重构原文形式和语义结构来进行交际。这些观点非常有助于增进人类相互之间的语言交流和了解。

为了追求等效，奈达的功能对等理论将翻译过程分为三个步骤，即分析、转换与重构。也就是在翻译之前需要对原文进行分析，以正确地认识和把握原文，在转换的过程中创造性地运用另一种语言进行重构，最终准确无误地再现原文。以奈达的功能对等理论来指导大学学生进行翻译活动，学生就会尝试按照以上的步骤科学地、合理地进行翻译，避免采用以前习惯了的逐字转换的生硬做法，从而使译文符合译人语的词法、语法与句法。例如：把“让我看看”译为 let me see see，“人山人海”译为 people mountain people sea，“我很难完成这项任务”译为 I am difficult to finish the task，等等，令人啼笑皆非。

与此同时，以奈达的功能对等翻译理论来指导大学教师开展翻译教学，也为教师提供了一个全新的视角：在翻译教学过程中，不再拘泥于原文的词法、句法和语法；翻译的练习不再只是为词汇、语法服务的辅助练习；对翻译作品的评讲不再像选择题、判断题那样只给出一个固定答案，而是通过相应的指导，鼓励学生对参考译文进行探讨和完善，在比较中逐步提高学生们的英语翻译水平。这不仅有助于提高教师自身的教学能力，还有助于帮助教师形成一个正确的翻译教学观。

(二) 在大学英语教学中融入功能对等理论

1. 词汇层面对等

无论英语还是汉语，词汇是构成语句的最基本单位，而语句又进一步组成段落，因此要达到语义对等，首先应从词汇对等开始。

例 1：

做作业 do homework

做饭 cook a meal

做衣服 make clothes

做梦 have a dream

在汉语的词汇中一个同样地“做”字，翻译成英语时却用了不同的词汇。如果学生在做翻译练习时不对源语言进行分析，没有弄清楚汉语的真正语义就匆忙转换，那么出错就不可避免。因此翻译时首先要弄清汉语原文的具体含义，然后才能转换为相应的英语动词。

例 2：

浓茶 strong tea

浓汤 rich soup

浓雾 thick fog

浓烟 dense smoke

汉语中的“浓”不能一概用 thick 来表达，因为英语中对于“茶”“汤”“烟”有其对应的形容词来修饰。

例 3：

have a cup of coffee 喝杯咖啡

have a meal　吃饭

have a cigarette 抽烟

have a meeting 开会

have one's hair cut 理发

have a talk 谈话

虽然汉语中的动词远远多于英语中的动词，但是英语中有语义各异的“万用动词”have 和 make。

因此，为了把相同的概念表述清楚，在翻译过程中要将英语中相同的动词和汉语中不同的动词进行对应的转换。汉语作为表意文字，词义丰富且组合灵活多变。而英语是表音文字，在演变过程中采纳了大量的拉丁语和古法语的词汇，形成了现在极其庞大的英语词汇量。因此，掌握庞大的英语词汇和汉语词汇是开展翻译活动的前提条件。此外，译者需具有语用意识。翻译的过程是一个寻求准确的词义对等的过程，所以无论源语多么复杂和富含文化内涵，译者都要能够结合源语词的具体情境，将其转换为自然贴切的目标语词。

2．短语层面对等

多个不同的单词组合构成短语后，便拥有了更强大的表意功能，让译者在更大的语言单位内转换信息，完成翻译任务。英语和汉语都有大量的短语，因此短语对等在翻译教学中是非常重要的。在平时的教学及课外练习中会有一些相应的短语练习，即给出汉语短语，要求写出英语短语，或者相反。这些短语翻译练习主要涉及一些词语搭配。不可否认，在有些情况下，这样的练习对于大学学生成功翻译语句是必不可少的，也是强化大学学生英语语言知识的重要途径之一。

例 4：

break the record　打破纪录

Cold War 冷战

Black Market 黑市

hot line 热线

red-eye flight 红眼航班

这种字对字的直译，只是形式上的对等，而且并不普遍。在多数情况下，英汉之间找不到这样直接对应的短语。这时，按照奈达的观点，我们不应拘泥于形式上的对应，而是要追求语义上的对等。

例 5：

血肉 flesh and blood(而不是：blood and flesh)

新旧 old and new(而不是：new and old)

轻重 heavy and light(而不是：light and heavy)

落汤鸡 a drowned rat(而不是：a drowning chick)

教练车 student driver (而不是：学生车)

三伏天 dog days (而不是：狗日子)

七折 30%off (而不是：去掉 30%)

大学 high school (而不是：高校)

守旧的女性 girl of the old school (而不是：旧学校的女生)

3．句子层面对等

句子是言语交流中最基本的语言单位。要让目标语的接受者在最大程度上体验到与源语的接受者相似的感受，就要力争在互译中做到语句的对等，即很好地译出源语句子的意思。这往往是翻译的关键之所在。

例 6：

乍一看，这块手表没有什么特别之处，但实际上它是一部手机。

At first sight，there is nothing special about this watch，but in fact it is a mobile phone.

很多学生把“这块手表没有什么特别之处”直接翻译为 this watch has nothing special，显然是因为学生习惯了字对字的直译，而没意识到英语常常用物称来表达，这样翻出来的句子带有明显的汉语味道。

例 7：

With these words he left the room.（After saying these，he left the room.）

说完这些话，他便离开了房间。

例 8：

The bridge is under construction.（The bridge is being constructed.）

那座大桥正在建造之中。

英语叙述呈静态(stative)，倾向于多用名词，因而介词的运用发挥出很大的优势；而汉语倾向于多用动词，呈动态(dynamic)。如果学生掌握了这一知识，例 2 和例 3 的译文就会地道很多。

例 9：

这姑娘长得漂亮，鹅蛋形脸，两眼又深又黑，披着又长又密的头发。

She is a pretty girl with an oval face，deep dark eyes and long heavy clinging tresses.

例 10：

有困难找警察。

(Please)Turn to the police for help when(you are)in trouble.

例 9 和例 10 的句子整句与零句混合交错，体现了汉语句式多样灵活的特点。汉语口语里流水句很多，一个小句接一个小句，很多地方可断可连，而英语句子则常用关系词、连接词等，有着清晰的结构。

例 11：

All was cleared Llp some time later when BOWS caine from a distant place that an earthquake was felt the very day the little copper ball fell.

过了些时候，从远方传来了消息：在小铜球坠落的当天，确实发生了地震。这一切终于得到了澄清。

例 11 中的时间状语从句中包含一个同位语从句，同位语从句中义包着一个时间状语从句，这充分体现了英语形合的特点。为了实现动态对等，首先学生应该把英语的长句转化成汉语的短句；其次要把英语“树状结构”的句子转化成汉语

“竹状结构”的句子；再次，英语句子把最重要的信息放在句首，而汉语则遵循自然的顺序，因此把 All was cleared up 译为“这一切终于得到了澄清”放到了目标语即汉语句子的句末。

第二节　关联翻译理论与翻译模因理论

一、关联翻译理论

关联理论是一个强有力的理论，它的使命虽然不是解释翻译，但却能有效地解释翻译这一“宇宙历史上最为复杂的现象”，它给翻译提供了一个统一的理论框架，奠定了翻译本体论和方法论的理论基础。在关联理论的框架内，翻译是一个对原语(语内或语际)进行阐释的明示一推理过程，译者要根据交际者的意图和受体的期待进行取舍，译文的质量取决于相关因素间的趋同度(convergence)。

（一）关联翻译理论的观点

关联翻译理论认为，翻译过程是一个明示推理的交际过程。从原交际者的明示行为中通过推理找到最佳关联是译者力争达到的目标，也是翻译研究的原则标准。译文关联性的强弱取决于两大因素：处理努力(processing efforts)与语境效果(contextual effect)。译文读者需要的并不是最大关联性(maximal relevance，即以最小的处理努力获得最大的语境效果)，而是最佳关联性(optimal relevance，即无须花费不必要的努力便可从中获得足够的语境效果)。译者根据最佳关联原则从潜在的认知语境(包括译者的百科知识、原文语言提供的逻辑信息和词汇信息、原文的文化背景信息等)中选择正确的语境假设，从源语文本的交际线索中揣摩出原文作者的交际意图，找出最佳关联，从而取得理解原文的语境效果。译者继而在对译入语文本读者的认知语境和阅读期待做出准确判断的基础之上，灵活运用各种翻译策略，力图使译入语文本在音、形、意上最大限度地向源语文本趋同的情况下，将原文作者的意图准确地传达给译文读者，满足译文读者的阅读期待，即无须花费不必要的处理努力即能获得理解原文的足够语境效果。

（二）关联翻译理论对翻译理解阶段的指导

理解是整个翻译过程的第一阶段，非常重要。译文对原文的理解稍有差错，译文表达就不可能准确无误，甚至会差之毫厘、谬以千里。正确理解原文，不能流于肤浅，要深入透彻。根据关联翻译理论，译者要想使理解达到深入透彻，需要充分了解源语作者的认知语境，尽量扩大和源语作者认知语境的共享，然后根据最佳关联原则从潜在的认知语境中选择正确的语境假设，从源语文本提供交际线索的信息意图中通过推理探究出作者的交际意图，找出最佳关联，从而取得准确透彻地理解原文的语境效果。

1．扩大和源语作者认知语境的共享

关联翻译理论的语境观强调语境具有选择性和渐变性。理解话语就是从认知语境中选择相关假设，以便付出一定的处理努力获得相应的语境效果，从而找到话语同语境假设之间的最佳关联。在话语的理解过程中，新信息被处理后就会成为旧信息，从而使认知环境不断扩大，为处理下一个新信息提供便利。译者和读者共享的认知语境对于成功地传递原文作者的意图提供了一定程度上的保证。因此在翻译教学中，教师应当引导学生考查原文的历史背景并理解作者创作时的处境与心境，从而充分利用共享的认知语境，对全文进行全面、深入、准确的理解。

例如：On the junk，a man stands amidships beating a drum incessantly to guide their efforts，and they pull with a11 their strength like men possessed。bent double; and sometimes in the extremity of their travail they crawl on the grolmd，on all fours，like the beasts of the field.

例句中的 possessed 一词是指人“疯了的”“鬼迷心窍的“像被鬼缠住了似的吗”？beast 在文中是指“野兽”“动物”“畜生”吗？学生如果要准确地理解原文，就需要了解本文创作的背景信息，扩大和源语作者认知语境的共享，找到话语同语境假设的最佳关联。例句选自一篇写景抒情的散文。作者毛姆是当代英国著名小说家。他于 20 世纪 20 年代末曾来中国，并有机会沿长江溯流而上进入四川，例句后半部所写就是山城重庆的景象。毛姆把他在中国旅行的所见所闻所感写成了一本散文集，名为《在中国屏幕上》，本段即选自该书。毛姆在文中写了江上听到的三种劳动人民的歌声。文章情景交融，表达了对劳动人民的艰苦命运的深切同情，读起来亲切感人。只有了解了文章创作的背景信息，译者才能充分理解文本所体现的精神，理解文本作者的心理状态和思想意图，找到最佳关联。试问毛姆会认为这些劳动人民“像被鬼缠住了似的”并称他们为“畜生”吗？

比较下面两种译文。

译文 1：纤夫们发疯似的拼命拉拽着绳索，佝偻着腰，艰难至极时甚至会双手触地，匍匐徐行，如同田里的畜生。

译文 2：纤夫们像着了魔似的，腰弯成两折，有时力量用到极限就全身趴在地上匍匐前进，就像田里的牲口。

两段译文在理解原文和表达作者情感方面有所差别，译文 1 理解有误，而译文 2 则感人肺腑，作者对劳动人民的深切同情溢于言表。我们在课堂教学中应当引导学生超越语言层次，搜集作者及其作品的背景资料，充分利用共享的认知语境，以求深入透彻地理解原文。

2．传递源语作者的信息意图和交际意图

(1) 区分信息意图和交际意图。根据关联翻译理论，意图分为信息意图和交际意图。信息意图是指提供交际线索的意图。交际意图是指语境暗含，它往往在信息意图明示的基础上经过推理而获得。当译者判断原文的信息意图与交际意图重合，即原文的字面意义正是作者本意，而且将原文传译出来后不会影响读者的理解，相反还可以扩大读者的认知语境时，可照译不误。例如：

咱们俩的事，一条绳上拴着两蚂蚱——谁也跑不了!

We’re like two grasshoppers tied to one cord，neither can get away!

如果字面意思与作者的交际意图差之千里，那就只好舍弃字面意思而传递原文的交际意图了，否则会引起误解甚至闹出笑话。例如：

武行者心里要吃，哪里听他分说，一片声喝道：“放屁!放屁!”(施耐庵《水浒传》)

Now Wu the Priest wanted in his heart to eat and so how could he be willing to listen to this explanation？ He bellowed forth，“Pass your wind!Pass your wind!”

该译文出自有“中国通”之称的美国作家赛珍珠(Pearl Buck)之手。“放屁”在此文中显然是诅咒用语，汉语意为“废话”，英语意为 nonsense。而译者却把它误解成了一道命令，误译为 pass your wind，闹出了强行要酒保放屁的大笑话。

(2)充分运用推理技巧。通过推理正确理解源语作者的意图是翻译交际成功的前提。因此，在翻译教学中应当培养学生的推理能力，使这种能力在鉴别多义词、解歧、理顺逻辑、推导交际意图方面发挥重大的作用。

第一，确定原文词义。

有时原文只有信息意图，其获取也不是唾手可得，需要付出努力进行推理。例如：“Though the rope may part and the great junk swing back，in the end the rapid will be passed：and at the close of the weary day there is the hearty meal.”

不少学生将 hearty 译为丰盛的晚餐、丰盛的美宴、美味佳肴等。如果译者脑中存在以下相关的词汇信息、逻辑信息和百科信息，并积极进行推理，就不会有所误译。文中 hearty 一词在英英字典中的释义为“(of meals)large；substantial”。该句上文描写的是纤夫奋力拉纤、跨越激流的悲壮场面。尽管绳索会断，船会后退，然而他们最终将涉过这大浪急流，疲惫的一天下来，他们好歹能吃上一顿饱饭。毛姆在文中着力表现的是对劳动人民悲壮命运的深切同情。如果这些生活在社会最底层的劳动人民天天都能“大快朵颐”，吃上“美味佳肴”，原文的悲壮色彩无疑要“大打折扣”了。

译文 1：尽管坎坷的途中帆船会因缆索的断裂而掉头迂回，但经过一天的疲惫倦怠之后，他们终会穿越洪湍，到达彼岸，去享受那丰盛的美宴。

译文 2：虽然绳子可能扯断，大船不进而退，但最终险滩必将通过。精疲力竭的一天之后，可以痛快地吃上一顿饱饭。

比较以上两种译文，译文 1 虽然语言流畅优美，但是推理有误，表述不当，从而造成理解偏差。因此在翻译过程中应当引导学生仔细观察原文，找到原文交际线索所提供的信息意图和认知语境间的最佳关联，以求准确地理解和表达。

第二，消除文中歧义。

推理可以起到解歧的作用，因为译者利用认知语境能使原文中歧义句的意义明确化，进而得出正确的信息意图，然后才能翻译。例如："Writers can not bear the fact that poet John Keats died at 26， and only half play fully judge their own lives as failures when they pass that year．"在翻译此句时，有不少学生将 half 看成了谓语动词 judge 的主语，译成"半数的作家"。在翻译过程中译者脑中应该出现如下语境假设：第一，根据常识，全国有多少作家曾经如此说过无法进行精确统计。第二，根据词汇信息，half 如作主语不能单独使用，原文应为 half of them。第三，根据逻辑信息，原文有必要强调只有半数的作家对约翰·济慈年仅 26 岁便与世长辞表示惋惜之情吗？因此，通过推理可以断定，文中的 half 不是名词，而是作为程度副词修饰 playfully，意为"不无""不完全的"。例如："She gave a sort of half smile．"(not quite a smile)她做了个似笑非笑的表情。

试泽：作家们为诗人约翰·济慈 26 岁就离开尘世而叹息不已。他们在过了这个年龄时，便不无戏谑地叹息自己的一生碌碌无为。

第三，推导交际意图。

译者根据原文提供的背景信息和词汇信息等交际线索，通过处理努力，可以推理出隐含在信息意图之下的交际意图。例如：I took her first to dinner．"Gee，that was a dilish dinner，" she said as we left the restaurant．Then I took her to a movie．"Gee，that was a marvy movie，" she said as we left the theater．And then I took her home．"Gee，I had a sensaysh time，" she said as she bade me good night．

本段作者是大学法律系的一名学生，他用一件貂皮大衣换到了室友皮蒂·伯齐头脑简单但是非常漂亮的女朋友。他想看看她的情商到底有多高，于是约她出来吃饭、看电影。这位漂亮女孩的用语却令人大跌眼镜。从原文的词汇信息，即感叹词 Gee 和三个形容词 dilish，marvy，sensaysh 的使用，结合原文的背景信息可以推断出作者的交际意图：通过女孩的用语告诉读者她虽然很漂亮，但是头脑简单，情商不高。我们比较一下以下两位学生的译文。

译文 1：我们先是共进晚餐，临走时，她说道："哎呀!真好吃!"接着我们去看电影，散场时，她说道："哎呀!真好看!"看完电影后我送她回家，道晚安时，她说道："哎呀!今天玩得真高兴!"

译文 2：我先带她去吃晚饭。临走时，她冒出了一句：“哇，这顿饭贼好!”接着我们去看电影，散场时她又来了一句：“哇，这部电影真彩!”完了我送她回家，临道晚安她又蹦出一句：“哇，今天玩得忒爽!”

相比较而言，学生译文 2 语言地道、流畅，生动、活泼，保留了原文的交际线索，同时成功地传递了原文的交际意图。

（三）关联翻译理论对翻译表达阶段的指导

在全面、深入、细致地理解原文的前提下，表达对于一篇译文的质量好坏起着关键的作用。译者在对译入语文本读者的认知语境和阅读期待做出准确判断的基础之上，灵活运用各种翻译策略，力图使译入语文本在音、形、意最大限度地向源语文本趋同的情况下，将原文作者的意图准确地传达给译文读者，满足译文读者的阅读期待，使译文和原文达到最佳关联。因此，要引导学生在表达上狠下功夫，这样才能全面提高翻译质量。

1．考虑译文读者的认知语境和阅读期待

在跨文化、跨语言的翻译交际中，译文读者对译文的理解受制于其所拥有的认知环境，有时，源语读者所拥有的文化图式、社会经验等在译语读者的认知环境中并不存在，因此语篇内的有关符号无法激活译文读者记忆中的相关图式，从而导致解读的失败。有时源语读者与译语读者所拥有的文化图式迥然不同，译文读者按照自己的认知习惯来解读，从而导致误读。因此，译者为了确保译文读者无须花费不必要的信息处理努力即可正确地理解译文，推断出源语作者意欲传达的信息意图和交际意图，就需要对译文读者的认知语境做出正确的估计和判断。这一点应该在翻译教学过程中对学生予以明确和强化，在处理富含文化信息的语篇时，引导他们学会通过译文内增词、译文外加注等策略解决译文读者因认知语境中文化图式缺省所引起的解读障碍。

2．兼顾源语作者的意图和译文读者的认知语境

最佳关联性是译者力争达到的目标，要想使译文获得最佳关联性，必须同时兼顾语境效果和处理努力两大因素。如果读者的认知语境中缺乏相关的信息，或者与源语作者的认知语境发生文化冲突，若一味传递原文的信息意图，那么，读者即使付出了多余的处理努力，也无法推断出原文的交际意图，得不到相应的语境效果，译文无法取得最佳关联。这一点同样应该在翻译教学过程中对学生予以明示和强化，引导他们认识到翻译策略的选择取决于对源语意图的识别和对译文读者认知语境和阅读期待的估量，只有兼顾两者，译文才能实现翻译交际的目的和效果，才能达到最佳关联性。

二、翻译模因论

模因论是基于达尔文进化论的观点来解释文化进化规律的一种新的理论模式。它试图从历时与共时的视角对事物之间的普遍联系以及文化具有传承性这种本质特征进行诊释。翻译作为一种跨文化、跨语言的行为，在切斯特曼(Chesterman)看来是“模因在同一文化中通过模仿得以传递，同时也通过语言来传递。但某种模因要跨越到其他文化当中则需要借助翻译。因此在跨文化过程中翻译则成为‘模因的生存载体’”。翻译模因论的精髓在于它解释了翻译理论的发展规律并肯定了翻译理论对于翻译实践的指导意义。

(一) 翻译模因论概述

模因(meme)这一概念源于社会生物学，最早见于动物学家 Dawkins(1976)的畅销书《自私的基因》(The Selfish Gene)中。基因是传递生物信息的单位，生物体通过基因进行传播而得以生存。Dawkins 希望 meme 这个词类似于 gene，能描述文化现象的进化。他在该书的最后一章引入了与基因相对应的模，因概念，并把模因定义为“文化传播的单位，或模仿的单位”。模因论(memetics)是研究模因的理论，最早把模因引入翻译理论研究的当属 Chesterman 和 Hans J. Vermeer(1997)。Chesterman 把有关翻译本身以及翻译理论的概念或观点统称为翻译模因(translation memes)，如翻译的理论概念、规范、策略和价值观念等。他把翻译研究看作模因论的一个分支，试图用模因论来解释翻译提出的问题，并通过对翻译理论发展史的研究来探寻翻译理论的进化和形成规律。他详细讨论了翻译模因库中的五种超级模因(super-memes)——源语—目标语模因、对等模因、不可译模因、意译—直译模因、写作即翻译模因，发现在翻译理论的进化过程中，有些翻译模因由于不能被普遍接受而消亡；有些翻译模因曾流行一时而最终被取而代之；有些则具有很强的生命力，得以生存和发展。同时通过考察西方翻译理论的进化过程，他发现在某一特定的历史时期都有某一翻译模因处于主导支配地位，而其他翻译模因则处于被压制的地位，从而把西方翻译理论史划分为八个阶段：词语阶段、神谕阶段、修辞学阶段、逻各斯阶段、语言学阶段、交际阶段、目标语阶段和认知阶段。各种模因为了适应社会环境，在不同时期均以不同的面貌出现，不断进行复制和传播，以求生存和发展。

Chesterman 把波普尔(Popper)的科学哲学观引入自己的翻译模因论，认为翻译模因处于波普尔的第三世界中。波普尔把世界划分成三个世界：第一世界是客观物质世界；第二世界是个人思想、情感的主观心智世界；第三世界是指思想的客观内容，属客观知识世界，即关于思想、理论、论题等的知识，存在于公共领域，不是指存在于个人头脑中的观念(第二世界)。根据波普尔的理论，个人翻译技能的发展来自我们的错误，来自我们以前的翻译实践，来自对他人译作的研究，来自前人对翻译的思考，来自翻译理论和翻译历史的学习。我们通过批评对话和自我批评，从他人的反馈信息中发展自己。因此，根据波普尔的理论，翻译模因，即翻译理论或翻译观念，不可避免地影响译者的思维方式和翻译行为。这也是 Chesterman 对翻译理论与翻译实践之间关系的理解。波普尔接受了达尔文进化论的一个最具挑战的观点：个体发生(ontogenetic)平行于种系发生(phylo-genetic)。Chesterman 将这一观点应用到翻译能力的习得中。他认为，一个译者的个体发生过程应该遵循翻译理论的种系发生过程，也就是说，一个译者的观点、态度变化过程可能反射出整个翻译理论的发展，反之亦然。这一假设对翻译教学具有深刻的启示。也就是说，我们可以利用个体发生与种系发生的相似性来强化翻译过程教学。这也是为什么必须给学生讲授翻译理论发展史的原因，其目的是使有关翻译理论发展的知识最终成为学生的一种概念工具，并可为学生提供比照来观察自己的学习进程，培养学生的自我意识，使他们有一种亲身参与历史进程的体验。

（二）翻译模因论对翻译教学的启示

1．翻译史教学的必要性

翻译模因的进化发展是动态的，具有历史的敏锐性。翻译史教学可以使学生了解翻译模因进化的来龙去脉和历史渊源，懂得任何翻译模因的变化和发展都是受一定社会文化制约的。在一定历史时期，某一翻译模因处于支配地位时，这一模因就演化成了该时期的规范，而其他模因则处于被压制的弱势地位。遵循规范的翻译被视为正统，而违反这一规范的翻译则被视为错误，或根本就不被认为是“翻译”。因此，翻译模因是历史的产物。翻译史教学可以使学生对翻译模因进化的历史全程有整体认识，深谙模因之间的联系与变化，有利于学生对形形色色的翻译理论的深刻理解，而不只是掌握一些片面、零散的翻译概念，从而避免形成以点代面的错误观念。由于不同阶段的翻译思想都只是突出了翻译现象的某一具体侧面，如果学生对翻译史没有一个全方位的了解，就会像盲人摸象，大家摸到的都是大象的不同部位，但都认为自己摸到的就是大象的全部。因此，翻译史教学能帮助学生把不同的翻译思想整合起来，对翻译现象形成一个全面完整的认识。根据达尔文的观点，个体发生能反映种系发生的规律。那么，教师可以通过翻译史教学来强化学生的个体发生过程。学生可以利用种系发生过程来比照、观察自己的学习进程，使自己有一种亲身参与历史进程的体验，减少学习的盲目性。翻译理论史分为八个阶段，假如这一种系发生过程与译者的个体发生过程一致，那么．其中每个阶段都代表着学生个体发展的必经阶段，因此，翻译教学就应该按照这一种系发生的过程规律实施。

“词汇”阶段是翻译学生的起始阶段。初学者自然会采用“词对词”的翻译方法，教师不能一味地抱怨学生过分注重词汇问题、停留于词汇层面，希望学生尽快进入下一个阶段。不要忘了，这是初学者必须经过的阶段，教师应该充分利用这一阶段的特征，做好教学工作。在这一阶段，教师应该围绕词汇进行翻译教学，培养学生的词汇翻译能力。教学内容可涉及词典等工具书的使用、词语的外延意义和内涵意义、词汇语言学、成分分析、词典学、专门词语的翻译等，还可以利用词汇教学展开对“可译性”问题的讨论。

第二阶段是“神谕”阶段。主要强调语法形式和直译。一般来说，大学生往往处于这一阶段。大学教师经常批评学生固守中学传统的翻译习惯，但这也是学生整个发展过程的必要一环。正当的方法是使学生认识到“直译”只是翻译的一种形式，教学内容可涉及 Nida 的最小转换(minimal transfer)、字面转换(literal transfer)和文学风格转换(literary transfer)；纽马克(Newmark)的语义翻译和交际翻译；翻译材料可以选用侧重原文形式的文本类型(哲学文本和法律文本等)和要求事实准确的科技翻译。

第三个阶段是“修辞学”阶段。在这一阶段，教学重点应放在学生译文文体自然、表达灵活上，可要求学生针对目标语进行写作训练。尤其是将母语译成外语时，更要强化对目标语驾驭能力的训练。休森和马丁(Hewson&Martin，1991)提出的变异翻译模式适合这一阶段的训练。他们认为翻译是建立在两个释义变体集合基础之上的：源语释义集合和目标语释义集合。译者首先生成某一原文的释义变体集合，然后给出其相应的目标语释义变体集合；比较分析两组释义变体集合之间的异同，最后根据目标情景制约因素和规范。从中选择一个最佳译文。这一方法可以训练学生两种语言的驾驭能力。在这一阶段，学生可以学习有关文体学、文本语言学、修辞学等理论概念，同时进行编辑、校读训练。

第四阶段是“逻各斯”阶段。这一阶段主要强调语言的创造力和文学翻译。“杂合翻译”是这一阶段的一个中心概念，要求学生认识到原文可映射到译文中，译文不可避免地带有外来色彩；学会区分语法次序与信息次序。在许多文本类型中，保留信息次序比保留语法次序更为重要；掌握主述谓结构、强调、有标记和无标记表达等；识别显性翻译与隐性翻译，源语文化浓厚的文本应采用显性翻译，而一般文本可以采用隐性翻译。因此，文本类型是制约译者决策的一个重要因素。应该使学生明白译者并不总是隐形于目标文本与目标读者之间，有时也现形、在场、显示身份，承担译者的责任；解构主义的翻译观也是这一阶段的重要教学内容之一。

“语言学”阶段主要强调语言学知识的重要性。教学内容应涉及符号学、语义学、语用学等，为学生评估、选择译文提供概念工具；在这一阶段还必须涉及对比语言学的内容，强调对两种语言系统(langue)的对比分析。为其译文形式(parole)的选择提供依据。

在“交际”阶段，学生必须认识到作为译者、专业交际者的社会形象和社会作用，考虑翻译任务的整体性质，重视翻译交际过程中各参与者的作用：谁需要翻译？准付钱？谁出版？谁是读者，等等。交际阶段不再只关注文本本身，并且关注情景。教学内容可涉及交际理论，如格赖斯(Grice)的合作原则及其准则、一般语用学理论(礼貌原则、关联理论、顺应理论等)，强调译文的可读性，还可以展开对“对等”观念的讨论，使学生认识到任何交际者都不可能对同一交际做出完全相同的解释。

“目标语”阶段侧重于目标语的文化层面。翻译文本总是嵌入目标文化之中。这一阶段学生可学习多元系统论，练习翻译一些文化负载重的词语、典故等，掌握其处理策略；提高学生对文本操纵的意识，使他们认识到文本操纵是不可避免的，是意识形态作用的结果。因此，译者必须负起责任；学生还必须明白处于支配地位的文本与处于边缘地位的文本之间的翻译是不同的；翻译规范因不同时期、不同文化而发生变化。

“认知”阶段主要关注译者大脑这一“黑匣子”，探索译者的决策过程。从个体发生的角度来看，这是译者能力发展的成熟阶段，即自我意识阶段。译者的自我意识也包括对翻译行业种系发展的意识。自我意识可使学生从教条中解脱出来，成为一个自由的主体，一个对自己的行为负责任的主体，而不是一个顺从的客体。

2．翻译教学必须遵循翻译能力的进化规律

翻译作为一种行为技能，是翻译能力的一个重要方面。切斯特曼(Chesterman)认为翻译技能是可以学会的，必须遵循德雷福斯(Dreyfus)兄弟(1986)提出的专业技能发展规律。Dreyfus 兄弟把专业技能的进化分为以下五个阶段。

(1) 初学者阶段(novice stage)。学生主要学习识别与技能相关的各种客观事实及特征，以获取决定行为的规律。这些特征非常显著，无须语境便可识别。

(2) 高级学生阶段(advanced beginner stage)。学生经历了更多真实情景后，发现有些特征是因情景变化的(situational)，而不能脱离语境(contexvfree)。

(3) 能力形成阶段(competence stage)。随着经验的增加，识别的情景特征增多，人们很难把所有这些特征都储存在意识之中，因此就必须发展优先选择意识，人们要学会决策的层级程序，包括情景的整体判断能力、制订计划以及选择实现这一计划最为重要的因素的能力。在这一阶段，有能力的学生具有任务目标意识，目标意识决定情景特征的优先选择。

(4) 熟练阶段(proficiency stage)。在这一阶段，人们不再只根据客观规则进行决策，更多的是根据个人经验。根据经验判断某些情景特征比其他特征更为凸显。

学生能本能地运用这些模式，而无须解构这些模式，这并不是说整体性就排除分析性，熟练者根据直觉组织和理解任务的同时，也会对要做的任务进行分析性思考。因此，熟练者总是在直觉理解与理性的、审慎的行为之间摇摆。

(5) 专业技能阶段(expertise stage)。在这一阶段，一切依赖于直觉。有意识的参与被无意识的参与所取代。专业技能不再是分析性的、运算性的，而是非理性的、直觉的。因此，技能习得的整个过程是一个逐渐自动化的过程：从原子分析到整体识别；从有意识反应到无意识反应；从分析性决策到直觉性决策。

在翻译教学中必须遵循这一循序渐进的能力发展规律，起初要刻意培养学生识别各种翻译模因的自我意识。教师要针对各种翻译模因有计划、有步骤地要求学生进行反复的翻译训练，并要求其翻译行为明确地受到意识的监控；随着翻译专业技能的发展，学生识别相关情景特征的能力和选择恰当翻译策略的能力逐渐趋于自动化，最终成为一种直觉，这样，清醒的意识就演变成了译者能够随意运用能力的培养举例说明。

在初学阶段，给学生介绍一些典型的翻译策略，要求学生在比较源语文本和翻译文本时识别这些翻译策略，把翻译策略作为概念和经验规则来学习。例如，要求学生找出某一翻译文本中使用的某些翻译策略。

在高级学习阶段，要求学生根据原文分析译文，列举他们观察到的翻译策略。此时，这些基本的翻译策略已是学生非常熟悉的概念了，他们已经具备在具体语境中识别这些翻译策略的能力；也可要求学生通过翻译练习，学习运用某些翻译策略的能力。如要求学生在翻译具有显著特征的、标记性很强的文本类型或段落时使用某一具体的翻译策略，使学生逐步掌握翻译的句法和语法策略、语义策略和语用策略。

在能力形成阶段，主要侧重对学生分析决策能力的培养。要求学生进行译本分析，并阐明译者使用这些翻译策略的原因，译者优先考虑的因素或目标是什么？在进行具体翻译练习之前，要求学生陈述他们将要使用的翻译策略并阐明理由。在熟练阶段，要着重培养学生从分析性思维转向直觉思维。要求学生在规定的时间内完成某一翻译任务。因为时间压力，学生只能依据直觉选择翻译策略，没有时间进行分析思考。翻译任务完成后，要求学生针对所选用的翻译策略进行理性分析、比较和评估。也可进行分组讨论，让学生对各自的译文进行相互讨论和评价，目的在于帮助学生对通过直觉产生的译文进行反思。在专业技能具备阶段，无须实施教学。

第三节　功能翻译理论与图式理论

一、功能翻译理论

20 世纪 60 年代，纽马克将翻译纳入语义学的研究范围；贝尔根据心理语言学理论提出了翻译的心理模式。20 世纪 70 年代，以德国凯瑟林娜。赖斯(Kantharina Reiss)、汉斯・费米尔(Hans J. Vermeer)等为代表的功能翻译理论学派形成，该理论以现代语言学和逻辑思维学为基础，在翻译实践方面具有较强的实用性和可操作性。功能翻译理论是以目的法则为主导的翻译标准多元化理论体系，主要关注翻译目的和译文功能。目的法则、连贯法则及文本类型理论是该理论的核心内容。功能翻译理论打破了文本中心论的翻译研究传统，摆脱了对等翻译理论的束缚。由此，翻译研究被纳入跨文化交际研究领域，拓宽了翻译理论研究的领域。

(一) 功能翻译理论概述

功能翻译理论的主要构成理论包括：赖斯的文本类型和语言功能理论、费米尔的目的论、曼塔利(Mantari)的翻译行为理论和诺德(Nord)的功能加忠诚，理论。功能翻译理论以目的为总则，把翻译放在行为理论和跨文化交际理论的框架中，实现了翻译理论从静态的语言翻译象征论向动态功能翻译分析法的转化。

1. 瑟林娜・赖斯的文本类型和语言功能理论

赖斯认为，译文应该在概念性内容、语言形式和交际功能上与原文对等，即综合性交际翻译；赖斯还认为文本分类可帮助译者确定特定翻译目的所需的合适对等程度，并从两种角度对文本分类：一是根据文本的语言特点和习惯，将文本体裁或变体划分为工具书、讲稿、讽刺作品或广告等；二是根据主体交际功能，把文本划分为信息型、表达型和诱导型功能文本类型。

2. 汉斯・弗米尔的目的论

费米尔目的论的核心概念是翻译方法和翻译策略必须由译文预期目的或功能决定。基于行为理论，费米尔提出翻译(包括口译和笔译)是一种目的性行为，决定翻译目的的最重要因素是译文预期的接受者。在翻译过程中应遵循三个总体原则，即目的原则、连贯原则和忠实原则。目的原则是所有翻译应遵循的首要原则，即整个翻译过程，包括翻译方法和翻译策略的选择，都是由翻译行为所要达到的目来决定的。目的论把翻译行为所要达到的目的概括为三种：译者的目的、译文的交际目的和使用某种特殊翻译手段所要达到的目的，其中译文的交际目的最为重要。连贯原则指译文须符合篇内连贯的要求，是针对译文语篇内部及与译入语文化之间的关系而言。忠实原则是指译文与原文之间应符合篇际连贯的要求，是针对译文语篇与原文语篇之间的关系而言的，近似于译文应忠实于原文的说法，但与原文忠实的程度和形式取决于译文的目的及译者对原文的理解。有所不同的是，忠实原则必须首先服从目的原则和连贯原则。目的决定一切，从翻译策略、翻译方法到对原作形式与内容的取舍，再到目标文本的制作，都以这个翻译目的为参照。费米尔把原文只看作一种“信息供源”，仅提供翻译委托所需要的信息，而不再是评价译作的唯一或最高标准。译者有权按照翻译目的来取舍其中的信息，是否与原文保持篇际一致是由翻译目的来决定的，忠实于原文只是其中的一种可能性。翻译位于两极之间——遵循目标文化的行为与预期、用目标文化的方式来表达源语文化的特征。这两极间存在多种可能性，忠实于原文只是其中的一种可能性。翻译目的实现的可能性取决于目标文化的条件，而不是源语文化。委托只是间接依赖源语文化，因为翻译不得不涉及原文本，只有在特定的情况下，这个目的的实现才需要依靠目标文化与源语文本的关系。

3．赫尔兹·曼塔利的翻译行为理论

曼塔利提出了翻译行为的概念，并探讨了包括文本转换在内的所有跨文化转换形式，着重论述了翻译过程的行为、参与者的角色和翻译过程发生的环境三方面的问题。曼塔利指出，翻译和翻译行为是两个不同的概念，翻译行为是为实现信息的跨文化、跨语言转换设计的信息传递过程；而翻译只是文本形式上的跨文化转换活动，在转换中，交际性的语言符号或非语言符号(或两者兼有)从一种语言转换成另一种语言。翻译是翻译行为的具体操作。翻译的实质反映出翻译的三个性质：目的性、交际性和跨文化性。该翻译理论从译入者的全新视角来诠释翻译活动，使翻译摆脱了原语的束缚。

4．诺德的功能加忠诚理论

诺德从翻译文本、翻译方法和翻译单位等方面阐述了功能翻译理论。诺德的功能加忠诚原则，要求译者对翻译过程中的各方参与者负责，并协调各方关系。翻译使译语文本与原语文本之间保持联系并根据译文预期或所要求的功能得以具体化，从而使客观存在语言文化障碍的交际行为得以顺利进行。诺德从功能的角度划分了文本和翻译的类型。文本有四个基本功能：指称功能、表达功能、诉求功能和寒暄功能。文本功能的不同模式是编写翻译教材和翻译教学课程设置的基础。诺德区分了翻译过程的功能及所产生的译文的功能，并概括出翻译过程的两种基本类型，即纪实型翻译和工具型翻译。纪实型翻译旨在用目标语创作出一个真实反映原文交际活动的文本，记录源语文化的信息发送者和接受者在源语文化条件下通过原文进行交际。工具型翻译作为目的语文化中独立的信息传递工具，实现新的交际行为，使接受者在没有察觉读或听一个来自异文化的文本的状态下实现其交际目的。

(二) 大学英语的语言特点及翻译原则

大学英语是依托英语基本语言为各专业服务的专门用途英语，是英语的一种社会功能变体，属功能性语言范畴，其内容涉及英语语言基础知识、各专业知识、行业习惯、民族习惯、人际关系和处事技巧等。大学英语源于普通英语，既具有普通英语的语言学特征。又是专业知识和普通英语的综合体，因而具有其内在的独特性。

大学英语在词汇、句法、语篇和社会四个方面具有显著的特点。在词汇方面，大学英语的语言形式、词汇以及内容等与专业知识密切相关，承载着各专业理论和各专业实践等方面的信息。大学英语具有专业词汇、缩略语和合成词多以及大量借用古词语和外来词语的特点，而且用词正式严谨。在句法层面上，大学英语具有长句突出、以陈述句为主及套语和套句众多的特点。大学英语语句的最大特点在于其简洁严密性，更加注重表达效果的准确性、时效性和逻辑性。在语篇层次方面，大学英语格式固定，语言正规简洁，风格准确严谨，语气庄重礼貌。在社会角度方面，大学英语具有目的性、信息性和文化背景鲜明的特征。大学英语翻译是一种跨语言、跨专业及跨文化的交际活动，大学英语也具有自己鲜明的文体和语言特色。大学英语翻译是一种复杂的互动思维的心理活动和信息处理过程。翻译主体(译者)的知识结构(图式)与翻译客体(文本)的理解和表达有着十分密切的关系。原文的理解和表达效果取决于译者的双语表达能力、相关专业知识、语言文化知识和语篇知识。

近年来，随着对外交流的增加和商务活动的频繁，大学英语翻译承担着越来越重要的任务，因此，作为指导商务翻译活动的翻译理论研究更应得到重视。大学英语翻译的标准有其特殊性。无论是严复的“信、达、雅”，还是纽马克的交际翻译法都无法完全套用，但均可适当借鉴。综合众多观点。大学英语翻译应遵循“忠实、准确、统一、通顺”的原则。国外各种翻译标准都是围绕文体的内容、形式、整体信息的传递或对等展开的。中国国内的各种翻译标准与国外的大同小异·主要围绕着忠实、等值、达意、传神等展开。鉴于大学英语的特性，大学英语的翻译标准可以是“信息的灵活对等”，即原文与译文语义信息的对等、原文与译文风格信息的对等、原文与译文文化信息的对等。大学英语翻译应遵循准确性原则、专业性原则和规范统一原则。

(三) 功能翻译理论在大学英语翻译中的应用

功能翻译理论注重译作在新的文化语境里的传播与接受、跨文化传递行为的最终目的和效果和译者在整个翻译过程中所起的作用。因此，该理论为商务翻译活动从宏观角度提供了理论依据。

1. 目的性原则对大学英语翻译的指导作用

功能翻译理论认为，任何翻译都是有目的的或要实现一定的功能，且翻译行为的目的是决定翻译过程的最高法则。在大学英语翻译实践中，基于目的性原则对原文本传递的多元信息进行有选择的翻译，可提高翻译质量，达到预期的翻译目的。商务文本翻译是在源语语篇和目的语语篇之间建立一种功能对等的关系，即目的语语篇和源语语篇在思想内容、语言形式以及交际功能等方面实现对等，完成完整的交际行为。因此，信息传达的真实性和读者效应是商务文本翻译的核心。

2. 连贯性和忠实性原则对大学英语翻译的指导作用

功能翻译理论的连贯性原则和忠实性原则有助于译者较好地实现译文的文本功能。商务文本的一个显著特征就是文本的连贯性，主要体现在文本的程式化和术语一致性方面。因此，就商务翻译而言，忠实性还应体现在译文应精确地传译商务术语，做到译文的简洁、严密和庄重同译文的规范性、整体性以及礼貌和功能等方面的对等。商务文本翻译的忠实性就是要求译文有较高的准确性，这种准确性除了要求对商务术语进行正确的运用外，更重要的是要求译文在传递原文所包含的基本信息方面较少失真。

3. 文本类型理论对大学英语翻译所起的指导作用

文本类型理论是功能主义理论的出发点和精髓。商务文本多属信息型文本，是以传递信息为主要目的，又注重信息传递效果的实用文体。鉴于不同的商务文本具有不同的交际目的和功能，翻译策略也不应一概而论。例如，翻译商务合同时，大多采用功能性归化原则，保证相关信息准确传递，有利于贯彻执行，同时要注意这种文体特有的语域特征和尺牍规约。而广告翻译则应以劝购功能相似为基本原则，译文应与原文有大致相同的宣传效果、信息传递功能和移情感召功能。

4. 功能加忠诚理论对大学英语翻译的指导作用

功能加忠诚理论从文本功能出发，指导商务翻译译者从认识译文文本在目标语境中的功能出发，使译者在最大限度地忠诚于各方的基础上，力求把译文功能与处于特定语境的原语文本同时加以考虑：既注重译文功能，又兼顾原作者和读者的利益，使译文功能在目标语境中得以充分发挥和实现。这对于信息量大、以文本内容为中心、功能明确的大学英语翻译无疑具有重大的指导意义，有待于商务翻译译者在翻译实践中加以学习和运用。因此，译者应针对不同的翻译任务和不同的读者需求而采取不同的翻译策略。无论从理论角度还是从实践角度，功能加忠诚理论都对商务翻译起着较好的指导作用。

二、图式理论

图式理论在翻译的理解和表达过程中起到了重要的指导作用，它反映了已存在的认知结构在处理外界信息时的主动性。翻译实践表明，译者的相关图式越丰富，对文本的解读能力越强，翻译出来的文本可接受度越大。因而，在翻译教学中，教师有必要激活学生已有的翻译的相关图式，同时，也应该帮助学生建立更多新的图式。认真研究图式理论的精髓，尤其是深入分析图式的功能、图式的激活，就会发现它们其实都具有双向互动和动态发展的属性特征，这正是语言产出技能培养方面研究与实践的切入点。

（一）认知图式与图式理论

图式(schema)本是认知心理学的一个术语，用于表征人类一般知识的一种心理结构。图式在心理学中并不是一个新概念，最早是由康德(I. Kant，1781)提出，后为人沿用并衍生新意。康德认为，图式是过去的知识在大脑中的储存，图式本身并无意义，只有当它同人们周围已知事物相联系或相参照时才会产生意义。在接受信息、新概念、新思想时，只有把它们同脑海中固有的知识联系起来才有意义。20 世纪 70 年代，心理学家对理解和记忆的研究日渐深入，巴特莱特(Bartlett)的理论获得了新的意义，它不再局限于一个心理学术语，而逐渐进入语言学家研究的领域。在语言学领域，图式理论可以说是关于背景知识在语言理解中作用的学说，即人们在理解新事物的时候，需要将新事物与已知的概念、过去的经历，即背景知识联系起来。对新事物的理解取决于头脑中已经存在的图式。输入的信息必须与这些图式相吻合，图式才能起作用，完成信息处理的一系列过程。如果大脑不具备相关的图式，或者虽然具备了相关图式，但由于种种原因未能激活它，那么就不能理解新事物。

图式包括语言知识、社会文化知识和其他知识。根据这些知识的不同性质和特点，图式可以分为三大类：语言图式(linguistic schemata)、内容图式(content schemata)和形式图式(formal schemata)。语言图式是指读者先前的语言知识，即关于语音、词汇和语法等方面的知识。内容图式是指文章的内容范畴，是文章的主题，因此内容图式又被称为主题图示。形式图式通常也被称作文本图式，或者也称修辞图示，是有关各类文章篇章结构的知识。图式理论的发展为语言学、语言教学特别是外语教学带来了新的思维、新的研究途径，同时也为翻译教学提供了新的视角。

（二）图式的功能

1．选择功能与信息的注意、编码和检索

图式的选择功能包括信息的注意、编码和检索，注意是指信息加工能力的取向和集中；编码是对信息进行加工和存储；检索是从记忆中提取信息。这种选择功能与已有的专业认知图式相联系，可上升为计划功能，即在环境中有计划、有目的地寻找需要的信息。

2．整合功能与认知的同化、顺应与平衡

与认知的同化、顺应与平衡整合的过程是人们提取存储于自己头脑中的内部信息，将其加到外部信息上，用内部信息处理外部信息的过程。在这一过程中，通过同化、顺化和平衡，实现认知发展。图式正是经过同化、顺应、平衡而逐步构成更高一级的形式。

3．理解功能与认知的范围、角度与深度

注意是指信息加工能力的取向和集中；对同一事物理解的角度随着认知图式的不同而不同；认知图式不同，对于相同信息理解的深度和广度也是不同的。一个完整的、正确的图式还可以帮助推测新的事实。

（三）认知图式在翻译过程中所起的作用

翻译属于一种语言之间的转换活动，也就是说，翻译是将一种语言用另一种语言进行表达的转换过程，这种过程从表面上看是一种语言活动，但是从翻译的主体即译者的角度来说，翻译实质上是一种思维活动。这就是翻译的本质，是由思到言的过程，思即理解，是对源语文本的正确解码；言即表达，是在理解源语文本的基础上创造译语文本。随着认知语言学的兴起和发展，翻译研究也展开了新的思维领域。从阅读的心理过程来看，翻译是一个解码和重新编码、理解和表达的过程。译者将源语言所包含的信息在记忆信息解码并重新编码为目标语言，而在这一过程中，图式理论起着重要的指导作用。因此，翻译交际实际上是原文作者、译者和译文读者三方交流互动的过程。要使交际成功，译者作为原文的读者首先应充分地理解原文作者意欲表达的信息和意图，然后在译文中传递给译文读者。

无论是译者对原文的理解，还是译文读者对译文的理解，在理解过程中接受新信息时，他／她必须把新信息和文本上下文中提供的旧信息以及交际情景相结合，并在自己的认知语境进行中寻找并激活相关的图式，推导出作者意欲传达的意图和信息，从而形成对新信息的理解。

一方面，认知图式在翻译的理解阶段起到指导作用。图式理论在解释文本的理解过程中强调两种信息处理方式：一种是自下而上的加工方式(bottom up processing)，也被称为“数据驱动加12”(data-driven processing)，即由词到句乃至到意义的逐步解码过程；另一种是自上而下的加工方式(top-down processing)，也被称为“概念驱动加工”(conceptually driven processing)。即译者以已有的知识为基础，对文本的意义进行预测以及动态的交互过程。而且，译者要有相关的语言、内容以及形式图式，在被激活的情况下才能正确地理解源语言。对译者来说，拥有的相关图式越丰富，也就越容易理解和进行解码。反之，较少或缺乏相关图式，就会对理解产生障碍。也就是说，阅读时不能恰到好处地运用背景知识，就不能成功地激活图式，阅读理解就会受到严重的影响。因此，在翻译的理解过程中，译者还要善于激活大脑中与源语文本相关的图式，以求对源语文本进行充分正确的理解。

另一方面，认知图式在翻译的表达阶段起到指导作用。可见，读者对译文的理解同样有一个“图式”的问题，图式理论专家指出：要达到正确的阅读理解，读者不仅需要相关图式，同时还必须激活图式。图式不能有效激活的原因之一，是阅读材料没有提供必要的信息或者说刺激。因此，译者的表达既要适合译文潜在读者的“图式”，又要能提供足够的信息以激活读者的图式，使表达能为译文读者所理解。只有这样，才能使翻译完成从译者对源语文本的正确理解到译文潜在读者对译文的理解，最终实现不同语言与文化的发送者和接受者之间的交流目标。

（四）图式理论对培养大学生英语产出技能的作用

图式理论是一种关于人的知识是怎样被表征出来的以及关于知识的表征如何以特有的方式有利于知识的应用的理论。人类的认识依靠记忆中已经存在的图式，面对世界上千差万别的个体，图式能够使人把各种物体区别开来。人们处理外部信息都需要调用大脑中的图式，依照相关图式来解释、预测、组织和吸收外部信息。可见，图式具有认知的能动性，它既表征知识，又蕴含能力，从中可以就培养大学生英语产出技能问题获取有益的新启示。

1．构建英语图式知识，增强大学生英语产出的认知储备

大学生虽已具备了相对完整的英语知识体系，但不少学生面对具体的语言产出应用任务时仍无能为力。这是因为，语言产出的过程实质上是一个问题解决的过程。学生有无解决问题的办法，不仅与有无足以表达这一命题的词汇量、充足的句法知识、足够的与主题相关的信息等相关，更与这些知识信息在头脑中的组织结构相关，即与其认知图式水平相关。

认知图式不仅是相关知识的集合，而且是人们过去积累的知识、经历以及相应能力在大脑的动态组织，是一种积极的发展模式。大学英语教学应在教学的不同层次上，不断构建、发展和完善学生相关的认知图式，从知识信息和认知图式两方面加强积累和储备，增强学生的语言产出能力。

在词汇、句型教学层次上，应注意构建一些与基本词汇和句型有关的语言图式知识，加强基本句型的教学和强化训练。基本句型及其转换形式能够衍生出无限的实际使用的句子。这正是最基本的语言图式知识。在段落、语篇、文体教学层次上，学生缺乏的不是与主题有关的单个知识信息，而是缺乏这些知识信息的有机结构，即相应图式知识的不足。因此，教学应着重段落图式、语篇图式和文体图式的构建。有了词汇、句型、段落、语篇、文体各个层次的图式知识以及各层次图式的相互联系，再将其与学生的背景知识和语言技能技巧相结合，就能增强学生的英语认知储备，为实现英语产出夯实基础。

2．发挥图式功能作用，提供大学生英语产出的认知向导

学生语言产出技能的练习过程是一个对目的语不断做出假设并对此假设不断进行修正的过程。图式理论强调两种基本的信息处理方式，即材料驱动和概念驱动。如果说语言材料的接受主要是采取材料驱动的处理方式，那么，语言的产出则更多

地受益于概念驱动。图式理论对语言产出，尤其是对动态的交际性语言产出的作用，主要表现在推理和预测。图式的固有功能对基于预测的语言产出的准确与流利发挥着重要的导向作用，为实现教学任务提供了契机，主要表现为以下两个方面。

一是发挥图式的选择功能作用，准确地定位信息取向，迅速提取信息。学生的英语产出不是随意的，必然受到认知图式的制约和影响。应以准确的任务要素刺激学生的图式知识信息，引导其提取有价值的信息，组织语言产出。如果在学生已有语言认知图式的基础上，将选择功能上升为图式的计划功能，就能让学生在具体的语言环境中有计划、有目的地寻找实现语言产出所需要的信息。

二是在图式的整合功能和理解功能作用下，对语言产出不断做出假设，并对此假设不断进行修正，实现准确的语言产出，就可以找到不少切入点来推动这一过程向正确的方向发展。例如，从潜在的众多图式中推理出适合交际情景的一个图式来帮助解释交际中接触的信息内容；在已选择出的图式中进行推理，从而使其各组成部分充分发挥作用；当交际信息出现“缺省值”时，从已有的背景知识中推理出该内容，填充空当，从而达到理解的目的；借助图式为理解交际语言内容提供参照，帮助预测下一步语言交际可能出现的情景和需要准备的语言材料。

3．激活已有认知图式，实现大学生英语产出的成功突破

语言产出过程中出现的脱节、阻滞或停滞，往往是由于图式激活受阻。学生的图式激活不畅或受阻，可能就在于与主题相关的某单个图式的激活问题，也可能是在于多个图式或整体图式的激活问题，应帮助学生掌握激活图式的途径和方法，突破图式的瓶颈，顺畅地激活受阻的图式，提高语言产出的技能，成功地实现语言产出。在激活图式的两种基本模式中，语言产出技能培养教学更应偏重于“自上而下”的训练，即通过“概念驱动”的途径，激活与主题相关的图式体系，为交际活动和语言产出提供一个尽可能完善的认知图式环境。概念驱动还可以更有效地发挥图式的推测和假设作用，让图式激活过程随着交际和语言产出的进行而层层推进。

图式的激活方法训练，还可参照安德森(Anderson)和皮尔逊(Pearson)(1984)提出的关于图式激活的三个假设：第一个假设，与图式相关的任何一个词汇很可能使人们想起整个图式。这些单词对学生来说具有诊断性的价值，就是所谓“关键词”。第二个假设，当两个或更多的刺激物被提到时，整个图式被激活。可见图式的激活也有量变和由量到质的转化问题。第三种假设，一旦图式被激活，就可能使人们想起图式的组成部分。这其实就是概念驱动模式的具体运用。

(五) 图式理论对翻译教学所起的指导作用

图式理论既研究语言理解的本质，也研究语言理解失误或失败的根源，它对设计翻译教学内容、分析学生翻译问题等具有一定的指导作用。

1．对教学内容设计的指导作用

图式理论的核心是图式激活，即译读者的固有知识与输入的信息产生共鸣或交互作用。图式激活要求译读者具备与所输入信息相匹配的知识以及有效激活(activate)固有知识的策略。由此可见，培养和丰富学生的各种图式，包括语言、修辞、篇章结构、文化和语用等知识，提高学生有效地运用各种图式构建正确语篇意义的能力，应是翻译教学的重要内容。

图式激活理论对翻译教学的意义还在于，它还要求译者的译文要适合潜在读者的图式。翻译中的欧式中文和中式欧文现象往往会影响译文读者有效地激活图式，因此，译者既要具有目的语图式，又要具备沟通两种不同语言图式的能力。被动语句、抽象名词和无生命名词做主语等是西方人客体型思维模式在语言中的典型表现，而主动语句、具象词等则基于汉语族人的本体型思维模式。好的译者往往善于处理两种语言表达的相互转换，因此，帮助学生提高这方面的能力同样是翻译教学的重要内容。此外，以翻译为目的的理解与以阅读为目的的理解有所不同，后者可以是全面的，也可以是对主旨或部分细节的理解；可以是深刻的，也可以是模糊的理解，而前者必须是全面深刻的理解。因此，略读、跳读、猜测或忽略生词等可能是阅读教学的主要特点，而细读、反复推敲则是翻译教学的主要特点。

2．对分析学生翻译失误的指导作用

学生的许多翻译错误是理解不当造成的，对于理解失误，我们通常可以根据图式理论找到不同的根源，如图式空缺、单向加工或策略不当等，也只有了解了错误的根源，才能做到治本。

(1) 图式空缺。图式空缺指读译者的理解失败是由于缺少某种知识结构或图式。无论语言知识还是内容知识的空缺都有可能导致理解失误，例如，把“Air Jordan is considered to be the best in history．”译成“乔丹航空公司被公认为有史以来最好的航空公司。”是因为不了解 Air Jordan 是篮球明星迈克尔·乔丹的外号“飞人”乔丹。

(2) 单向加工。有时读译者的理解失败是因为依靠单一的加工模式：或仅仅是逐词逐句解码，或仅凭先存知识来作判断。图式理论专家认为，外语学习者往往更多地依靠自下而上的解码模式。中国学生常常把“Before you know where you are，your children have grown up．”译成“在你知道你在那里之前你的孩子们长大了。”“在你知道你在那里之前”就是对 Before you know where you are 逐词解码，虽然字面意思对，但显然不符合逻辑，如果学生能将字面意义和常识结合起来，就能得到合乎逻辑的理解：“一转眼孩子们长大了。”

(3) 策略不当。能力强的读译者和能力弱的读译者的主要区别在于，前者善于根据特定语言环境变换信息加工模式，而后者无论在什么情况下往往只会使用一种信息加工模式。同样是“Can you+verb phrase”，有时自下而上的单向加工过程可行，例如：“Can you swim？”(会游泳吗？)有时需要自下而上和自上而下的双向加工过程，例如：“Can you pass me the salt？”(请把盐递给我。)

(六) 认知图式对翻译教学的启示

图式理论揭示言语理解的本质，对认识翻译起着积极的指导作用，从而给翻译教学带来启示。在翻译教学中，教师除了自身掌握图式理论外，还应帮助学生认识图式理论在翻译理解阶段和表达阶段的重要作用。学习有效运用图式的策略，并通过各种翻译实践活动加强学生运用图式的意识。

1. 教师应帮助学生建立和完善丰富的语言图式

“语言是传递信息的工具，没有相应的语言图式，就无法识别原文的句词，也就无法利用原文提供的信息和线索去调动大脑的内容图式和形式图式，也就谈不上对原文的理解。”因此，语言图式是词汇、语法和习惯用法等方面最基本的语言知识。掌握了这些基本的语言知识，才能使学生更容易进行解码，消除最基本的翻译障碍。这就要求在翻译教学中，教师应使学生加强方方面面知识的积累，包括对词汇、语法和习惯用法等最基本的语言知识的掌握。

2. 教师应帮助学生建立和扩充丰富的内容图式

所谓内容图示的建立和扩充，就是指对文化背景知识的了解和丰富。“对一个民族文化背景知识缺乏了解，往往是造成沟通理解困难的一大因素，所以说内容图式对理解的作用大于语言图式，它能帮助我们预测信息、选择信息和排除歧义，在一定程度上能弥补语言知识方面的不足。”

3. 教师应帮助学生强化对形式图式的理解与运用

不同文章都有各自的特点和框架。例如，政治性的文章通常是比较性的，新闻性的文章通常是描述性的，历史性的文章通常是时间性的，等等。对文章体裁结构的了解也有助于对文章内容的了解，对这些知识的了解就是形式图式的建立。翻译不仅是字词句的理解与表达，更离不开宏观上对语篇层次上的结构分析与理解。因此，在翻译教学中，教师应帮助学生掌握其逻辑关系和内在联系，这样既有助于加深学生对原文的理解，又可以提高学生的思维能力。

第四章　英汉互译的过程描述及翻译中的思维现象分析

第一节　汉英翻译过程中双语加工现象描述

本节选择 PACCEL-S-2004 汉译英部分作为具体统计、分析对象。源文如下(其中标序号的句子为专八口试时要求翻译的部分，考试时每句之间有时间间隔，学生需在该时间段内完成翻译)：

龙城市市长在“老城保护与更新国际研讨会”闭幕式上的讲话

各位专家、各位来宾：

“老城保护与更新国际研讨会”经过与会代表两天来的共同努力已经顺利完成预定的议程。①会议期间，来自不同国家和地区的专家、学者畅所欲言、各抒己见，积极为搞好老城保护与更新献计献策。②在此，我代表市委、市政府对各位专家的辛勤劳动表示衷心的感谢。

随着中国现代化进程的加快，规划越来越成为提升城市品位的决定因素。③龙城是座古老而美丽的城市，已有 2500 年的建城史，是国务院公布的首批历史文化名城。④这座城市最大的特色在于它有丰厚的文化内涵，其中精髓在老城。⑤这是前人留给我们的遗产，是一笔宝贵的资源，她属于龙城、属于中国、属于世界。然而，与国际上的知名城市相比，龙城丰富的历史文化内涵还没有得到充分的挖掘和弘扬。召开这次会议，就是表明我们要借鉴先进的规划理念，将龙城的古都美、现代美更好地展示在世人面前。

会议虽然短暂，但情意长存。希望各位专家朋友一如既往地支持我们的工作，为龙城的老城保护和更新多提宝贵意见。谢谢大家。

具体统计的项目和说明参见表 4-1。

表 4-1　统计项目和说明

统计类型			说明
停顿	长	非观察点	两个设定的观察点之外出现的长停顿
	(……)	观察点	在两个设定的观察点出现的长停顿
		修补	在学生进行译文自我修补时出现的短停顿
	短	信息	为了组织后续信息而形成的停顿，表现为短停顿之后所表达的信息不同，多见于两个语义单位之间

续表

统计类型			说明
停顿	(…)	语言	因为记忆、思考等造成的单词表达不完整，但不包括更换选词造成的前一个单词发音不完整．后者会被记入修补停顿
自我修补	信息		表现为对表达信息的修改、补充、更换等
	表达方式及语		表现为对句式表达方式或者个别语法现象的修改，但不包括更换选词
	词汇		表现为更换选词
	语音		表现为对语音错误的纠正
观察点	观察点1		“市委、市政府”：考查学生是否注意到这两个词语的准确语义．并积极加以翻译
	观察点2		“国务院公布的首批历史文化名城”：考查学生是否能够完整翻译

统计项目示例(为节省篇幅，以下多数例子只是句子的片段)：

(1) 长停顿(非观察点)。

a．Here，I’d like to…express……express the heartful…heartfelt thank…thank<thankness>to…the experts and scholars for their hard work<worker>on behalf of the city community and city government(governme-nts).

b．The most cha…，characteristics of this city is it has is that it has um，culture，um aspects and the most important……

(2) 长停顿(观察点)。

a． It is one of the first…old historic culture city…Um…approved by the state councn<counsel>.

b．Here，I…present my sincere thanks，er…for，for，the sug，suggestions on the behalf of the……government.

(3) 短停顿(修补)。

a．behalf of the gover…the city government.

b．the er the country’s prize…prai’se.

(4) 短停顿(信息)。

a．At the meeting，experts and specialists from different countries，er…raise different opinions…to the protection of reconstruction of the old city.

b．During the meeting…there are the experts and academics from.

(5) 短停顿(语言)。

a．in offering advi…advice.

b．give different ideas to，to er re…re…rebuilding the。the old cities about Longcheng.

(6) 自我修补(信息)。

a．At the meeting，experts and specialists from different countries，er…raise different opinions…to the protection of reconstruction of the old city. They actively raise opinions to it.

b．it is the first < foost >，…it is one of the first cities…

c．It has a 200，2，500 years—old—history.

(7) 自我修补(表达方式及语法)。

a．The most significant characteristics 0f this city is that。is its profound cultural heritage.

b．This is the heritage that our ancestors left<leaved>，leave for us.

c．it is the first，er...history，historical city.（注：本书将更换词性视为语法修补）

(8) 自我修补(词汇)。

a．It's the great heritage er left by the pre…by the ancestors to us.

b．The most special character of this city is its，its her colorful culture.

c．Longcheng city is an ancient，is old，and is an old and beautiful city.

(9)自我修补(语音)。

a．2，500 years'horse er history.

b．with two thousand and five hund 如 d sis…history.

c．This is left，this is left by our anccent，ancestors.

(10) 观察点 1。

a．Here，on behalf of the mUDicipal government，and committee of the city.（完整翻译）

b．Here by，I represent(represents)…the municipal(multipal)govern -ment.（部分翻译）

(11) 观察点 2。

a．it is among the first group declared as famous historical and cultural cities by the state council.（完整翻译）

b．And it's among the first cities that the er en state council announce them as the er historical…cities.（部分翻译）

具体统计如表 4-2 所示。

表 4-2　“闭幕式讲话”翻译情况统计

序号	得分	停顿					监控与修补				观察点(2 完整，1 不完整，0 遗漏)	
		长(是否观察点)		短			信息	语法	词汇	语音	观察点 1	观察点 2
		否	是	修补	信息	语言						
1	80	0	0	1	5	0	2	0	1	2	2	2
2	92	0	0	0	0	0	1	1	0	0	2	2
3	87	0	0	0	0	0	2	0	0	2	2	2
4	82	1	1	3	13	0	2	1	2	0	2	2
5	83	0	0	0	2	2	0	0	0	0	1	2
6	82	0	0	1	2	4	1	0	1	0	1	2
7	85	0	0	0	3	2	1	0	0	1	1	1
8	83	0	0	0	0	0	1	0	0	0	2	2
9	86	0	0	2	3	1	3	0	1	0	2	1
10	82	0	0	0	0	1	1	0	0	0	2	1
11	82	0	0	1	2	1	0	0	2	0	2	2
12	87	0	0	1	0	0	0	1	0	0	2	2
13	82	0	1	1	9	3	1	1	0	0	1	1
14	88	0	0	0	8	1	1	0	0	1	1	1
15	88	1	0	3	5	0	1	1	0	1	2	1
16	84	0	0	0	3	1	2	3	0	0	2	1
1 7	90	1	0	2	2	4	1	1	2	0	2	2
18	44	2	0	0	13	1	2	1	0	0	1	1
19	46	0	0	0	14	0	1	3	0	0	1	1
20	46	0	1	0	12	0	1	3	0	0	1	1
21	47	0	0	1	4	0	1	1	0	0	1	1
22	49	0	0	0	2	0	0	3	2	2	1	0
23	46	2	0	0	15	1	1	1	0	1	1	1
24	45	1	1	0	7	0	1	1	0	1	2	1
25	47	1	0	0	7	2	0	4	2	0	1	1
26	41	0	0	0	5	3	1	0	2	0	2	1
27	43	2	0	1	3	3	1	2	1	0	0	1
28	42	0	0	0	7	0	0	1	0	0	1	1
29	41	0	0	8	2	3	0	5	1	4	1	1
30	43	1	0	1	6	3	2	3	0	0	1	1
31	45	0	0	0	14	4	0	2	0	0	1	1
32	48	1	0	3	15	5	0	2	0	0	1	2
33	46	0	0	1	2	3	1	1	2	0	1	1
34	48	0	0	1	5	4	1	2	0	0	0	1
35	69	0	0	0	10	0	1	0	3	0	1	2
36	68	0	0	0	5	0	2	1	1	0	1	1
37	66	0	1	0	13	1	1	1	0	0	1	1
38	66	0	0	0	4	1	0	0	0	0	1	1

续表

序号	得分	停顿					监控与修补				观察点(2 完整，1 不完整，0 遗漏)	
		长(是否观察点)		短			信息	语法	词汇	语音	观察点 1	观察点 2
		否	是	修补	信息	语言						
39	66	0	0	0	0	3	0	0	0	0	2	2
40	66	0	0	1	0	2	0	0	2	0	1	1
41	68	1	1	0	2	2	0	2	0	0	2	2
42	67	0	0	1	7	2	0	2	0	0	1	2
43	67	0	0	0	15	0	0	2	0	0	1	1
44	66	0	1	0	7	5	1	0	1	0	2	1
45	68	0	0	1	1	1	2	1	1	0	2	1
46	66	0	0	2	1	1	1	1	0	1	2	1
47	69	3	0	2	8	4	2	0	1	0	1	1
48	69	0	0	1	1	3	0	3	3	0	2	2
49	69	0	0	1	0	3	2	2	0	0	2	2
50	68	1	0	1	6	1	2	3	0	0	2	1
51	68	0	1	1	10	2	1	0	0	0	1	1
52	66	0	0		6	3	1	0	1	1	1	1
53	66	0	1	0	4	3	1	0	0	0	1	1

为了形成对比，统计时我们选择了三个不同分数段的学生，分别为高分组(80 分及以上)，共 17 人；低分组(41～49 分)，共 17 人；中分组(66～69 分)，共 19 人。做出如此选择，一方面是因为 PACCE1-S-2004 汉译英语料库中语料较多，难以全部统计；另一方面是希望借两组之间 10 分以上的得分差更好地发现不同组别学生在翻译认知处理上可能存在的差异。

我们先基于 SPSS 软件对表 4-2 做综合统计，见表 4-3。

表 4-3　综合统计　　(单位：次)

项目	长停顿 1	长停顿 2	停顿：修补	短停顿：信息	短：语言	修补：信息	修补：表达、语法	修补：词汇	修补：语音
高分组	3	2	15	57	20	20	9	9	7
中分组	5	5	12	105	37	17	18	11	6
低分组	10	2	16	133	32	13	35	10	8
总计	18	9	43	295	89	50	62	30	21

在现有科研条件下，意识思维活动，尤其是无意识思维活动尚难以直接被测定，因此我们尝试基于对学生翻译过程的细致统计来间接描述。

一、长停顿

长停顿的出现意味着译者遇到了比较大的翻译障碍。统计结果显示，从高分组、中分组到低分组，长停顿的次数明显增加，从 5 次、10 次至 12 次，这与学生译者的翻译水平相吻合，因为高分组遇到的翻译障碍理应少于低分组。但在引入“观察点”项目之后，这项统计具有了另一层意义。结合我们对两个翻译难度较大的观察点的考查，我们发现高分组和中分组均有一半的长停顿发生于此，而低分组仅有20%的长停顿分布于这两个观察点上。翻译难度越大，翻译的时间越长，对意识思维的参与程度要求越高。高分组和中分组学生一半的长停顿发生于此，这正说明他们在这两个翻译难点上分配了较多的认知注意，意识思维参与程度很高；而低分组学生并没有为这两个翻译难点分配相应的认知注意，意识思维参与程度不够。注意资源分配的是否恰当与学生译者在翻译时对语言表达难度的预判直接相关。高分组同学整体上对英语的掌握更好，所以他们在译文生成时能够主动将意识思维运用到较难表达的部分，让无意识思维接管其他更容易表达的部分。相比而言，鉴于低分组学生译者在译文表达时遇到的问题更多，所以他们只能在问题的激发下，被动分配注意资源，意识思维被更多运用，无意识思维的运用范围受到压缩。

二、短停顿

短停顿同样是学生译者意识思维参与翻译活动的表现，只是不同于长停顿，短停顿表明学生译者遇到的问题并不是很大，他们可以更快处理。对短停顿三个分项的统计形成了三种不同的结果，从高分组、中分组到低分组，针对修补短停顿、语言短停顿和信息短停顿的统计结果分别呈现出无明显变化、明显增长和成倍增长三种类型。我们将会在稍后讨论修补短停顿。造成语言短停顿的原因大概分为表达障碍和表达提升两种情况：前者表明学生泽者遇到了表达上的障碍，不得不停下来稍作思考；后者表明学生译者对现有表达不满意(但也没有说出来，否则就会被记为“语言修补”)，稍作思考以提升表达。无论是哪一种情况，均需要学生译者意识思维的主动参与。高分组学生语言短停顿次数明显少于中分组和低分组，恰好说明在他们的翻译过程中，其意识思维的参与程度低于后两组学生。这与长停顿的统计结果一致，同样显示了他们的译文生成过程涉及更多的无意识思维活动。译者的信息处理过程与语言生成过程完全不同。虽然可能存在部分源文信息与译者记忆系统中的信息重合的情况，但总体而言，信息来源于源文，对源文信息的提取和重新表达均需要意识思维的参与，无意识思维难以发挥作用。统计中所呈现的“成倍增长”结果更多跟学生译者在翻译过程中的专注程度相关。

对于信息短停顿和信息修补，我们发现一个有趣的现象，从高分组到低分组，学生译者的信息短停顿次数成倍增加(57∶133)，但信息修补的次数却明显减少(20∶13)。如上一段所言，这应该和学生的专注程度密切相关。语言停顿多是被动行为，越少越好；信息修补则是主动行为，对于口译质量的提升较为必要。因此信息停顿至少说明学生译者在听源文、记录信息和译文表达时更加关注；与此同时，信息修补多说明学生译者注意监控自己的翻译质量，同样是专注程度高的表现。

三、修补

修补不同于停顿，停顿是由意识思维主导的，但修补则是起源于主体的无意识思维监控，只有当无意识思维监控发现问题时，意识思维才会介入处理。翻译过程中修补行为的出现证实了学生译者无意识思维活动的存在。在涉及语言的三种修补中，只有表达方式和语法修补在各组间差异明显，从高分组、中分组到低分组分别为9次、18次和35次。低分组学生在翻译过程中出现了更多次修补，但这并不能说明低分组学生更频繁地使用了无意识思维，因此无意识思维的运用与主体的即时努力无关，与译者之前的知识积累和能力训练相关，只有当知识和能力已经被内化之后，它们才能被无意识思维提取，形成认知活动过程中的无意识思维监控。然而，监控并不等于一定会发现问题，也并不必然促成自我修补。所以，各组之间在修补次数上的差别并不构成他们在无意识思维运用上的差异。低分组学生修补次数更多仅说明他们的语言表达和语法问题更多，所以才需要更多的自我修补。

如我们上一章所述，译者的翻译动机会影响他们无意识思维的运用。这一点在本次统计中也有所反映。综合来看，我们会发现从高分组到低分组，统计数字存在着两种变化规律：信息自我修补数量不断下降，语言自我修补(表达方式、语法、词汇)数量不断上升。不但如此，即便从绝对数量来看，高分组学生信息修补次数也明显超过语言修补次数，而低分组则正好相反。这样两组构成鲜明对比的统计数据说明得分高的学生对信息更加关注，得分低的学生对语言表达更加关注。这一统计结果的形成和学生在翻译时的即时动机应该有较大关联。一般来说，得分高的学生语言基本功更好，所以他们在对自己语言表达自信的同时，会更加关注翻译时信息传递的准确性，相应地他们的无意识思维运用会向信息监控倾斜；得分低的学生更加担心自己的语言表达是否正确，所以翻译时对语言问题更加敏感，相应地他们的无意识思维会向语言监控倾斜。

为了更清晰地认识此类修补现象，我们有必要对它们加以进一步分类，参见表4-4。

表4-4　改变表达方式和修正语法类修补统计情况

	改变表达方式	修正语法
高分组	6	3
低分组	4	31

举例如下：

(1) 改变表达方式。

a. The most significant characteristics of this city is that, is its pro—found cultural heritage

b. It's the central er government, it's On the centra1 government's list c．the largest…the largest…character of the city of the city is that he is that she has abundance of the corn…cu1ture

(2) 修正语法。

a．During the meeting，the experts and scholars from all wor…all the world

b．the old people leave er，left for us

c．long City is a an ancient and beautiful city

分类的依据是修补自身涉及的内容，我们将涉及句式结构改变的自我修补称为“改变表达方式”类，将仅涉及语法细节修正的称为“修正语法”类。前者如将“is that…”的从句结构改为“is its profound cu1tural heritage”的表语结构；后者如将“1eave”修改为“1eft”、将“a”修改为“an”等。从修改的难度与涉及面来说，前者明显高于后者。

表 4-4 的统计结果显示，高分组学生明显实施了更多的表达方式修补(占总数的 66.7%)，或可称之为结构修补；而低分组学生则是以语法修正为主(占总数的 88.6%)。分析两组差异的原因，能否认为这是由于两组学生在自我修补时进行了差异化选择，即高分组学生选择了更多的结构修补而低分组学生选择了更多的语法修补？我们的回答是否定的。自我修补以自我监控为前提，做出什么样的修补是以监控到什么样的问题为基础的。因此，高分组学生与低分组学生在修补上的差异首先反映的是两组学生在自我监控时的注意力分配。对低分组学生译文的进一步观察可以佐证这一点。除了以上统计出的自我修补之外，从低分组学生译文中我们还可以找出很多语言结构错误。此外，没有得到修补的细节语法错误也还有很多，其数量远超过学生译者自我修补的语法错误数量。这说明两点：第一，学生对句式表达结构的监控不足；第二，学生对细节语法问题的监控缺乏系统性。

造成这两点的原因无疑均是语言能力问题。就第一点而言，监控与修补句式结构比监控与修补语法细节更难，对学生译者语言能力的要求更高。鉴于语言能力不足的同学内化的外语语言知识有限，有关句法的无意识思维无法被有效激活，在译文生成过程中句法层面自我监控难以形成，所以发现的句法问题很少。就第二点而言，部分学生译者缺乏系统的内化外语知识，也缺乏充分的外语能力训练，所以他们在译文生成时的语言表达自我监控具有很大的随意性。再加之可能还存在学生译者翻译动机不强、情绪紧张等因素的干扰，无意识思维仅能依据碎片化的内在语言知识随机监控表达行为，形成一个个零散的问题片段，不可能实现监控和修补的系统性。此外，由于低分组学生译文的语言问题太多，这也在客观上影响了他们无意识思维自我监控功能的发挥。

修补还可以被分为主动修补和被动修补，我们以本次统计中的词汇和语音修补加以说明。先看以下学生的译文。

a．um，par…especially in our cities

b．Er during，during this er，er con…during this meeting

c．The greatest distinct of this city is，lies in，its profound cultured background

d．I'd 1ike to…express…express the heartful…heartfelt thank

e．I would like to extend my sincere<sinceres>er gratitude to this er to the experts and scholars for their industrial efforts，the industrial，in…industrious，industrious efforts．

就 a 和 b 而言，我们推测未完成的词“par…”和“con…”应该分别是“par—“ticular1y”和“conference”。如果推测合理的话，学生译者在此处的中断和停顿主要是因为对这两个词不熟悉，想到了“开头”，想不出“结尾”，于是不得不改换另一个更为简单、熟悉的词语，虽然这个词可能不甚准确。我们把这种遇到障碍时不得不进行的修补称为“被动修补”。例句 c、d、e 与前两句有所不同，在这三句的表达中，学生译者修补前的表达并没有遇到明显障碍，即便译者不加以修补，句子表达也可以完成，如 c 句“is its profound cultured back—ground”，d 句中“express the heartful thank”等，在句式结构上均是完整的。在此类情形下，学生中断表达、加以修补的行为明显是主动行为，是他们主动提高译文表达质量的表现。

被动修补和主动修补的最大区别在于是否有无意识思维活动参与其中。被动修补并不是译者自我监控的结果，因此也就缺乏无意识思维活动的参与；而主动修补显然是译者自我监控的结果，是译者自行监控到表达问题后进行自我改正或提升的主动行为，无意识思维明显参与其中。经过统计，我们发现在词汇修补中，主动修补在高分组学生的翻译过程中有 7 例，占 77.8%，在低分组学生的翻译过程中有 3 例，占 30%。低分组学生翻译过程中被动修补的次数明显高于高分组，这使得他们的翻译过程不得不经常中断，被动应对因语言能力不足而造成的一个个表达问题，翻译速度受到影响，翻译效率下降。不仅如此，在这种被动的局面下，学生译者的无意识思维很难启动，自我监控变得更加困难，多数时候只能随机、零散进行。

四、观察点

就两个观察点而言，因为它们涉及的均是专有表达(“市委”“市政府”“国务院公布的首批历史文化名城”)，除非学生译者之前有过专门的记忆，否则就需要为此付出更多的认知努力，从语义理解和结构转换等多方面入手，搜寻最佳的译文。在这一过程中，意识思维的参与必不可少。因此，通过对这两个观察点的考察，可以看出学生译者意识思维在翻译过程中的参与程度。鉴于学生译者的英语水平不同，为了排除语言能力对统计结果的影响，我们在统计时并没有将学生译文的准确程度纳入考虑范围，因此表 4-5 中的“完整翻译”、“部分翻译”只是考查了学生是否处理了相关信息，或者是否完整处理了相关信息，并不表示学生对这一信息的翻译是正确的。

从源文来看，第一个观察点有两个词语，其中，很多学生对“市委”并不熟悉，所以借此可以较好地考查学生在遇到障碍时认知努力的付出情况。第二个观察点本身是一个复杂的短语，包含了很多信息，如“国务院”“首批”“历史、文化”“名城”等，翻译难点既在于如“国务院”这样的专有名词表达，更在于对整个短语的结构组织，所以通过细致统计可以发现学生在翻译过程中的专注程度。

从表 4-5 中明显可以看出，从高分组、中分组到低分组，学生对这两个观察点翻译的完整程度下降明显，高分组做到“完整翻译”的有 22 次，中分组有 14 次，而低分组仅有 3 次。统计结果充分说明得分越高的学生在翻译时越专注、越努力。

表 4-5　观察点翻译统计(1)

	完整翻译		部分翻译		未翻译	
	观察点 1	观察点 2	观察点 1	观察点 2	观察点 1	观察点 2
高分组	12	10	0	7	0	0
中分组	8	6	11	13	0	0
低分组	2	1	12	15	2	1

为了进一步排除语言能力的干扰，深化对学生译者意识思维运用的考查，我们又对高分组学生与低分组学生的翻译进行了分解，将观察点 1 的信息翻译准确性和观察点 2 的信息翻译完整性归入统计范围。新的统计内容与结果见表 4．6。

准确翻译指翻译的信息准确，如将“市政府”翻译为“municipal / city government”、将“国务院”翻译为“state council”，在统计中我们将“local govern— ment”也计为准确翻译。“市委”一词很少有学生能翻译准确，多数只翻译为“city / municipal committee / commission / community”等，唯一统计到的比较准确的译文是“the community of the er communist party of our city”。统计“首批”“历史”“文化”三个信息细节翻译情况时我们仅查看信息是否存在，而不考虑语法上是否正确。

表 4-6　观察点翻译统计(2)

序号	观察点 1		观察点 2			
	市委(准确 2，翻译 1,，未翻译 0)	市政府(准确 2，翻译 1，未翻译 0)	国务院(准确 2，翻译 1，未翻译 0)	首批(翻译 1，未翻译 0)	历史(翻译 1，未翻译 0)	文化(翻译 1，未翻译 0)
1	1	2	2	1	1	1
2	1	2	2	1	1	1
3	1	2	2	1	1	1
4	1	2	2	1	1	1
5	0	2	2	1	1	1
6	0	2	2	1	1	1
7	0	1	1	1	1	0

续表

序号	观察点 1		观察点 2			
	市委(准确 2，翻译 1，，未翻译 0)	市政府(准确 2，翻译 1，未翻译 0)	国务院(准确 2，翻译 1，未翻译 0)	首批(翻译 1，未翻译 0)	历史(翻译 1，未翻译 0)	文化(翻译 1，未翻译 0)
8	1	2	1	1	1	1
9	1	2	2	1	1	1
10	2	2	1	1	0	0
11	1	2	1	1	1	1
12	1	2	2	1	1	1
13	0	2	0	1	1	1
14	0	2	2	1	1	0
15	1	2	2	1	1	0
16	1	2	1	1	1	0
17	1	2	1	1	1	0
18	0	1	1	1	0	0
19	0	2	1	1	1	0
20	0	1	0	1	1	0
21	0	1	1	1	1	0
22	0	2	0	1	1	1
23	0	2	0	1	1	0
24	1	2	0	1	1	1
25	0	2	0	0	0	0
26	1	1	1	1	1	0
27	0	0	1	1	1	1
28	0	1	1	1	1	0
29	0	0	1	1	0	0
30	0	1	2	1	1	0
31	0	1	0	1	1	1
32	0	1	1	1	1	1
33	0	1	1	1	0	0
34	0	0	0	1	1	0

基于表 4-6，我们有以下几个发现：

首先，专有名词翻译方面。对于专有名词，如市委、市政府、国务院，学生肯定会先通过记忆系统配对进行翻译。但如果配对失败，有高达 73.9%的高分组学生仍然会为此付出更多认知努力，基于概念—意旨系统的理解和语言计算系统的编码来完成翻译。但仅有 44.4%的低分组学生会这么做。高分组学生的认知努力程度明显高于低分组。

其次，细节信息翻译方面。由于已经排除了语法因素，对于三个细节信息“首批”“历史”“文化”的翻译应该和学生在语言能力上的差异关系不大，j 个细节是否翻译主要考查的是学生翻译过程中的专注程度(是否记忆、记录)和积极程度(是否充分调动意识思维)。统计发现，一方面，高分组和低分组均出现了三个细节信息漏译依次增多的情况(高分组 0:1:6，低分组 1:4:8)，说明学生译者对三者的注意力依次降低，这符合人类的一般认知特征；另一方面，高分组对这些信息的漏译少于低分组，说明高分组学生在翻译时更加专注、更加努力。

综合来看，对于两个观察点来说，语言表达上的难度增加，翻译活动对译者意识思维的参与程度也提出了更高要求。以上统计和分析结果显示，高分组学生译者在翻译这两个观察点时做出了更多的认知努力，更加专注，因此意识思维参与程度更高。

第二节　英汉翻译过程中双语加工现象描述

本节选取 PACCEL-S-2004 英译汉部分作为具体统计、分析对象。源文如下(其中标序号的句子为专八口试时要求翻译的部分)：

Address at the Fifth Anniversary Celebration of the Founding of Nature Magazine

Ladies and gentlemen，It's with great pleasure that I welcome you here today to the fifth anniversary celebration of the founding of the magazine Nature. Never could we have imagined five years ago that we would have come so far in so short a time. But here we are at the end of year five，and what a fantastic year it has been. Let me review our achievements in these five years.

(1) We've published some very impressive articles，each month some how surpassing the quality and depth of the previous month's edition.

(2) Our creative and talented staff won five writing awards and seven photographic awards. This year some 119，000 people subscribed to our magazine. I feel that the acceptance of our magazine by people is the most rewarding aspect of this project.

(3) About six years ago we had an idea for a nature oriented magazine，but we all had doubts about the general acceptance of the idea. Whether there would be enough interest from people to sustain US. We assembled the finest people we could find and decided，from the start，to produce the highest quality product we possibly could.

(4) Today，it's a wonderful feeling to know that we have succeeded。and everyone here shares the credit for making this magazine what it has become.

(5) While it is a formidable task for us all. I'm sure that next year at this time we'll have more awards，and more subscribers，and feel an even greater sense of accomplishment and fulfillment.

具体统计的项目和说明参见表 4-7。

表 4-7 统计项目和说明

<table>
<tr><th colspan="3">统计类型</th><th>说明</th></tr>
<tr><td rowspan="5">停顿</td><td rowspan="2">长
(……)</td><td>非观察点</td><td>两个设定的观察点之外出现的长停顿</td></tr>
<tr><td>观察点</td><td>在两个设定的观察点出现的长停顿</td></tr>
<tr><td rowspan="3">短
(…)</td><td>修补</td><td>在学生进行译文自我修补时出现的短停顿</td></tr>
<tr><td>信息</td><td>为了组织后续信息而形成的停顿。表现为短停顿之后所表达的信息不同，多见于两个语义单位之间</td></tr>
<tr><td>语言</td><td>因为记忆、思考等造成的单词表达不完整，但不包括更换选词造成的前一个单词发音不完整，后者会被记入修补停顿</td></tr>
<tr><td rowspan="4">自我修补</td><td colspan="2">信息</td><td>表现为对表达信息的修改、补充、更换等</td></tr>
<tr><td colspan="2">表达方式及语法</td><td>表现为对句式表达方式或者个别语法现象的修改，但不包括更换选词</td></tr>
<tr><td colspan="2">词汇</td><td>表现为更换选词</td></tr>
<tr><td colspan="2">语音</td><td>表现为对语音错误的纠正</td></tr>
<tr><td rowspan="2">观察点</td><td colspan="2">观察点 1</td><td>“119，000 people”：考查学生的专注程度和数字敏感性</td></tr>
<tr><td colspan="2">观察点 2</td><td>“everyone here shares the credit for making this magazine what it has become”：考查学生是否能够完整翻译</td></tr>
</table>

统计项目示例(为节省篇幅，以下多数例子只是句子的片段)：

(1) 长停顿(非观察点)。

a．今天，我，很，很高兴的……的，的说，我们成功了。

b．我们每一个月都在做得比上一个月更加好，恩，达到更加深，深，深的一种深度，恩……

(2) 长停顿(观察点)。

a．今年大约有一百二十九……万的……人订阅了我们的……

b．这，一年，有……一万九千个，订户，订阅我们的杂志。

c．我们感受到了成，成就的喜悦，我们分享这种，喜悦，恩……

(3) 短停顿(修补)。

a．这是一个很……很好的……这是一个很美妙的感受。

b．我们会使我们的杂志……努力使我们的杂志全速前进。

(4) 短停顿(信息)。

a．我们已经发行了很多……重要的文章。

b．至今为止我们已经有……恩 130 万的订阅用户。

(5) 短停顿(语言)。

无。

(6) 自我修补(信息)。

a．我们已经，今年我们，我们，他们都获得了五项写作大奖和七项的摄影大奖。

b．我们每年都会，我们每个月都会发表一些文章。

c．我们的富有创造力和有才华的，恩，工作人员得了七个写作奖和，五个写作奖和七个摄影奖。

(7) 自我修补(表达方式及语法)。

a. 每个在座，在座的每一位都为这个杂志能办到今天能取得今天的成功而做出过他们应有的贡献。

b. 我相信，明年的今天，我们会取得更多的奖，会得，取得更多的订单，更多的读者。

c. 六年前呢，我们有了一个创办以自然为，哦，以自，关于自然方面的杂志的，哦，想法。

(8) 自我修补(词汇)。

a. 所有的员工已经获得了 15 篇，恩，15 个关于写文章的奖项。

b. 我们能够，哦，达到，哦，有更多的支持者。

c. 我们充满创造力和充满智慧的哦，写作团，哦，工作团体。

(9) 自我修补(语音)。

a. 而在座所有各位都为今天我们茶，杂志所取得的成功付出了很大的努力。

(10) 观察点 1。

a. 而且呢我们的读者一共有……119000……人订阅了我们的杂志。(正确翻译)

b. 迄……哦…：•• 迄今为止，已经有 100000 个读者订购我们的杂志了。(错误翻译)

(11) 观察点 2。

a. 而且每一个员工都在这分享这样一个快乐。因为我们把这份杂志做成了我们想要它成为的样子。(完整翻译)

b. 哦，我们的杂志能够到今天这个样子是每，是有每一个人的功劳。(完整翻译)

c. 而且每一个人也可以分享我们的荣……分享我们的荣誉。(部分翻译)

d. 在座的每一个人，嗯，在座的每一个人对……嗯，这个杂志都有出了很大的力。(部分翻译)

具体统计如表 4-8 所示。

表 4-8　“《自然》创刊五周年清讲”翻译情况统计

序号	得分	停顿					监控与修补				观察点(1 正确 / 完整，0 错误 / 不完整)	
		长(是否观察点)		短			信息	语法	词汇	语音	观察点 1	观察点 2
		否	是	修补	信息	语言						
1	95	0	0	0	1	0	2	0	1	0	1	0
2	84	0	0	0	0	0	1	3	1	0	0	1
3	88	0	0	3	16	0	0	0	0	0	1	0

续表

序号	得分	停顿					监控与修补				观察点(1 正确 / 完整，0 错误 / 不完整)	
		长(是否观察点)		短			信息	语法	词汇	语音	观察点 1	观察点 2
		否	是	修补	信息	语言						
4	80	0	0	1	15	0	0	0	0	0	1	1
5	97	0	0	0	1	0	1	1	1	0	1	1
6	80	0	0	6	20	0	0	0	0	0	1	0
7	90	0	0	0	2	0	0	1	1	0	1	1
8	90	0	0	0	0	0	0	1	0	1	1	1
9	90	0	0	1	4	0	1	2	0	0	1	1
10	92	0	0	0	1	0	0	0	1	0	1	1
11	83	0	0	0	2	0	2	0	2	0	1	0
12	85	0	0	0	0	0	1	1	1	0	1	0
13	84	0	0	0	5	0	0	0	2	0	0	1
14	81	0	0	0	1	0	1	2	1	0	1	0
15	95	0	0	0	0	0	1	2	1	0	1	1
16	85	0	0	0	2	0	0	1	0	0	1	1
17	81	0	0	0	1	0	1	2	0	0	1	1
18	66	0	0	0	11	0	0	0	1	0	0	1
19	66	0	0	0	0	0	0	0	0	0	1	1
20	69	0	0	1	19	0	0	0	1	0	0	1
21	66	0	0	0	0	0	1	0	1	0	0	1
22	67	1	0	0	0	0	1	0	1	0	1	0
23	69	0	0	8	26	0	0	0	0	0	1	0
24	68	0	0	0	0	0	1	0	1	0	1	0
25	68	0	0	0	0	0	0	2	0	0	0	0
26	68	0	0	0	0	0	1	0	1	0	0	1
27	66	0	0	2	4	0	0	3	1	0	1	0
28	69	0	0	0	2	0	1	1	0	0	0	1
29	67	0	0	0	0	0	1	2	1	0	0	0
30	66	0	0	0	3	0	0	4	0	0	0	0
31	66	0	0	2	0	0	0	0	0	0	0	0
32	70	1	0	0	3	0	0	0	1	0	0	1
33	70	1	1	0	0	0	0	1	0	0	0	0
34	70	0	0	0	8	0	1	0	2	0	0	0
35	45	0	0	0	2	0	3	0	0	0	0	0
36	42	0	0	0	2	0	3	0	0	0	0	0
37	49	0	0	1	7	0	3	0	0	0	0	0
38	43	0	2	0	0	0	2	0	1	0	0	0
39	43	1	1	0	0	0	4	2	0	0	0	0
40	49	0	0	2	17	0	0	2	1	0	0	0
41	44	2	3	1	27	0	0	0	0	0	0	0

续表

序号	得分	停顿					监控与修补				观察点(1 正确 / 完整，0 错误 / 不完整)	
		长(是否观察点)		短			信息	语法	词汇	语音	观察点 1	观察点 2
		否	是	修补	信息	语言						
42	48	1	1	2	35	0	0	0	0	0	0	0
43	43	1	0	7	20	0	0	0	0	0	0	0
44	47	0	1	1	9	0	0	0	1	0	0	0
45	41	1	0	0	2	0	1	1	1	0	0	0
46	43	1	1	0	0	0	2	0	1	0	0	0
47	42	1	0	0	0	0	1	0	0	0	0	0
48	44	1	0	1	44	0	0	0	0	0	0	0
49	44	0	0	10	13	0	0	0	2	0	1	1
50	41	1	1	2	16	0	0	0	0	0	0	0
51	42	0	0	2	13	0	0	0	0	0	0	0

由于本语料库中得分在 66～69 分的译文数量不够，所以我们只能选择 3 份得分为 70 分的译文，从而使得中分组译文和高分组、低分组在数量上保持一致。鉴于 70 分与 80 分及以上、49 分及以下这两组得分区别依然很大，所以应该不会影响统计结果。对本次统计结果的分析与之前汉译英分析在分析项目上保持相同，以便构成对比(见表 4-9)。

表 4-9 综合统计

项目	长停顿 1	长停顿 2	短停顿：修补	短停顿：信息	短停顿：语言	修补：信息	修补：表达、语法	修补：词汇	修补：语音	观察点 1	观察点 2
高分组	0	0	11	71	0	11	16	12	1	15	11
中分组	3	1	13	76	0	7	13	11	0	0	7
低分组	10	10	29	207	0	19	0	7	0	1	1
总计	13	11	53	354	0	37	34	30	1	21	19

一、长停顿

首先可以看到，在长停顿方面，英译汉与汉译英的最主要区别在于，汉译英部分的长停顿多伴随着英文表达的空缺，而英译汉长停顿多伴随着信息传递的错误。英文表达的空缺主要是因为学生译者缺乏相应的英语表达记忆存储，或者英语水平有限无法组织有效表达，但他们对于源文信息的理解与短时记忆是不会出现问题的，尤其是我们选出的两个观察点本身就是汉语中较为常见的表达。英译汉时出现的信息传递错误则主要是由于学生译者在信息接收时出了问题。对于两个观察点中出现的数字和复句结构，学生可能反应不及时，无法准确接收并理解源文信息。

两种不同的长停顿形成原因反映的是学生译者在双向翻译过程中不同的认知处理过程，尤其是不同的认知注意分配情况。在对汉译英翻译情况的统计中，我们发现低分组学生仅有 20%的长停顿分布于两个观察点上，但高分组和中分组学生译者一半的长停顿发生于此。这部分说明相对于低分组而言，高分组、中分组学生为这两个较难翻译的观察点分配了更多的认知注意，意识思维参与程度更高。这也符合一般的认知特点，即越难处理的认知任务越需要更多的意识思维参与。结合翻译结果来看，高分组、中分组学生的认知努力大幅提高了翻译的完整性和正确性。但在上述英译汉的统计中，我们发现高分组学生没有出现长停顿，这首先说明我们设立的观察点虽然相对更难翻译，但对于高分组学生而言，它们并不构成翻译障碍，因此也就没有为此付出额外认知努力的必要。从翻译过程来看，高分组共 17 名学生，就这两个观察点而言，他们正确翻译的个数分别达到了 15 和 11，完成率很高。相对而言，低分组学生译者长停顿达到 20 次，观察点与非观察点各 10 次，而且与汉译英高分组、中分组不同的是，虽然长停顿数很高，但实际正确翻译的次数却非常低，仅有 2 次。可以看出，低分组学生的认知努力并没有转化为相应的成果。

低分组学生长停顿多、正确翻译次数少的情况反映了翻译过程中双向翻译时两种不对等的认知加工状况：理解端与表达端的认知不对等。对于母语外译而言，母语理解是强势端，翻译过程中译者只负责信息识记，理解一般由无意识思维完成；但到了表达阶段，译者需要付出更多的认知努力以便完整、准确地表达已被自己概念～意旨系统理解的语义信息。鉴于这一信息已经被理解，所以经过恰当的认知努力，译者完整、准确表达源文信息的可能存在。对于母语译入而言，由于语速、难度、熟悉程度等原因，在短时间内，译者对一些不太熟悉的表达方式或者复杂的句式结构记忆有限，更难以基于无意识思维实现概念语义理解，所以，在记忆有限、理解失败的情况下，无论译者怎么努力也无法做到在译文中完整、准确地表达。这也就解释了为什么本次对英译汉译文的统计中，对于两个观察点而言，低分组学生虽然有多达 10 次长停顿，但成功的译文依然寥寥。

二、短停顿

首先，统计中没有发现语言短停顿，三组学生译文均是如此。由此可知，对于母语表达而言，学生译者不会出现无法完整表达一个词语的情况，这虽然可能与汉语字、词的音节少有关，但最主要的原因还在于，作为母语使用者，学生译者对于表达非常熟悉，并且他们对于这些字、词的选用多由无意识思维掌管，因此处理过程非常熟练、迅速，很少出现词汇之内的停顿。其次，鉴于停顿的出现意味着译者意识思维对翻译过程的参与，所以低分组学生译文中修补短停顿和信息短停顿的数量约三倍于高分组，说明在低分组学生的翻译过程中意识思维参与程度更高。在认知加工过程中，意识思维的参与有两种原因：或者基于预判，主动参与，解决困难；或者遭遇障碍，被动参与，应对困难。本次统计中涉及的短停顿应该以被动参与为主：修补短停顿的出现无疑是因为无意识思维在进行自我监控时出现了问题或者障碍，意识思维不得不参与加工；信息短停顿的出现是因为译者对源文信息的记忆或者理解出现了问题，意识思维不得不参与加工。最后，就信息短停顿而言，每一次停顿之后出现的均是新的信息内容，因此停顿的目的是组织表达新的信息内容。例如，“明年此时我相信我们会获得……更多的荣誉，还有……让别人有更，更多的，恩……有更多的评价”。由于此处的翻译方向是母语译入，所以停顿的原因更可能来自源语端，即停顿主要是由于译者对源文信息的理解和记忆出现了问题，这才不得不停顿下来，投入更多的认知注意，以便解决问题，完成翻译。在本次统计中，低分组译文中的信息短停顿比高分组译文高出两倍，这充分说明在低分组学生的翻译认知加工过程中，意识思维的参与程度更高。但这并不表示低分组学生更加专注，主动投入更多认知注意以提升翻译质量；实际的情况很可能是，低分组学生在收听和理解源文时遇到了较多障碍，意识思维的参与完全是不得已而为之，这同时反映了他们外语能力不足，缺乏无意识思维直接参与认知处理的能力。

综合对比发现，学生译者在英译汉过程中的短停顿次数与汉译英时总体相当(407：427)，考虑到停顿的原因可见，英汉双向翻译时学生译者停顿的主要原因均是信息内容，而不是语言因素。在英译汉时因语言因素造成的短停顿数是零，充分说明学生在表达汉语译文时很少出现因语法、词汇原因而形成的表达障碍，即便出现，学生译者也无须为此付出过多的认知努力，甚至有时在无意识思维的掌管下就可以直接实现自我修补。一方面，汉译英时语言短停顿较为常见，这说明学生译者在表达时遇到了语言障碍，并且为此付出了专门的认知努力。另一方面，在英译汉过程中，高分组和低分组学生译文中的信息停顿次数均高于汉译英，而且低分组学生译文的停顿次数增加显著，从 133 次增长到了 207 次，从中不难看出，学生译者对源文的语义理解、概念整合和信息识记出现了问题，远达不到无意识思维处理水平。造成这些信息停顿的一个重要原因就在于，学生译者英语水平有限，源文的解码、理解和识记过程无法由无意识思维主导完成，所以才会形成一次次意识思维被动参与的情况，而当这些有待解决的问题难度较大时，停顿就会不可避免。

三、修补

如前文所述，停顿是意识思维介入加工的产物，而修补则是意识思维和无意识思维合作的结果。停顿虽然部分体现了译者的主观认知努力，但主要体现的是译者遭遇问题并被动面对问题时的无奈。相比而言，无明显停顿的修补不仅体现了译者主动提升译文质量的积极态度，更体现了他们已具备启动无意识思维活动所需的内化知识和能力。在本次译文统计中，我们发现几类修补在高分组和低分组之间呈现出两种不同的变化趋势，信息修补从高分组的 11 次增长到低分组的 19 次，但有关语法、词汇、语音等语言表达方面的修补却从高分组的 29 次下降到了低分组的 12 次，差异显著。结合得分与译文整体来看，毫无疑问，高分组的译文质量更高，即它们并没有因为信息修补的次数少而变得不准确，也没有因为语言修补次数多而显得语言组织零乱、表达生硬。为了进一步弄清两组译文的修补情况，我们不妨先看以下几句译文。

(1) 高分组修补。

a1. 但是我们同样也怀疑是否能这个主意是否能得到大众的接受，是否会有足够多的感兴趣的人来支持，持续地支持我们杂志。

a2. 我们的员工既有创造力又是非常有才干，我们已经，今年我们，我们，他们都获得了五项写作大奖和七项的摄影大奖。

a3. 我们发表了一些极具影响力、极具感染力的文章，每个月的文章都上一个月的更有深度，更有提高。

a4. 我们极具创造力，和，嗯，高水平的工作人员赢得了 5 个创，5 个创作大奖，7 个，嗯，摄影大奖，今年我们收到了 11 万 9 千份的，嗯，订阅，订单。

(2) 低分组修补。

b1. 他们已经获得了 5 项写作奖和 7 项……心理学，嗯，嗯……摄影奖，每年有，11 万人来购买我们的产品。

b2. 我们杂志给别人带来，给读者带来了深刻的印象，嗯，无论是它的质，无论是它的质量，还是。

b3. 我们是具有，我们的具有创造力的团体，是，哦，有五项在写作方面，七项在图片方面取得了成就，并且有 150 人为我们，哦，19 万人为我们投稿。

b4. 我们已经，哦，我们的创造力已经创造了许多哦出版了许多哦获得了哦获得了许多的奖项。

虽然以上句子是随机选取自被统计语料的前几份译文，但通过进一步阅读，我们认为具有一定的代表性。首先来看 a1、a2 和 b1、b2，在统计时这 4 句均被视为信息修补，因为修补前后表达的信息内容有所改变。进一步分析我们会发现，就 a1、a2 而言，即便学生译者不修补，句子也基本通顺，源文信息基本可以得到传递，修补则体现了学生译者在翻译过程中对信息细节的追求。相比而言，b1、b2 的情况并非完全如此，它们属于改错式的修补，即修补前的信息是错误的，所以修补完全必要。b3 中的数字也属于这一情况，虽然修补后的信息仍是错误的。

再来看 a3、a4 和 b3、b4，它们在统计中被视为语言修补，修补的对象或者是语言表达方式，或者是词汇选用。具体来说，a3 和 a4 均涉及词汇选择问题，a3

句中，“影响力”“感染力”对应的英语源词为“impressive”，从字面来看，或许选用修补前的词汇“影响力”更为准确。同样，a4 句中，“订阅”应该比“订单”更加准确。但即便如此，我们也不能以此否认学生译者翻译时的积极态度，以及为修补所付出的认知努力。对这些语言表达的修补实际反映的是学生对于细节的重视，因为通过变更词语，学生希望更准确地表达源文信息、更流畅地组织译文表达。b3、b4 的情况稍有不同，b3 句中的第一处修补属于表达方式的修补'b4 属于选词上的修补。就这两句译文来看，我们有理由认为学生的修补是被动行为。b3 句中表达方式的转变可能是因为学生在组织后续表达时发现，如果以“是具有”开始该句的谓语部分，其后很难再融入“有五项在写作方面”等其他信息内容，所以学生译者基于无意识思维的预判，做出了表达方式的修补。b4 句中“创造了”“出版了”“获得了”三个动词词义差别较大，其后的宾语理应有较大区别，所以学生译者选词变换的主要原因不是他们在对信息准确性加以反复权衡，而很可能是他们收听源文时不够关注或者受制于有限的英语水平。在翻译认知处理时，源文理解过程和译文生成过程部分重合，彼此构成干扰，最终导致了表达上的混乱。

以上几句译文向我们部分展示了英译汉的一个主要特点：翻译质量更依赖于译者对源文理解的充分程度。以上面两组译文为例，虽然其中一半的句子我们将其统计为语言修补(表达、语法或词汇)，但确切来说，它们都是为了提升信息准确性的需要而做出的修补。这一点与汉译英区别明显，在后一种情况下，学生译者基于对汉语源文的充分理解，翻译修补时更多的是考虑结构、选词以及一些英文语法细节的正确性问题。

透过英译汉的这一特点，我们也可以初步了解学生译者在翻译过程中的意识思维和无意识思维运用情况。不同于汉译英的是，英译汉时学生在源文解码、概念整合、信息识记时所投入的认知注意资源明显增加，即使到了译文表达阶段，多数学生译者仍需要不断回溯到源文。回溯的表现形式可能包括以下两种：第一，完全回溯，表现为翻译停顿，此时学生译者需要暂停译文表达以便回想源文，并尝试重新分析、理解，提取语义信息，再次表达或者补充表达；第二，部分回溯，表现为翻译修补，即边回想、边表达，可能伴有短停顿，或者运用语气填充词，如“噢”“嗯”等，此时学生译者会凭借记忆快速回想源文，补充或者确认源文信息，改正或调整表达。这两种情况下，对于汉语译文的表达几乎都是由无意识思维掌管的，即便出现译文语言修补的情况，但多数情况下，这也是因为译者需要调整或者修补信息内容。

这一特点同时解释了我们两次统计中出现的一些主要区别。就短停顿而言，汉译英时语言停顿数为 89，英译汉时却为 0，但汉译英时信息停顿数为 295，少于英译汉时的 354。两次对比发现，汉译英过程中，学生译者遇到的语言表达问题明显多于英译汉，一方面，英译汉时语言停顿数为零则说明学生对母语的表达十分熟练，基本无须意识思维参与即可完成。另一方面，汉译英时信息停顿较少显示出学生对于信息准确性的关注低于英译汉，究其原因，主要应该是学生译者对于母语源文的理解没有太多障碍，所以源文语义信息提取顺利，理解过程由无意识思维接管，无须意识思维过多关注，相应停顿自然更少。因此，从短停顿的差异可以明显看出英汉翻译过程中学生译者双向翻译认知处理过程的不均衡性，母语在认知处理过程中的优势十分明显。相对于停顿，两次统计在修补上的差异没有在短停顿上这么明显，但基于前几段的分析，从中依然可以发现学生译者双向翻译时认知处理的不均衡现象。如语音修补汉译英与英译汉的对比达到 21:1，可以看出，学生译者对母语词汇的记忆明显好于英语，很少出现语音记忆错误或者口误的情况；表达方式和语法修补汉译英明显高于英译汉(62:34)，这一方面说明学生译者在翻译时此类问题更多，另一方面也可以看出他们为语言表达投入了更多的认知注意资源，意识思维参与程度明显高于英译汉。

上节中对于主动修补和被动修补的划分也同样适用于对本次统计中部分语言现象的解释。主动修补和被动修补有两个主要区别：第一，主动修补主要是改进修补，旨在提升译文质量，被动修补则主要是改正修补，旨在弥补错误或者补足表达；第二，主动修补始于译者的无意识思维自我监控，即便不做修补也可以完成翻译，被动修补的起因则是译者遭遇了翻译障碍，不修补就无法完成翻译。仍以词汇修补为例，对比两次统计结果，我们发现汉译英时高分组学生和低分组学生的修补次数相差无几(9：10)，但到了英译汉时，两组学生的修补次数出现了较大差异(12：7)。有关两组在汉译英时的差异，上节中我们已经有过分析，不再赘述。但就英译汉而言，正如我们上文中所举的译文例句所示，高分组学生的词汇修补多着眼于译文提升，而低分组学生的词汇修补在提升译文质量的同时，还有一种功能，就是要修补错误。鉴于汉语是学生译者的母语，出现选词错误或者词汇记忆不完整的情况要远少于英文表达，所以低分组学生在英译汉时出现的词汇修补次数更少。相比而言，高分组学生对源文理解更加充分，他们提升译文质量的动机也更加强烈，所以无意识思维参与译文表达的程度更高，相应地以提升译文质量为目的的词汇修补数量相对于汉译英不降反升。

四、观察点

“观察点”的设立，旨在考查学生翻译过程中的专注程度和思维运用情况。一般而言，观察点均是翻译难度较大的词汇或者句子，所以对学生意识思维的要求更高。不同于汉译英统计时所选择的两个观察点，本次统计中选择的两个观察点不要求学生对这些表达事先有过记忆，仅要求他们在翻译的过程中高度专注。

具体来说，第一个观察点中的数字“119，000”看似简单，但因为英汉数字表达方式差异明显，所以对于绝大多数学生译者来说，他们必须先记录下这一数字再加以转换，才能实现正确翻译，因此必须高度专注，意识思维充分参与。统计显示各组间翻译情况差异巨大，各 17 份译文，高分组正确翻译 15 份，低分组仅有 1 份。我们认为造成这一差异的原因除了英语水平高低不同之外，两组学生翻译时的专注程度和积极程度也同样重要。高分组学生不仅能及时记录下这一个数字，更能够积极思考甚至能够基于预判主动为该数字的翻译预留时间。第二个观察点涉及的句子稍显复杂，设立这一观察点同样是为了考查学生译者的意识思维运用情况，即他们的专注程度。和汉译英统计时一样，我们仅统计了译文的完整程度，不考虑译文信息的准确性。结果显示各 17 份译文中，高分组完整翻译数量为 11，低分组仅为 1。因为源文不算很复杂，而且词汇难度并不大，我们相信学生译者只要足够关注，即便无法准确翻译，他们也可以实现完整翻译。所以低分组如此之低的翻译完整度只能主要归因于这些学生在翻译时不够专注，意识思维运用不充分。设想在英语水平不足，无意识思维难以有效启动的情况下，意识思维运用如果也不充分，低分组学生第二个观察点翻译完整度过低就不可避免。

统计同时显示，就翻译难度更大的观察点而言，英译汉与汉译英较为相似，从低分组到高分组，翻译的完整程度和准确率明显提升，这充分说明高分组学生在翻译过程中更加专注，意识思维的运用更加恰当。

第三节　翻译过程中的意识思维现象分析

一、翻译过程中的意识思维现象分析

翻译是一项需耗费大量认知精力的复杂心智活动，在整个翻译认知处理过程中，译者有限的认知资源需合理分配，意识思维和无意识思维需充分协调。翻译认知加工过程不仅涉及多重信息的激活、提取过程，还涉及双语组织、加工、决策、转换过程，不仅涉及陈述性知识的记忆和提取过程，还涉及程序性知识的激活和运用过程。翻译过程复杂但不能混乱，控制着翻译认知加工过程的既包括译者经双语转换实践建立的程序性知识，同时又包括译者意识思维主导下的认知注意分析方式。“通过注意控制，我们对当前与任务、目的有关的信息进行比较、整合，排除、抑制无关信息的干扰，以灵活、优化的方式实现特定的目标。”(彭晓哲，周晓林，2005：488)对译者翻译过程中的注意加以研究，就是要分析译者在信息取舍、整合、抑制过程中的认知处理依据，了解并描述他们注意实施的具体过程，从而加深对译者认知操作的认识。

翻译过程中注意的认知操作过程并不是孤立的，它需和意识、记忆系统以及

概念—意旨系统、语言运算机制相协调，共同完成一次次复杂的语言转换过程。我们不妨将翻译认知处理过程视作一种认知生态构建过程。生态翻译学的首创者胡庚申教授曾提出过翻译过程中的“译者中心”概念，并且强调从“翻译链”的角度来看，“译者中心”“指的既不是‘译事前’和翻译准备阶段，也不是‘译事后’的翻译效果评价阶段，而是‘译事中’的翻译行为阶段”，并且正是基于这一界定，“‘译者中心’的取向是‘翻译过程’‘翻译操作’，或者是‘译者的选择性适应’和‘适应性选择’活动”(胡庚申，2013)。本书对于翻译生态的定位远没有胡庚申教授那么宏大，我们仅希望基于对译者认知过程的分析，初步了解译者在翻译认知处理过程中的注意运用、意识转换和认知系统协调情况。

（一）注意机制

作为认知机制，注意的运用决定着认知资源的分配，并进而决定了心智对信息的取舍和信息被加工的次序。鉴于人类的信息加工能力总是有限的，在实际的信息加工过程中，这尤其表现为能够被注意机制激活、提取从而进入意识思维的信息总量是有限的。因此，注意资源的合理运用可以“让信息在大脑区域间得到更多的传递，从而改善生物体的行为反应”(Cohen et a1.，2012，)。

有关注意机制的功能，现有研究者一般认为包括以下三项：警觉(aler ring)、导向(orienting)、执行(executive)(Petersen &Posner 2012)。警觉功能的实施就是让大脑处于认知待激活状态，为即将到来的信息加工做好心理准备(Morrison&Foote，2004；Helton et a1.，2010)。导向功能即大脑对信息的取舍，认知系统可以依据信息特征、空间等因素将注意转向与认知目标相一致的领域。Posner(2005，转自涂粲，2013：8)认为注意导向可能涉及三种操作：“解除当前的注意、把注意定向到新的感兴趣区域、在感兴趣区域读取信息。”这三种操作被概括为注意抑制、注意转向和注意实施，贯穿三种操作的核心要件是信息取舍，或可称作“选择性注意”。执行功能指注意机制对所选择信息的加工方式、加工速度、准确度等的决定作用，它甚至还决定了该信息在后续操作中是否可能被再次提取(Chun et a1.，2011)。

从警觉、导向到执行，注意的三项功能完整描述了主体意识思维参与信息加工的过程。虽然意识思维并不是人类思维的全部，但对于复杂认知活动而言，基于注意的意识思维运用仍是保证信息加工持续朝向认知目标的关键要素。

注意机制有两个主要特征：主体性和结构性。“主体性”指注意机制的实施完全由主体加以控制。“注意也就是主体完全控制之下的心智选择过程。”(Jennings，2012：535)但心智选择并不会随意发生，它一定要基于相关的认知结构。这一认知结构由个体过往的认知经验和当前的认知刺激共同构成，个体的认知兴趣是注意功能发挥的一条重要线索。

(二) 注意机制的表征与运用模型

基于信息表征的设想，我们可以将个体的认知兴趣设想为一次问题表征。“问题”由个体当前的认知兴趣或者认知目标 / 动机驱动，反映了个体当下信息加工的主要诉求，并最终内在表征为包含内容的(语言)符号表达。在实际认知活动中，这些问题表征可以表现为以“什么”“如何”等引导的疑问句。具体到翻译过程，可表现为“这句话的意思是什么”“这个表达如何翻译”“如何完整传达源文的意义”等。

牛津哲学家 Philipp Koralus(2014)使用形式逻辑的描述手段，将基于表征主义理论模型的问答过程描述为：

(1) [[X]]—{ X_1，X_2，X_3，…}([[x]]代表“X”的语义内容，“—”表示决定)

以一次简单的日常询问为例，(1)可以被具体化为(Koralus 2014)：

(2) [[Who won？]]—{Jack won，Peter won，Sarah won，…}

在基于问题表征的认知处理过程中，个体的注意机制需快速完成对信息的聚焦与取舍，并为后续回答这一问题提供“焦点标记”(focus m~i’rking)，从而最大限度地帮助主体减少不必要的信息处理过程，提高信息处理的效率。就(2)而言，结合一次完整的问(Q)答(A)过程，主体的注意焦点(标记为“Foc")应该是(3)，而不是(4)(Koralus，2014：197—198)。

(3) Q：Who won？

A：[$_{FOC}$John / Peter / Sarah…]won.

*(4)Q：Who won？

A：John / Peter / Sarah…[$_{Foc}$ *won*].

“焦点标记”的设定为主体的信息取舍与加工过程提供了明确的方向。为了让描述更加具体化，我们采用 PACCEL。为语料来源。PACCEL-W(“w”表示笔译语料，下同)语料六是一篇短文，名为“大三女生喊妈咪”。该篇讲述了一名在报社实习的大三女生，出身贫寒，却处处故作姿态，最终让人心生厌弃。“妈咪”一词便是“故作”的典型代表。基于(1)和(2)以及对语料库中学生译文的统计，“妈咪”一词的翻译问答过程可以被描述如下。

(5) [[Which matches“妈咪”in English]]—{“Mummy / Mommy”matches，“‘mummy / mommy’”matches，“mother which is called‘mummy’” matches，“mother called by a baby-like girl college student”matches…}

通过添加“焦点标记”，(5)可以被进一步细化为：

(6) Q：Which matches“妈咪”in English？

A：$_{Foc}$Mummy / Mommy matches.

A：$_{Foc}$“Mummy / Mommy”matches.

A”：$_{Foc}$mother which is called“mummy”matches.

A"'：mother called by a F0c baby-like girl college student matches.

细化后的(6)表明，即便添加了“焦点标记”，主体仍面临着大量信息单元的取舍问题。而作为生物进化的结果，人类的信息取舍过程一定不是无序的。因此，注意机制通过“焦点标记”确定的不应该是固定的信息取舍范围，而应该是实现恰当信息取舍的运算程序。这也正是表征主义对人类心灵运行方式的基本设想。

Krifka(2001)的研究为我们优化注意机制的表征提供了更好的借鉴。Krifka 提出可将“问题”(question)分解为一个“函项”(function)和一系列“因素”(elements)。函项决定着因变量的值如何依据自变量生成；在一般问答模式中，它决定着从信息输入到信息输出过程中心智的加工方式。一系列因素指函项的值域范围(domain)，在这一范围之内，函项的运用(运算)可以实现。在一般问答模式中，一系列因素可能来自外在刺激，如个体带着问题在新的输入中寻找答案；也可能来自内在记忆(包括工作记忆和长效记忆)，个体可以基于问题刺激记忆系统，并从中激活、提取相关信息形成答案。Krifka 的问题模式可以被表征为：

(7) [[SQ]]—(FunctionQ，DomainQ)

依据函项和值域的设定，以上(2)和(5)可以被进一步简化为(8)和(9)。

(8) [[Who won？]]—(λx．Won(x)，{y：Person(y)})

(9) [[Which matches“妈咪”in English]]—(λx．Match(x)，{y：Expression for“妈咪”(y)})

这些抽象描述的优势在于，它让我们对个体注意焦点的运用方式和运用范围看得十分清晰：针对某一问题，个体要形成一个恰当的回答，它必须遵循相应的函项进行运算(信息加工)，在运算过程中其注意焦点必须处于相应的值域范围之内。即：

注意机制的恰当问答模型：问题(F，D)具有一个函项 F 和一个值域 D，对此问题而言，陈述(statement)S 如果构成一个恰当回答的话，当且仅当(iff) S 的关注焦点(基于注意焦点形成)与值域 D 相切合，并且 S 表征的内容正是个体运用函项 F 于关注焦点的结果(Koralus，2014：197)。

基于这一模型，若某一译文构成对问题(λx．Match(x)，{y：Expression for“妈咪”(y)})恰当回答(翻译)的话，它必须处于{y：Expression of.“妈咪”(y))值域范围之内，并且表征的内容正是对 T 的关注焦点运用函项入 x．Match(x)的结果。

(三) 注意机制运用模型的扩展

1．意向目标与译文的主观恰当性

注意机制恰当问答模型的运用并不能保证回答／译文的唯一性，比如上例中的“妈咪”，(6)中列举出了语料库中最常见的四种学生译文。对于采用不同翻译方式的学生而言，他们的翻译处理过程均符合以上恰当问答模型。那么，基于相

同的表征方式与注意焦点分配机制，为何会形成不同的翻译结果呢？

就“大三女生喊妈咪”这个标题翻译而言，采用(6)A 类直译的学生将注意焦点置于“妈咪”的字面语义。采用(6)A’类直译加引号的学生注意到了“妈咪”一词的负面含义，但可能是出于表达简洁或者忠实源文等考虑，其注意焦点仍在“妈咪”一词本身，加个引号对其含义加以标识，希望以此来引发译文读者的自行思考。采用(6)A”同义词重复表达方式的学生将注意焦点置于“妈咪”一词的实际所指（“mother”），并将“mother”和“mummy”并置以构成对比，引导译文读者关注“mummy”的负面含义。采用(6)A”类增译的学生直接将注意焦点置于“妈咪”一词的负面含义，并在译文中直接表达。所以，对于翻译认知活动而言，恰当问答模型(F，D)的运用虽然提供了问答机制的合理框架，但却无法限定注意焦点在值域范围内的具体分配，因此也就无法限定潜在“恰当”回答的数量。那么，在运用相同问答机制的时候，还有什么因素会造成学生译者注意焦点选择上的差异呢？

在我们刚刚对四类学生译文的分析中可以看出，学生译者对注意焦点的选择除了受到<F，D>问答机制的限定外，隐藏在这一机制背后但却与这一机制同等决定着注意焦点选择的是学生各自的意向目标(intended target)。如果前者被称为“客观恰当机制”的话，那么后者应被称为“主观恰当机制”；一次真正恰当回答／译文的生成，一定是两者共同运用的结果。所以一次完整的“恰当问答模型”应该从<F，D>被扩展为<F，D，I>。基于这一新的模型，上述“妈咪”的四种主要翻译方式均可以得到更好的解释：虽然学生译者在翻译时遵循了相同的函项(kx．Match(x))进行信息运算，然而基于不同的意向目标，不同学生译者对注意焦点的实际选择不同，他们最终形成的译文也就不会相同。

2．注意焦点的扩展与增译

在以上四种译文中，(6)A”属于增译，在译文表达中增加了非源文所有的信息。在之前的讨论中，我们将其同等视为值域内注意焦点的不同分配，认为这是学生译者将注意焦点置于“妈咪”一词的负面含义所致。但从严谨论证的角度来看，对于此类额外信息是如何接受函项加工并进入值域范围的，我们仍缺乏一个更加合理的解释。

作为恰当问答模型，<F，D，I>的运用具有普遍性。在 F、D、I 三个因素中函项 F 最为确定。F 作为“客观的”信息运算方式，并不会引起个体回答过程中信息的增加。与函项 F 不同，值域 D 从一开始就不是一个固定的数值，但无论值域的可能范围有多大，它总是由函项运算来决定的，因此一旦函项 F 确定，其值域范围也就基本确定。

排除了 F 和 D 两个因素，有可能引起信息增加的只有意向目标 I 了。主体的意向目标直接决定了他们对值域范围内注意焦点的选择，后者进一步决定了回答的信息焦点，并由此生成不同的回答。现在的问题是：看似自由的主体意向目标应该受到什么样的限制才能保证恰当问答模型的顺利运行？

以“谁在说话”为例：

(10) Q：谁在说话？

(11) A：*他在提醒你注意听讲。

(12) A：老师，他在提醒你注意听讲。

(12) 构成了对(10)的恰当回答，但(11)却不行。原因在于，问题“谁在说话”确定的函项 F 是“在说话”；不仅如此，这一函项还进一步确定了回答的值域范围只能是“正在说话”的所有相关个体。所以，句(12)中虽然增加了信息，但作为信息焦点的“老师”既是函项“在说话”的运算结果，同时也处于要求的值域范围，因此是一次恰当回答。而(11)两个条件均不符合。(12)中增加了信息“他在提醒你注意听讲”，这正是回答者个体意向目标运用的结果，即个体觉得有必要向提问者做出进一步解释。

据此我们可以对因意向目标 I 而引起的信息增加做出如下限定：

(13) 与(F，D)模型相关，如果出于某个具体意向目标 I，个体为注意焦点[,。x]增加信息并形成新的陈述 s。，此时只要 S。在表征层面能适用于 F(x)函项运算，并且整体匹配值域 D，那么它仍可被视为恰当回答。

这一限定可简化描述为(Koralus，2014：200—201)：

(14) Q：(F，D)

A：…，$[_{Foc}x] \in D$，…

～＞SA：…，F(X)，…

基于这一描述，“妈咪”译文中的增译现象可以得到很好的解释。译文(6) A”在两个方面均符合恰当问答的要求：第一，新增加的内涵语义信息并没有破坏原焦点信息，因此仍处于{y：Expression for“妈咪”(y))值域范围之内；第二，新增加的内涵语义信息与原焦点信息相结合，在整体上仍是函项λx. Match(x)运算的结果。

4．注意机制运用过程中的焦点转换：翻译认知处理的经济性

上节中我们讨论了增译现象的恰当性，但增译并不总是翻译实践中的最佳选择，因为对于人类的认知活动而言，另一项要求同样关键：经济性(econo—my)。

翻译过程中<F，D，I>模型的实施包括三个基本阶段：源文接收和语言解码、语义理解与概念整合、语言编码和译文输出。但如第一章第二节所述，这并不表示译者在每一次翻译认知处理过程中，这三个阶段都必须得经历。依据生物经济性原则，在自认为可以实现认知处理目标的基础上，译者总是会寻求最简化的认知加工方式。以口译为例，译者可能的翻译认知加工路径有三条：①概念整合路径(“语义路径”)；②语言运算路径(“句法路径”)；③语音配对路径(“语音路径”)。这三条翻译路径均符合恰当问答模型<F，D，I>。同时，在口译实践中，这三条路径均可能成为译者最经济的翻译选择。构成选择差异的关键因素正是译者基于个体意向目标、认知能力和知识储备而实施的注意焦点分配。

以口译为例，我们基于图1．5绘制了翻译过程注意焦点转换示意图(图4-1)。

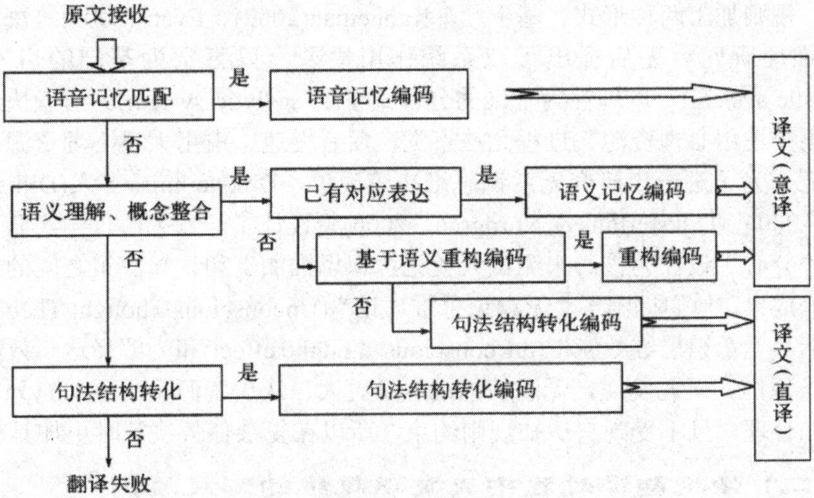

图4-1　翻译过程注意焦点转换示意

在翻译过程中，译者的注意焦点按照图4-1的箭头方向顺序推进，从语音配对到语义理解、概念整合，再到结构转化编码，如果前一条翻译路径可以顺利实现译文生成，那么除非另有需要，否则译者不会再多费精力进行下一步操作。

二、翻译过程中的无意识思维现象分析

翻译认知处理过程要远比图4-1描述的过程复杂得多，本节将集中讨论翻译过程中的无意识思维运用情况。

(一) 无意识思维现象简述

对无意识思维现象的认识可追溯至柏拉图，其后笛卡尔、莱布尼兹等理性主义者在讨论心身关系时也有所涉及。真正将无意识作为研究对象提出的是弗洛伊德，其著名的冰山隐喻至今仍被广为接受。时至20世纪中叶，对无意识的研究已经由理论假设进入实验验证阶段。当前无意识研究的最大难题仍在于实验手段难以取得突破。虽然 Crafton 和 Seger 等人分别运用 PET(正电子发射体层仪)和 fMRI(功能性磁共振成像)技术对内隐学习等无意识思维进行了实验科学研究(转自郭秀艳，2003)，并证实了其存在，但由于缺乏主体意识的参与，现有的脑电成像技术对于无意识思维的发现也比较有限。当前对无意识思维的研究仍以传统心

理学实验和理论思辨为主。

技术上的困境并没能阻止研究者探寻的步伐。随着研究的深入，无意识思维研究的领域不断扩展，其与决策心理学的结合已成为近年来新的研究趋势。1996年Sloman提出决策与推理双系统理论，认为认知加工应该分为快速、自动加工和慢速、规则加工两种形式。基于此，Kahneman(2002)、Evans(2003)等决策心理与认知推理研究者先后提出了双系统作用模型：以直觉为基础的启发式系统(heuristic system)、以理性为基础的分析式系统(analytic system)。前者快速、不占用或很少占用心理资源、过程无法察觉，后者慢速、占用大量心理资源、过程可以察觉。为了进一步研究无意识思维决策现象，Dijksterhuis 等人(Dijksterhuis，2004，2006；Dijksterhuis & Nordgren，2006)新设计了一系列心理学实验。这些实验以“分心”设计为核心来测试人类无意识思维加工和认知决策之间的关系。作为研究成果，他们提出了“无意识思维理论”(Unconscious Thought Theory)。该理论包括“无意识思维效应”(un conscious thought effect)和为解释这一效应而形成的6条原则。研究发现，无意识思维容量更大、认识资源调动更加充分、权重分配更加合理，且不受既有认知规则约束，所以在复杂任务决策时更加具有优势。

(二) 学生翻译过程中无意识思维的形成原因

翻译过程中无意识思维形成的原因可以分为三类：第一，外在刺激不够强烈，不足以激起学生译者的意识思维，此时认知加工内隐进行，但不能通达意识；第二，翻译经验、知识的积累已经达到了可以使翻译认知加工内在运行的水平，使得翻译的某些方面无须被置于注意的焦点；第三，翻译过程中内在的分心任务生成了无意识思维。以下分别讨论，讨论将结合PACCEL语料库进行。

1. 刺激不足

翻译作为一项复杂的认知活动一定是多重因素综合交织且相互制衡的过程。译者为每一个因素所赋予的认知权重不可能相同，相应地，这些因素也就会受到不同程度的关注，继而引发意识或者无意识思维。译者的认知权重分配有两个主要依据：对认知对象的认识水平和外在刺激的强烈程度。后者会受到前者的影响。由注意权重分配引起的两种刺激不足可以进一步被描述为：①译者(尤其是学生译者)对于某种因素的重要性未能充分认识，但这些因素却又的确关乎翻译过程的顺利实施，此时，这些因素就有可能进入无意识思维；②翻译活动涉及因素较多，译者来不及适当分配注意，某些因素也有可能进入无意识思维过程。

由于学生译者对翻译的认识有限，加上口译时间紧张，他们的口译过程会出现较多的刺激不足现象。依据我们对PACCEL语料库的观察，刺激不足现象最经常出现在修饰性信息、文化背景信息和句式结构信息等方面。以 PACCEL-S-2006

汉译英语料为例，句(1)中“创举”中的“创”几乎很少被注意到。“郑和下西洋”中的“西洋”也被很多同学简单理解成了“‘west’＋‘ocean’”的组合，而没有译出其实际所指。源文中句(3)有一个连动表达，包含了“率领”“出发”“下”“往返”4 个动词，从学生译文语料来看，能够恰当处理这些动词的同学不足 1 / 3。同样的情况也发生在句(4)的句式结构上，从结构和信息分布来看，这一句头重脚轻，属于比较典型的汉语句式，但英语表达不太常见；依据我们对语料库中 100 位学生译文的统计，翻译时对该句实施了句式调整的仅有 31 人，不足 1 / 3。

在以上三类刺激不足中，修饰性信息因为对于句子的整体表达不构成关键性影响，很容易被译者的意识思维忽略，甚至也不会进入无意识思维加工范围。文化背景信息由于其明确的字面表达形式(如“郑和下西洋”)，学生一般会予以适当关注，但鉴于口译时间紧迫，学生有时不得不做简单处理，以便将更多的注意力投入到其他主要信息的翻译中，由此形成对相应文化背景关注的不足。然而，不同于修饰类信息的是，部分学生会持续内在关注这一表达。但随着关注焦点的转移，对该词语的认知处理只能由无意识思维接管，从而形成无意识思维的内在加工过程。依据我们对语料库中 100 个学生译者的统计，对出现的 3 次“下西洋”采用同一翻译方式的仅占有 35 例，有三分之二的同学在后两次遇到该表达时转换了翻译方式。这充分说明学生对这一文化词语的翻译过程受到了无意识思维加工的影响。句式结构信息刺激不足跟学生的语言功底和双语转换经验相关联。因为作为译者的学生经过多年的学习已经具有一定的英语表达能力，从而无须经过主动认知努力就可以完成部分必要的句式转换。

2. 主动内在加工

翻译能力与译者的语言能力、陈述性知识、程序性知识密切相关。其中陈述性知识部分需要在翻译认知处理过程中由意识思维主导来提取，它具体包括对源文信息的提取和对源文相关背景信息的提取，前者在收听 / 阅读源文时完成，后者则需要译者依据源文提供的“线索”从自己的长效记忆中提取。实际翻译时陈述性知识进入工作记忆，由大脑中的概念—意旨系统完成最后加工。与陈述性知识处理方式不同的是，语言能力和程序性知识的运用则是意识思维和无意识思维共同作用的结果，而且无意识思维很可能会占据较大的比重。

先看语言能力。语言能力的运行有其内在规则，并且这一运行过程很多时候都是依据人类的生理认知基础无意识地进行的，Searle(2004)称之为“非意识的神经生物学过程”。这一过程同时也是人类语言直觉形成的基础(周玉华 2013)。Chomsky(1986)起用了一个专门的词语“cognize”(知道)来描述人类对自身默会语言知识的掌握情况。在翻译过程中，对于母语的运用基本是以无意识思维的方式进行的；但对外语而言，基于掌握程度的不同，可能会出现意识思维和无意识思维交替或共存的现象。以 PACCEL-S-2004 汉译英语料为例，源文包含“市委”“市政府”两个词语，理解时，语言解码和概念提取、表征等认知环节多是由无意识思维完成的。即便是部分学生可能会为“市委”等词语的理解付出额外的认知努力，但这些并不属于语言能力的运行范畴。与此形成对比的是，我们在学生的译文中却发现了大量意识思维参与的痕迹。举例如下：

a. the old people leave er，left for us.

b. This is the heritage that our ancestors leaved，leave for us.

c. for their had working，hard work.

d. it is the first，er…history，historical city.

e. it has，it is fall(full)of the…

a、b 两例中对于时态的修补，c、d 两例中对词语的修补，e 例中从“it has''到“it is”的转换，这些均是意识思维参与认知加工的证明。不仅如此，在学生译文语料库中我们还发现了众多非选词原因造成的停顿，我们相信这其中一定有很大一部分与学生的语言表达水平有关，说明学生的英语使用水平还不足以达到无意识思维加工的程度，因此需要大量意识思维的参与。

研究中我们进一步以各 17 名得分在 80—92 和 41—49 的两组学生译文为观察对象，统计他们语言停顿和语言修补的出现次数。结果显示，在语言停顿上，高分组和低分组的出现次数分别为 20、29；在语言修补上，高分组和低分组的出现次数分别为 9、35。从中可以明显看出，相对于低分组学生而言，高分组学生由于语言基本功更好，他们的注意力更多集中在信息传递上，而语言表达部分则主要由无意识思维来完成。

再来看程序性翻译知识。程序性翻译知识指翻译过程中组织和实施翻译活动所需的各项操作能力，它是翻译活动顺利完成的保证，基于 PACTE 小组对翻译能力的分解，结合对 PACCEL 中部分语料的统计分析，我们发现学生运用的翻译策略能力主要包括：①过程规划与管理的能力；②问题发现与解决的能力；③自我监控与修补的能力。3 项能力中，①属于常规策略能力，学生经过学习与训练一般可以掌握，它是翻译活动顺利实施的基础；②和③属于动态策略能力，需依据大量的翻译实践培养形成，它们是翻译活动遇到障碍却不至于终止或失败的关键。在实际翻译过程中，无意识思维会随着译者翻译经验的积累和翻译熟练程度的提高而被越来越频繁地使用。

以策略选取为例，学生译者多可以从翻译课程上了解到一些有关翻译策略、翻译技巧等方面的基础知识，但从知识上升到能力还需要大量的翻译实践训练。仅以最常见的直译和意译为例，我们在教学过程中发现，学生很少会有意识地进行先行设定，他们多会依据自己在翻译处理过程中的实际认知状态做出无意识的选择。上文提到，依据我们对语料库中 100 例学生译者的统计，对源文中 3 次出现的“西洋”

一词均采用同一翻译方式的仅占有35例，有三分之二的学生在后两次转换了翻译方式，其中就不乏直译与意译之间的转换。转换的出现充分说明学生译者的策略选择难以先行“规划”，而是需要由即时的认知状态来确定。为了进一步说明问题，我们还在课堂上对学生的策略选择问题做了进一步的测试。其中的一项测试涉及句子“I am no Hamlet”。该句的测试结果显示(见表4-10)，学生的译文均只是他们对源文理解水平的直接体现，直译或意译的选择问题并没有直接干扰他们的翻译行为。但当我们在翻译过程结束之后，要求学生解释自己的译文生成过程时，有近一半的学生提到了直译与意译的策略选择问题。这一现象说明：第一，学生可能在翻译过程中就考虑到策略选择问题(有意识)，但由于对源文理解有限无法实施；第二，学生的策略选择是内在实施的无意识思维加工过程，当条件具备时学生就会自动实施。

表4-10　“Hamlet”的翻译情况统计

初译			二译(课内讨论之后)			三译(网络查寻之后)		
哈姆雷特	优柔寡断	其他	哈姆雷特	优柔寡断	其他	哈姆雷特	优柔寡断	其他
28	4	3	2	31	2	0	34	1

3．分心任务

所谓分心，指的是一项认知操作受到另一项认知任务的干扰，从而暂时退出意识思维的心理过程。分心任务并不必然会带来对前一项认知操作的无意识思维加工，因为认知主体有可能会完全中断甚至彻底放弃对前一项任务的继续处理，从而终止与其相关的所有思维过程。翻译认知过程涉及的因素众多，在实际操作过程中相互干扰必不可免；如果再加上时间紧张，这种内在干扰会更加频繁、强烈。学生译者尤其如此。仍以PACCEL-S-2006汉译英语料为例，学生译者需同时应对信息听辨、语义表征、信息贮存、语义转换、译语生成、语义监控等多个认知处理任务(张威 2011：197)。此时任何一个处理环节上出现困难均可能会对其他环节或因素的正常处理构成分心任务。仅以以下几句学生译文为例(对应源文第(4)句)。

a．The huge scale of this activity and the population drew in this activity and technology Zheng He use for the actions，i…it is，it is advanced than others in the history.

b．It is unprecedented that they，they very much，er…concerns er，large number of people，and the…er，wide，wide spread and the techno… technology is new brand.

c．It is very thing that the er the people is large，the people er the large，the large，the large of people er the wide of scope，er the，the new technology.

句a中，学生译者首先将注意的焦点放在“规模之大、人数之多、范围之广、技术之新”四个词语的翻译处理上，直到这些单列词语翻译完成之后才开始处理整句的结构，最后造成了译文在结构上的混乱．b、c两句与此相反，学生译者首先处理的是整个句子的结构，他们将汉语的后重心调整为英语译文的前重心，但其后由于受到词语翻译的干扰，相关结构调整并没有贯彻到底。在这两种情况下，学生译者均没有很好地处理词语与结构之间的相互干扰问题。

但另一些受到干扰的信息加工过程却可以得到无意识思维的修补。我们再看以下几句选自 PACCEL-S-2004 汉译英语料的学生译文。

d. At the meeting，experts and specialists from different countries，er…raise different opinions…to the protection of reconstruction of the old city. They actively raise opinions to it.

e. In the conference，in the conference，er specialists and scholars from many er locations and countries er provide a lot of good er suggestions and strategies er for the preservation and development of the er Long City…They speak whatever they want.

f. It is what…our…ancestors<antici…centors>left for us. It belongs to… the Long city. It belongs to China. And it also belongs to the world. It is a great treasure.

句 d、e 对应源文的第(1)句，原句的信息量很大，学生在翻译时很容易遗漏。在这两句译文中，“They actively raise opinions t0 it”和“They speak whatever they want"分别对应源文中的“积极”和“畅所欲言”，应该是学生译者在翻译完成之后发现有信息遗漏而做的修补。但这两位学生的修补过程可能不尽相同，从口译现场的录音中我们发现，e 句中学生在做出修补之前有一个长停顿，说明这位学生有可能是经过主动检查才发现了这一点。然而 d 句中学生的修补却是在前一句译文完成之后立即生成的，表明该学生在组织前一句时就已经监控到了这一遗漏，并且对如何修补也已经有所思考。鉴于对前一句的翻译处理已经占据了意识思维，因此，相关修补工作只能由无意识思维来内在实现。句 f 与此句十分相似。“It is a great treasure”对应的源文信息为“是一笔宝贵的资源”，它得以被迅速修补，同样应该是受益于译者无意识思维的运用，即意识思维在生成前一句译文的同时，这一遗漏信息就已经被监控到并被无意识思维内在加工，因此当前句翻译完成之后，译者无须经过额外思考就可以直接生成修补译文。

分心任务还可以远程进行。仍以 2006 试题中的“西洋”为例，该词语出现过三次，分别位于源文的第(1)、(3)、(5)句中。在对 100 例学生译文的统计中，有 65 例译文对三次“西洋”的翻译出现了变化，这可以部分被认为是学生对该词进行无意识加工继续进行的一项证据。进一步的统计发现，100 例学生译文中，“西洋”一词首次出现时有 48 例省译、18 例直译，但三次一直保留省译和直译的才分别有 9 例和 8 例。这更说明，学生对于该词的认知加工是持续进行的，而且在意识思维被其他翻译任务占据的情况下，对于该词的认知加工只能由无意识思维接管。

（三）学生翻译过程中无意识思维运用的影响因素

以上我们描述了学生翻译过程中的三种无意识思维运行方式。虽然它们普遍存在于学生译者(可扩展至所有译者)的认知加工实践中，但它们也会因人而异。造成差异的主要因素包括翻译动机、情绪和知识导向。

1．动机与翻译无意识思维加工

动机，指的是主体朝向所希望目标前进的内在驱动力。带有动机的行为我们可称之为意志行为。意志行为又可分为目标设立和目标执行两个阶段。(原献学，2013：1)一般认为意识思维在这两个阶段的角色不可替代，但近些年来新的研究打破了这一传统认识，研究者通过新的心理学实验设计直接证明了目标也能在无意识思维条件下被自动激活和执行(Custer，Maas et al.，2008，Kleiman&Hassin，2011)。

翻译动机的形成同样源自译者自身对于翻译目标的认识与设定。不同于其他很多活动的是，翻译活动目标的设定源自两方面因素的共同作用：一是译者为某一次翻译行为设定的具体目标要求；二是译者基于对翻译活动认识形成的一般目标要求。对具体某一次翻译行为的目标设定是由意识思维来完成的，然而译者对翻译活动的认识却不一定总是以意识思维为主。认识的形成基于主体的学习和实践，虽然两者均是意识行为，但认识本身作为“潜移默化”的结果往往会以观念的形式被存储。在翻译实践中，是否能够无意识地提取恰当的翻译观念，也是译者翻译能力高低的重要体现。

对于学生译者而言，他们的翻译实践经验十分有限，最有可能成为此类知识的便是“翻译标准”。教材中最为常见的翻译标准是“忠实”和“通顺”。这两项标准既符合人们对翻译活动的一般认识，易懂易记，而且还具有很强的可操作性，便于学生对译文进行自行检验。这样的翻译标准会很快被学生记住并在翻译练习中得到强化，由此形成的翻译认识已经达到了可以激发无意识思维过程的基本条件，会在学生翻译活动中自行启动，既构成他们翻译行为的通用目标，又是对他们翻译行为的无形约束。仍以“大三女生喊妈咪”为例。读完该篇短文我们知道，作者对一位大三女生喊妈咪的做法持否定态度。表 4-11 是对语料库中 F02 文件夹内译文情况的统计。

表 4-11　“妈咪”翻译情况统计

翻译处理方式		举例	处理数量
直译	直译	mummy / mommy / mamma	39
	转译为 mother	mother	3
加引号的直译	加引号的直译	“mummy”	30
意译	重复	call her mother “mummy”	44
	增译	A j unior student call her mother in a childish way.	4
	句式转换	“Mummy”——Used by a Junior Girl.	6
音译	音译	maml	13
误译	误译	mammy、muming	3

表 4-11 中的统计结果显示，有 72.54 %的学生译者没有将“妈咪”直译为“mummy”等词，为了达到“忠实”这一翻译标准，学生译者想到了诸多更加费力的处理办法，如加引号、重复表达、增译、句式转换，甚至还有学生不惜采用音译的办法创造一个新词 “mami”以求传递源文的隐含意义，虽然他们也应该知道这么做很可能会引起读者的不解或者误解。对译文的进一步考察我们还发现，部分在标题中采用直译的学生在短文中却也尝试采用加引号等方法以力图传达源文中的否定内涵。我们相信绝大多数学生译者已经将“忠实”标准内在化，可供无意识思维随时提取进入翻译认知加工过程。除“忠实”标准之外，“表达正确”同样也是大多数学生译者对于译文的一项内在要求，这尤其表现在母语译成外语的翻译活动中。

2. 情绪与翻译无意识思维加工

在翻译过程中，构成影响的主要是基于对行为及行为结果反思而形成的情绪，即自我意识情绪。从译者自我监控开始到情绪启动，这一过程包括两个不同的阶段：①结果表征；②问题归因。在后一阶段，译者会对结果表征进行“自我归因”(selfartribution)(Weiner，1985)，如果某一结果的出现被译者归因于自身，那么就可能形成刺激，从而激发其自我意识情绪的启动。由于学生缺乏对自身翻译能力的清晰认识，他们更有可能将翻译过程中出现的问题归咎于自身能力或知识上的准备不足，从而激发更多消极自我意识情绪的产生。在翻译实践中还存在着另一种情况，即译者没有监控到问题，或者只监控到了很少的问题，此时翻译活动的顺利推进会为译者带来积极的情绪刺激，形成诸如骄傲、自信之类的自我意识情绪。这两种情绪都会影响学生译者的翻译认知过程。

从情绪启动到实际的认知行为发生之间还存在着一个复杂的过程，同样的情绪结合不同的认知状态和不同的行为动机就会形成不同的认知处理方式。仅从无意识思维视角来看，这可以分为以下两种情况。一方面，如果消极情绪被激发，学生译者对于自己既有的知识和能力信心不足，这会促使他们在翻译过程中放弃对原有的认知处理方式的依赖，转而加大认知投入。此时，消极情绪的出现反而更能促进学生翻译质量的提升。另一方面，如果一个学生译者没有发现多少问题，那么就会激发他们的积极自我意识情绪，此时学生们更倾向于依赖自己既有的知识、能力以及认知方式来继续实施翻译行为，在信息和语言加工过程中更多采用启发式的加工策略，自上而下地完成认知处理。此时，他们一般不会投入更多的认知精力。积极情绪存在着一定的风险：如果译者的知识和能力足以处理当前翻译，那么此次翻译可能会完成得又快又好；但译者的自信也可能造成问题被忽略，影响翻译质量。对于学生译者来说，这种情况可能会更加普遍，因为他们很有可能限于自身的知识和能力，误将“没有发现问题”视为“没有问题”，从而影响到翻译质量的提升。

情绪对学生译者认知行为的影响基本上都是以无意识思维的方式施加的。第一，情绪的启动是无意识的。学生作为翻译初学者，翻译过程中遇到问题的频率比较高，他们很可能会将问题的出现与自己的知识或者能力不足直接联系起来，产生消极的自我意识情绪，进而形成了两者之间的固定关联；在之后的学习过程中，问题一出现便会直接激发相应情绪的启动，整个过程无须意识思维的介入。第二，影响方式是无意识的。认知过程的核心是信息加工，情绪作为一种心理及生理状态并不能直接参与其中。在翻译过程中，从源文理解到译文生成，一系列显性的信息加工行为占据着意识思维的主体，情绪作为这一过程的副产品不是译者有意识思考的对象。然而，作为人类的心理状态，情绪的启动反映了认知系统对主体自身需求(行为目标)与客观情境 / 事物之间关系的一种评估，所以它会直接关系到主体认知行为的动机，并由此影响主体认知付出的积极性，最终影响主体信息加工的速度和效率。

3．知识导向与翻译无意识思维加工

本节中的“知识”并不单指现有可述的认知经验和成果(外显知识)，还包括以无意识方式存在并运行的“默会知识”(tacit knowledge)。两者均会对无意识思维加工形成导向作用。

默会知识被用来指称那些我们内在知道但却无法言传的知识。国内学者郭秀艳(2003：23)总结了默会知识的主要特征，基于本文的需要，我们仅讨论以下三个特征：内隐性、程序性、实用性。“内隐性”指的是知识不为主体的意识所触及。默会知识隐藏在无意识思维背后，并让无意识思维过程有规可循。“程序性”指的是此类知识的存储与运用方式。默会知识的激活不是以记忆为导向的，而是直接以行为为导向的，是程序性的行动指导。“实用性”指的是此类知识与实践密切关联。默会知识总是与主体的某类具体活动相连，具有明确的目标性，这一目标基于主体之前的认知活动形成，在后续认知活动中，目标会随着默会知识的激活而自动生成，主体的无意识思维加工过程会自行朝向目标推进。

与默会知识相对，外显知识指主体在意识思维的参与下有目的地获得的知识。主体所掌握的外显知识会进入记忆系统，部分以长效记忆的方式被存储，部分只是为了某次认知处理的需要而短暂出现在工作记忆之中。外显知识同样可以进入主体的无意识思维过程，表现为知识迁移。外显知识的迁移多发生在抽象知识层面，尤其是一些抽象规则或思维方式。

无意识思维下知识导向作用的发生单有知识本身还不够，它还要求个体对该知识拥有较为丰富的运用经验。在翻译过程中，一次翻译过程会涉及众多因素，在有限的翻译时间里，译者的意识思维只可能关注某个(几个)焦点信息，于是分配给其他因素的注意力就会减少。这些未被分配到足够注意的因素能否进入无意识思维，其关键就在于译者之前是否已对与该因素相关的知识有足够丰富的运用

经验。翻译能力需后天习得，这便凸显了外显知识对于翻译能力习得的核心作用。与此同时，翻译活动是以知识运用为基础的实践性活动，单纯的知识理解和记忆无法完成翻译能力的习得。这既给默会知识的形成提供了空间，同时也对外显知识提出了内化的要求。翻译活动过程中的知识导向作用正是由这两类知识共同实现的。翻译认知过程中具体的知识导向过程呈现出以下几个特点：

第一，无意识知识导向作用的发生不完全依赖于当前刺激的表面特征。

虽然无意识知识导向作用的形成依赖于当前刺激，但却不是以当前刺激的表面特征为基础的。在认知过程中，当主体的注意力被某些焦点信息吸引之后，未获得足够认知注意分配的无意识思维无法捕捉到外在刺激的表面信息。在翻译过程中，在无意识思维对知识提取和运用的过程中，因为缺乏意识思维的参与，译者不可能进行细节分析，而只是以特征映射的方式自动搜寻匹配知识，并由这些匹配知识来指导译文生成。

第二，无意识知识迁移直接作用于直觉决策机制。

无意识思维和意识思维对于知识的提取与运用过程完全不同，前者表现为认知直觉并直接作用于主体的决策机制，后者则表现为认知分析并作用于决策形成之前的思考过程。这一点并不难理解。首先，在无意识思维层面发生迁移的知识有两类：默会知识和抽象知识，这两类知识本身就很难进入意识思维层面。其次，无意识思维多采用“自下而上”的原则展开，并且思维过程较少受到认知规则的约束。

第三，无意识知识迁移发生频率很高。

翻译过程十分复杂，涉及因素众多，因此翻译认知过程中客观存在着很多的“分心任务”，无意识思维不得不接管非焦点信息的处理，从而促成了知识迁移的发生。翻译过程中知识迁移的高频率又进一步表现出两个特点。①知识迁移发生的领域非常不固定。每一次翻译认知活动中构成“分心任务”的认知焦点不同，其相应造成的无意识知识迁移也就不同。②同一次翻译活动中，知识迁移的发生领域可能会形成多次转换。翻译过程作为动态化的认知处理过程，译者遇到的任何一个困难都可以直接转变认知注意的分配，让原本没有受到译者关注的信息进入意识思维，从而完成一次焦点信息转换，无意识知识迁移的领域也就会随之发生转换。

以上我们讨论的无意识思维三个相关因素中，情绪因素易受到即时情境的影响，最不稳定；动机与主体对某次翻译活动的具体目标相关，很难提前培养。相比而言，知识导向作用可以通过提前的学习与训练形成，因此理应成为翻译无意识思维培养的最大支撑。任何一个翻译学习者均可以基于翻译能力习得的基本规律，分阶段对翻译活动可能涉及的各方面知识进行系统的学习和专项训练，让它们能够为无意识思维所通达、提取并且运用，从而成为翻译认知活动中意识思维的有益补充。

第五章　我国翻译能力教学分析

第一节　翻译教学的综合分析

一、我国高校翻译教学现状

我国大学英语专业的教学大纲明确将翻译课列为英语专业必修课之一，而且非英语专业的大学四、六级考试也将翻译列为必考题，近来的改革更是将篇章翻译放进了四、六级的英语考试当中。总体来说，我国近年来翻译教学取得了一定的成绩，如教师队伍中具有翻译专业教育背景的人越来越多，具有翻译实践经验的人也越来越多，翻译教学得到了高校管理者的一定重视。但是，综合起来看，国内的翻译教学依然存在着一些亟待解决的问题。比如，穆雷认为，国内的本科翻译教学在教材、授课内容以及授课方法、翻译测试、师资队伍和学习者本身、教学研究等方面均存在一定的问题。徐金榜认为，翻译教学的问题在于课时少，教学方法陈旧、呆板，不符合教学的规律，教材过于单一。就笔者考察和研究，上述问题在今天的翻译教学中依然比较突出，具体表现在以下几方面。

学校和学院管理者对翻译教学的重视不足。长期以来，翻译被普遍简单地定义为两种语言的转换，不少人认为只要学了外语就一定能做翻译，只要是外语专业的教师就一定能够担任翻译教师。这种观点在一些学校和学院管理者中普遍存在，虽然这些管理者也认识到翻译在外语专业中是一门必须开设的课程，但对翻译教学的本质以及翻译教师队伍应该具备的素质认识不足，因此在设置翻译课时和配备教师队伍方面并不十分科学。比如，翻译课到底应该从第几学期开设，开设几个学期，每周课时多少，英汉互译是否同步进行，是否应该由一位教师担任，翻译教师是否应该具有翻译专业的教育背景和翻译实践背景等诸多问题并没有考虑周全。更重要的是，在当今这个科研量化的时代，学校管理者为了科研政绩总是要求教师写出具有一定理论高度、发表在“双核心”期刊上的论文，对教师的译著和译作不屑一顾，严重挫伤了翻译教师从事翻译实践、将最新材料带人课堂的积极性。因此，导致翻译课课时少，开设学期不科学，英汉互译教学严重脱节，师资队伍良莠不齐，教学内容陈旧，教师教授翻译和学生学习翻译的积极性不高等诸多问题。

教师对翻译教学的认识不够。外语专业的教师对翻译教学的认识也存在不到位的现象。不少外语教师是语言学、文学专业出身，他们认为翻译只是一种技能，没有语言学高深抽象的理论，也没有文学那么博大精深，所以对翻译怀有一种轻视的态度，尤其是对以翻译实践教学为主的本科翻译教学怀有轻视的态度，从而不愿从事翻译教学，或者即使承担了一定的翻译教学工作，也不愿花时间尽心备课和批改学生的笔译作业，更不用说更新学生的翻译实践材料和探讨翻译教学的方法。

翻译教材和教学内容相对陈旧、单一。近年来市场上的翻译教材数量越来越多，据陶友兰统计，我国的翻译教材数量增加情况如下：1949—1965 年，2 本；1966—1976 年，0 本；1977—1989 年，55 本；1990—1998 年，41 本；1999—2009 年，150 本。但是，真正能够用于本科翻译教学系统教材或者成套教材的并不多见。市场上更多的教材要么是英译汉，要么是汉译英，这种人为地将翻译教学中的英汉互译割裂开来在笔者看来并不十分科学。另外，大多数教材要么以语法为纲，要么以语篇为纲，没有将两种语言的对比同翻译技巧有机地结合起来，没有将文体知识同翻译策略和翻译原则有机地结合起来。还有些教材理论性太强，实践部分比较欠缺；有些教材只是简单地罗列一些例子，分析不到位，根本没有归纳出一些翻译的规律。

教学方法不够科学有效。不少翻译教师认为，翻译课堂上教师不应该讲解太多东西，应该让学生进行大量的练习。胡安江指出："大多沿用传统的翻译教学方法，遵循练习—批改—讲评的传统模式，走的是一条重实践、轻理论的路子(这种实践过程中语法教学的痕迹依然很重)。很少有对比阅读、译文赏析、译文比较、课堂讨论、做小论文等其他灵活有效的教学形式和教学手段，更高层次的专题讨论就更是无从谈起了。"这种方法无疑"把翻译课当成了培训班，开始大量的翻译练习，毫无疑问在进行集训、搞速成工程，把初学翻译的学生看成具备相当经验和理论知识的翻译工作者"。事实上，翻译课堂既要有教师的讲解，也应该有学习者的实践与讨论。教师的讲解要注意启发性和指导性，不能满堂灌，要启发学习者悟出一定的翻译规律；学习者本人要亲身实践，课堂应有一部分讨论，互相启发，自己总结。这样的教学才够科学，教学的效果才会更加显著。

师资队伍良莠不齐。由于学校管理者和教师本人对翻译和翻译教学的轻视，使不少担任翻译课的教师缺乏翻译专业教育的背景，更缺乏正规的翻译教学培训。正如王占斌所说："大多教师既没有经过系统的翻译理论学习，也未受过专门的实践训练，拿来教材便开始照本宣科。其结果只能把翻译课变为英汉句子对比课，或者简单的精读课教学，学生只能从中学习几个单词或者短语，最多也不过知道几条不中用的翻译技巧罢了。"还有些教师没有翻译实践的经验或者不愿与同行沟通翻译教学的可行性和方法。

学习者本身对翻译的规律和科学性认识不足。不少翻译学习者认为做好翻译就需要增加词汇量，只要词汇量足够多就一定会把翻译做好。于是他们把大量的时间用在了记忆单词方面，忽略了翻译实际上涉及自己母语和外语的综合能力和水平。还有些学生认为翻译无定法，无规律可言，即使翻译教师上课认真地讲授翻译过程、翻译原则、翻译标准、翻译技巧等，这部分学生也毫无兴趣。这种学习态度势必也会影响教师的教学态度和教学方法。因此，翻译学习者应正确地看待翻译学习，认识到翻译不是词语的简单堆砌，而是一种科学，一种艺术，从而激发自己重视翻译，探索翻译的规律，提高自己的语言综合能力，丰富自己的知识，配合教师的教学工作。只有这样，翻译学习者才能提高自己的翻译水平。

翻译测试的题型过于单一。对于翻译测试，尤其是学期末的翻译测试，翻译教师为批改容易，只出两道题，一道英译汉，一道汉译英，而且在选择语篇的时候往往是随意的。实际上这种考查形式过于单一和随意，无法考查出真正的教学水平。因此，翻译测试的试题类型应变得更加多样化，如让学生翻译单句并说出其中的技巧，语篇翻译要结合学期中所讲内容(如文体知识、翻译原则及翻译策略)，简单考查一下学生的翻译史知识和翻译技巧的归纳总结能力等。

总之，近年来我国的翻译教学事业虽在蓬勃发展，规模不断扩大，也取得了一定的成绩，但是其中存在的问题也不容小觑，需要高校管理者、翻译教师以及翻译学习者共同努力，尤其是翻译教师要对翻译教学进行缜密和不懈的研究，从而提高翻译的教学质量，为国家和社会的发展培养更为优秀的外语人才和翻译人才。

二、国内外翻译教学研究的现状

古语云：“知己知彼，百战不殆。”梳理和分析国内外翻译教学研究的现状，能够更好地了解国内外翻译教学中已有的优点以供参考，发现其中的不足以吸取教训，从而更好地改进翻译教学，更好地促进对翻译教学的研究。

(一) 国外翻译教学研究的现状

国外有关翻译教学或翻译培训的论述散见于翻译理论专著，但是近二三十年来国外出版了一些关于翻译教学和培训的论文集。道勒拉普(C. Dollerup)和劳德嘉德(A. Loddegaard)主编的《口笔译教学》(Teaching Translation and Interpreting)收集了1991年5月31日到6月2日在丹麦埃尔西诺举办的第一届语言国际大会的论文(该大会也叫哥本哈根翻译研究)。该书共收集了35篇论文，共分为九个主题：民族视角与展望(National Perspective and the Future)、翻译教学：方式与方法(Teaching Translation：Ways and Means)、跨学科的翻译及其归属(An Interdiscipline and Its Affiliation)、词的问题(Words，Words and Words)、新媒体和教学(New Media and Teaching)、口笔译教学(Interpreting and Translation)、口译(Interpreting)、评价(Assessment)及学校之外(The World beyond Sch001)。

芬兰赫尔辛基大学翻译研究系分别于2006年和2008年推出了《翻译教学的当代动向》(Current Trends in Translation Teaching and Learning)和《翻译教学的当代动

向(第二辑)》(Current Trends in Translation Teaching and Learning II)，收集了来自不同国家的作者关于翻译教学的论文。随着翻译变得越来越重要、译员培训的效果越来越重要，该书的编辑格兰特(M. Garant)希望对翻译教学兴趣的增长反映了该领域总体的趋势，认为参与未来译员培训的人员有必要建构系统的翻译教学理论。

1999 年，西班牙维克大学翻译学院举办了“培训口笔译译员：新千年，新方向”的翻译教学论坛。当时，来自 25 个国家的 31 位专家学者就翻译教学发表了自己的观点。这些论文由维克大学的坦南特(M. Tennent)编辑为《口笔译教学法：新千年的培训》(Training for the New Millennium Pedagogies for Translation and Interpreting)。该书于 2005 年由约翰·本杰明出版公司(John Benjamins Publishing Company(Amsterdam / Philadelphia)出版，2010 年由上海外语教育出版社引进。全书共分为四个专题：①培训项目：现状与前景；②教学策略；③理论与教学的相关性；④结语。其中第一部分收集了两篇论文，分别介绍了欧美国家口笔译教学主流的理念、课程设置、教学内容和教学方法；第二部分收集了五篇论文，分别探讨了口笔译教学的理念与实践；第三部分收集了四篇论文，探讨理论与口笔译教学的关系以及翻译伦理；第四部分(即结语部分)收集了一篇论文，主要是通过回顾翻译研究与翻译教学脱节的状况来探讨从文化生态角度考察未来的翻译教学。

另外，从 1993 年起，约翰·本杰明出版公司就开始出版美国翻译者协会的学术论文集，其中会涉及一些口笔译教学和口笔译测试等主题。比如，第 3 辑叫作《口笔译培训和外语教学》(Translator and Interpreter Training and Foreign Language Pedagogy)、第 14 辑叫作《口笔译研究中的测试与评估》(Testing and Assessment in Translation and Interpreting Studies)。

国外翻译教学的系统专著并不像翻译研究专著那样层出不穷、蔚为大观。比较具有代表性的著作当数科林娜(s. Colina)的《翻译教学一从研究到课堂(教师手册)》(2003)。该书将功能翻译理论、语篇翻译理论、描述翻译学、教育学、心理学、外语教学法的最新研究成果融入翻译教学，并进一步设计课程大纲、教学材料、课堂形式、翻译能力评价模型，在将翻译理论联系教学实践、促进翻译教学与评价的科学化上做出了富于成效的探索，因此可以视为理论与教学实践相结合的一部翻译教学专著。

总体上看，王树槐将国外翻译教学研究的特点总结如下：①注重理论翻译学、描述翻译学对翻译教学的指导作用，强调它们之间的互动关系；②积极倡导建构主义，实行以学生为中心的教学；③注重翻译市场对翻译教学的导向；④注重前沿翻译理论，如文化学派、解构主义、女性主义等对翻译教学的作用；⑤注重对翻译过程中“黑匣子”的实证研究，将有声思维报告法和其他实证研究方法的成果用来指导学生的翻译过程；⑥注重对翻译行为过程的教学，同时强调发展学生搜寻和利用电子资源的能力；⑦重视翻译规范的教学；⑧重视学生在翻译过程中的社会化；⑨注重翻译能力的理论研究；⑩重视对翻译教学评价的研究。不难看出，国外翻译教学的总体特点是重视理论，重视市场。

因为国外关于翻译教学的论文集收集到的论文篇幅有限，所以只能就某一个或某几个较为微观的相关问题进行探讨，虽然国外翻译研究的著作层出不穷，但关于翻译教学的专著却凤毛麟角，这从侧面反映出翻译研究与翻译教学研究是与翻译教学实践本身脱节的。另外，国外类似的翻译教学对我国的翻译教学具有一定的启发，但是，国外学者探讨的翻译教学往往以国外的教学情境为主，一般不会涉及与汉语有关的双语翻译。因此，这些翻译教学理论也只是具有一定的参考意义而已，不能生搬到国内来。而且，笔者一贯主张，中国的翻译研究不能成为外国(尤其是西方)翻译研究的传声筒，而应该在适当借鉴的情况下开辟出具有中国特色的翻译理论，那么翻译教学研究就更不应该例外，中国翻译教学研究应立足中国的教学实践，真正总结出适合中国的翻译教学方法，开辟出具有中国特色的翻译教学理论。

(二) 国内翻译教学研究现状

中国翻译教学真正开始发展是在 1995 年以后。1996 年，第一届全国翻译教学研讨会在南京召开，1997 年，在香港召开了翻译教学研讨会。沐浴着翻译教学研究的春风，广东外语外贸大学在中国大陆率先成立了翻译系，随后，北京、西安、上海等城市的一些院校也纷纷成立了翻译系或翻译学院，而且翻译学(或翻译研究)也逐渐由从属于语言学或文学的三级学科演变为隶属于外国语言文学的二级学科。随着翻译教学的发展，翻译教学研究也逐渐发展起来。

根据郑晔、穆雷 2007 年对过去 50 多年(1951—2007)中国翻译教学研究的发展与现状的研究，1951 年—2007 年 4 月，翻译教学研究的论文总数为 956 篇，关于翻译教学的论著只占翻译研究论著的 2%。翻译教学的文章进入 20 世纪 90 年代以来数量猛增，其中有关教学法的研究排在首位，现代科技与翻译教学、翻译教材研究、教学大纲与课程设置、翻译测试评估等方面的研究很少，语料库与翻译教学以及翻译教学师资方面的研究更少。辜正坤也曾提到：数十年来，中华译界教学甚昌，然教学论专著则甚寡。涉及翻译教学领域的专著，郑晔、穆雷认为，1951 年—2007 年 4 月间只有《中国翻译教学研究》《中国英汉翻译教材研究(1949—1998)》和《中国翻译教学五十年回眸》三部，其他翻译教学论著主要集中在翻译技巧或是翻译考级指导等方面，缺少全面系统的理论分析或实证研究，与国外众多的翻译教学专著相比，我国的翻译教学研究还有很大的距离。第一部系统研究翻译教学的专著当属穆雷的《中国翻译教学研究》(1999)，该书对中国的翻译教学进行了调查，探讨了翻译课程设置、教材开发、课时分配和师资培训等宏观的问题。

穆雷在把握了限制中国翻译教学发展的根本症结之后，站在学科的高度，对中国翻译教学的现状进行了系统而深入的分析，其中涉及学科建设、课程设置、教材建设、师资培养、教学方法、口译教学、翻译测试、教学研究等八个大的方面。作者没有局限于对上述八方面基本问题的简单罗列与描述，而是始终抓住“翻译学科建设”这个根本的问题，对涉及翻译教学的主要问题进行全面的观照与分析。因为只有在对翻译学科进行正确定位的基础之上，认清“翻译学科是一门跨学科的综合性学科”这一本质，把翻译学科作为一门独立的学科加以建设，才能够正确认识目前中国翻译教学在各个方面存在的问题，客观地评价其成绩，进而指出其发展的方向。

张美芳于2001年出版了《中国英汉翻译教材研究》(1949—1998)，分析了中国大陆近50年的百余种翻译教材编写的指导原则，指出了这些教材的特点和所属的流派(词法、句法流派、功能流派和当代译论流派)，探讨了这些教材的优劣之处，从市场和功能的角度指出哪些教材适合翻译教学，提出了未来翻译教材的发展方向及新教材编写的一些建议。由文军主编的《中国翻译教学五十年回眸》是一部关于1951-2005年中国翻译教学研究论文、论著索引，该书按年代列出了这些年间中国发表和出版的翻译教学论文和专著。客观地说，该书不能算作是翻译教学方面的研究专著，而应该是一本资料汇编式的工具书，对翻译教学研究具有文献参考价值。

实际上，进入21世纪以来，我国的翻译教学研究专著已经出现雨后春笋般的趋势。笔者认为刘宓庆于2003年出版的《翻译教学：理论与实务》一书可以看作是一部翻译教学系统研究的专著，因为该书提供了更为完整的翻译教学理论框架，系统地探讨了翻译教学的思想原则、翻译教师素质、翻译实务教学的方法、翻译理论教学的三个不同阶段，重要的是提出了翻译教学要特别注重素质和全面教学的观点。该书集翻译教学的理论与实践于一体，论述缜密，举例翔实，宏观与微观相互结合，是一部具有重要价值的翻译教学实践和翻译教学研究参考书。2005年阎佩衡出版了《英汉与汉英翻译教学论》一书。该书将翻译行为放在一个“二度对话”式的语境体系中，认为：既站在作者的立场上去斟酌和处理理解中的问题，又站在读者的立场上斟酌和处理表达中的问题，从而实现通过“言内意义”传达“言外意义”，最终实现“言后意义”的传达。这就是作者主张的“双观式”翻译教学观。正是从这一教学观出发，作者探讨了翻译中的理解、比较和表达的教学问题。作者的观点比较新颖，但是该书探讨的依然是翻译语言转换的具体操作问题，对于翻译教学中的实际问题，包括教材选择、教师素质、课堂组织等问题，均未涉及。

庄智象的《我国翻译专业建设：问题与对策》(2007)可看作是我国第一部系统研究翻译专业建设的专著。作者广泛借鉴国内外翻译教学经验，深入分析了我国翻译专业本科的现状，阐述了翻译学科与专业建设的新观念、新思路，并提出了多条具体的措施和建议，具有较强的开拓性和可行性。尤其是对翻译专业做了多层次、多学科、全方位的描述和研究。内容包括翻译学的理论与范畴、翻译专业的定位与任务、人才培养的目标与规格、教学原则与大纲、课程结构与特点、教学方法与手段、师资要求与培养、教材编写与出版等，提出了多条具体的措施和建议。但是，遗憾的是，该书探讨的对象是翻译专业教学的问题，没有包括外语专业翻译教学问题。另外该书探讨的问题较为宏观，对教学中的微观问题如学生的学习动机、师资发展、课程作业与测试等均未做进一步的探讨。

高华丽的《翻译教学研究：理论与实践》(2008)的第一部分(翻译课程部分)探讨了翻译作为高校外语院系英语专业的一门必修课的教学，主要包括口笔译的教学规律、教学方法、教学重点和教学测试评估等问题，根据翻译课实践性强的特点，提出了翻译课程教学的原则、具体可行的训练方法和步骤、教学中的难点与重点、教材的编选原则及测评方法；第二部分(翻译专业部分)以翻译专业本科阶段教学为研究重点，讨论了培养职业翻译的教学目标、课程规划、教学要求及测评方法，提出了基于翻译能力培养的翻译专业本科培养计划，也涉及翻译专业硕士阶段的一些问题。此书的缺憾在于没有详细探讨外语专业翻译课程的一些微观问题。

薄振杰的《中国高校英语专业本科翻译教学研究》(2011)主要是借鉴西方客观主义和建构主义两大教学模式的优势尝试在中国翻译教学方面建立客观——建构理论方法，以期对中国本科翻译教学的无标题语段翻译能力培养提供一定的指导和借鉴。这一研究属于微观层面的研究。金萍的《多维视域下翻译转换能力发展与翻译教学对策研究》(2012)在以往翻译转换能力研究的基础上，吸收和借鉴了教育学、心理学、语言学等相关学科的理论和方法，对翻译转换能力与翻译教学对策进行了多维视域下的跨学科整合研究，进一步拓展了翻译教学理论与实践研究的领域和视域，对于丰富和发展翻译转换能力和翻译教学研究具有一定的理论和实践意义。王树槐撰写的《翻译教学论》(2013)是在作者博士论文的基础上进一步深入写成，该书主要提出了翻译能力的综合模式、翻译课程模块、翻译教学原则、翻译教学方法和翻译教学评价，该书使用不少西方翻译和翻译教学的研究成果，理论性较强。陶友兰撰写的《我国翻译专业教材建设：理论构建与对策研究》(2013)主要对我国翻译专业的口笔译教材的现状、编写原则和理论基础进行了宏观的研究，对翻译教学中教材的编写和教材的选择具有一定的指导意义。

关于翻译教学论文，笔者观察在核心期刊发表的“翻译教学”方面的论文大都是就翻译教学的某一特定或具体问题进行了探讨。正如郑晔和穆雷在《近 50 年中国翻译教学研究的发展与现状》指出：翻译教学研究的论文数量持续增长，研究范围与内容不断多元化发展，选题的深度广度有所扩大，研究的视角有所拓展，有关教学法的研究排在首位。而现代科技与翻译教学、翻译教材研究、教学大纲与课程设置、翻译测试评估等方面的研究很少，语料库与翻译教学以及翻译教学师资方面的研究更是少。具体问题表现在：

(1) 没有清楚地界定教学模式和教学方法这两个基本概念；

(2) 研究范围很广，却没有中心主题；

(3) 研究翻译能力培养时概念使用也较混乱，有的用翻译人才培养，有的用翻译能力培养，也有的用译者能力培养等；

(4) 国外翻译教学介绍的多，分析研究批评的少；

(5) 翻译教学跨学科研究较多的是跟语言学的交叉研究，跟其他学科的交叉研究相对较少，特别是心理学、教育学、认知科学等相关学科，以及数学、计算机科学等自然科学；

(6) 中国内地的现代科技(如计算机、网络、语料库等)与翻译教学的结合研究起步晚，而且没有形成专业的团队；

(7) 翻译教材研究依然停留在单纯批评或是赞扬他人教材的层面，提出改进并设计出可行教材方案者并不多见；

(8) 教学大纲与课程设置极少有人问津；

(9) 翻译测试与评估处于被忽视的状态；

(10) 师资发展研究几乎无人问津；

(11) 口译研究和笔译研究的比例严重失调。虽然翻译研究中大多涉及的是笔译技巧，但进行笔译教学研究者却很少；

(12) 翻译教学研究的课题逐渐多样化，但却没有集中在某些较为值得关注的领域。

除专著和发表在期刊的论文外，商务印书馆于 2001 年出版了刘宗和主编的翻译教学论文集《论翻译教学》，主要收录了 1996 年在南京举行的全国首届翻译教学研讨会上提交的一些具有代表性的论文以及 1994—1998 年间发表在主要外语学术期刊中的一些优秀教学论文，主要涵盖翻译教学总论、翻译教学理论与实践、口译教学、教材与教法、测试研究这五个专题，共 52 篇文章。

王树槐将国内近年来的翻译教学理论研究趋势归纳为以下几点：

(1) 注重市场需求、环境因素对翻译课程制定的影响；

(2) 介绍、引进建构主义教学理念，倡导从教学中心向学生中心转化；

(3) 在批评结果教学法的基础上，积极倡导过程教学法；

(4) 注重现代教育技术在翻译教学中的运用；

(5) 介绍并开展 TAPs 翻译过程；

(6) 对比语言学和语篇翻译理论对翻译教学的指导日趋成熟，文体学、美学、教育学、心理学对翻译教学的指导也逐步成为研究的热点。以上研究大多以论文的形式出现。

综上所述，无论是带有“翻译教学”字样的著作还是研究论文，大多仅就某一专题进行论述，未能涵盖翻译教学的各个环节，还有些著作或论文过于理论化或过于追随国外的研究视角和理论。例如，引进建构主义的理念和“有声思维”理论以及关于翻译能力的探讨，而且很多研究没有区分本科还是更高层次的翻译教学。在我国，本科翻译教学是非常重要的教学阶段，是培养翻译人才，尤其是培养翻译实践型人才的基础阶段，因此有必要对本阶段涉及翻译教学的许多方面进行详细的探讨和研究。包括教学的原则和目标、教学的内容、教学的手段、课堂组织、学习者的学习以及教师的发展、翻译测试等多个方面。同时，中国的翻译教学研究不能总追随国外教学理论和翻译教学理论以及翻译研究的脚步，不能一味地套用国外的一些理论，毕竟中国的翻译教学有着自己独特的情境。因此，需要真正探讨出具有中国特色的翻译教学理论与翻译教学的方法，真正能够指导中国的翻译教学，尤其是本科阶段的翻译教学。

第二节　我国翻译教学的主要模式

在翻译教学中，可以采用多种翻译教学模式，下面我们主要对其中几种当代中国盛行的翻译教学模式进行分析和讨论，包括多维信息输入翻译教学模式、人本主义翻译教学模式、过程式翻译教学模式、实用性翻译教学模式和流程图式翻译教学模式。

一、多维信息输入翻译教学模式

多维信息输入翻译教学模式指的是在翻译技巧或翻译实践的教授过程中，教师利用数据库、多媒体、网络等现代教育技术，以教学内容为基础，进行直观并形象、生动讲授的过程。

（一）多维信息输入翻译教学模式的特点

多维信息输入翻译教学模式具有以下几个特点。

1．翻译教学材料多维化

随着信息技术与现代教学工具的发展，多媒体技术也在逐步地运用到翻译教学中。这一变化趋势逐步拓宽了学生获取翻译知识材料的渠道和途径，学生不再仅仅从翻译教材中获取知识，还可以从多媒体课件中获取形象、生动、丰富的视频资料。与此同时，翻译材料的内容也不再局限于文学翻译，开始逐步涉及外贸、军事、科技、金融、媒介等领域的实用性翻译实例。

可见，多维信息输入翻译教学模式中的翻译教学材料呈现多维化的特点。

2．教师能力多维化

多维信息输入翻译教学模式对教师的素质提出了更高的要求，在翻译教学中要求教师建立多维的“资源库”，也就是要求教师能力的多维化。教师能力的多维化主要包括以下内容。

(1) 要求教师熟知翻译教材的内容以及与之相应的有效的教学方法。

(2) 要求教师善于使用网络与多媒体进行教学，通过图片、音频、视频相结合的方式进行翻译教学。

(3) 教师在给学生提供多维信息输入的过程中要及时地点评并检查学生的译文，给出相关的建议。

3．评价系统多维化

多维信息的评价系统具有多维化的特点，除了包含一般性的评价：形成性评价和终结性评价之外，还包括教师与学生之间的师生评价和学生之间的生生互动式评价等。

(二) 多维信息输入翻译教学模式的应用

具体来说，多维信息输入翻译教学模式的教学活动涉及以下几个方面。

1．从以教师为中心转向以学生为中心

英语翻译教学的一个重要原则就是以学生为中心展开教学。在多维信息输入翻译教学模式下，教师可以充分利用现代化信息技术对自主学习的支持、引导作用，进行精心的信息化教学设计，这些教学设计是确保学生能有效利用这些便利条件进行自主学习的关键。

此外，教师还要充分发挥其指导作用，让学生在教师的指导和建议下自主地选择学习内容，从而使学习内容的选择服务于学习目标的实现。

2．实现多维互动

互动不仅包括教师与学生之间的互动、学生与学生之间的互动，还包括人机之间的互动。

在传统的翻译课堂上，师生之间、学生之间的互动概率很少，互动通常是在课堂练习完成之后进行的。学生完成课堂练习之后，教师对其进行讲评，在这一讲评过程中，学生之间很难进行互动交流，因此教师也无法了解学生在表达翻译．过程中遇到的困难。

然而，以网络为基础的翻译教学使多维间的互动成为可能。教师可以利用多媒体对学生的整个翻译过程及翻译情况进行监控，随时发现学生在翻译过程中遇到的困难，教师可以及时给予适当的指导和帮助。最为重要的一点是，教师可以随时进入交流平台，对学生的交流活动有针对、有目的地进行引导。

3．创设情景教学

语境对于语言的理解和表达具有显著的影响和制约作用。因此，在翻译教学的过程中，能否准确地把握原文语句存在的语境是确保成功翻译的关键。

同样，多维信息输入教学模式也十分重视情景教学。在翻译教学过程中，教师可以利用现代技术对翻译教学中的具体情景或场景进行再现或创设，这种具体、直观、形象的情景演绎有助于学生进行对比、思索，克服了死板传统教学方式的缺陷，逐步强化了学生的感性认识，从而有效地调动学生的自主性以及积极性，并有效地激发了学生的学习兴趣．最终实现良好的翻译教学效果。

另外，对于一些情景幽默之类的对话，如果将这则幽默对话以情景片段的方式呈现在学生面前，让学生切身从人物的声调、表情、动作等方面体会其中的幽默，这样翻译出的译文就会将原文的幽默充分翻译并表达出来。但是，如果脱离了一定的语境，则会给译者和目的语读者的理解带来一定的障碍，无法体会出其中的幽默(陈洁，2005)。

二、人本主义翻译教学模式

人本主义翻译教学模式是以人本主义学习理论为基础的。

美国著名的心理学家罗杰斯(C R．Rogers，1982)认为学习者是学习的主体，学习是个人的自我实现。在人的整个心理发展过程中，人本主义将人的情感、思想置于前沿地位，突出强调人的内心世界的重要性。

人本主义翻译教学模式下的学生扮演着“参与者”的角色，不再只是“被动接受者”；教师则扮演着“引导者”的角色，不再只是翻译知识的传播者；翻译课程是根据学生的兴趣与能力为其量身定做的充满乐趣的学科，不再只是令学生头疼的一门学科。具体来说，人本主义翻译教学模式包括以下几个方面的内容。

（一）教师的辅助作用

在翻译教学过程中，教师具有一定的辅助作用，应起到教学“支架”的作用。具体而言，在翻译教学过程中，教师通过精心设计适合学生学习程度并符合其学习兴趣的翻译内容，并且在教师的指导下，学生能够自主地选择学习内容和学习进度以及相应的学习策略。这一模式中的学习内容具有一定的针对性，有利于学生自由、主动地发挥其认知能力。可见，在这一教学过程中，教师起到了一定的辅助作用，即充分地组织并指导学生的自主学习。

（二）肯定的教学评价

人本主义教学模式倡导肯定性的教学评价，认为教学评价应改变传统“分数第一”的评价观念。在课堂上，教师应尽力给予学生肯定性的评价语，肯定性评价语起着导向、促进、激励的作用，这不仅是激发学生情感的最好方法，还有利于提高学生学习的自主性和积极性。

尤其是当出现多个翻译答案，教师也不再是翻译的唯一标准时，评价的出发点是对学生的关注，包括对学生的学习方法和学习过程以及在学习过程中形成的情感进行关注。在教学评价中，应该将学生作为评价的主体，除了对所学知识进行评价之外，还需要对学生自身所处的情感状态进行主观的描述，并对其做出适当地解释和说明。

(三) 和谐的教学环境

在翻译教学活动中，教师与学生之间是一个合作与交流的互动过程，在很多方面存在着情感交流。

传统的翻译教学模式下的翻译教学是一种“灌输式”教学，具有速度快、权威性强、反馈信息少的特点。传统的翻译教学过程是教师将知识单方面地传授给学生的过程，这样的翻译教学不利于师生间的交流与沟通，容易导致师生间的关系变得越来越冷淡和疏远。传统的翻译教学模式下的师生关系是不平等的，也忽视了建立和谐的师生关系。

人本主义的翻译教学模式要求师生在教学过程中保持地位平等，逐步地建立一种平等、和谐的关系，同时在这一教学模式下不断地凸显并张扬学生的个性，进而不断地增强学生的创造力。

三、过程式翻译教学模式

不管教师采取什么样的教学步骤，翻译活动这一本身都是一个能动的过程。例如，贝尔(Bell，1991)认为，翻译过程可分为两个阶段：分析和合成。在每个阶段中都存在句法、语义和语用三个不同的领域。在这三个领域中译者对原文的分析与对译文的合成过程实际上就是进行传译语际信息的过程。

以翻译过程为导向的过程式翻译教学模式的出发点是对翻译能力的分析以及翻译能力在翻译过程中的作用，进而不断地认识和理解在翻译过程中译者的行为．表现、思维活动、创造力以及在翻译中遇到的问题及其解决策略等。可见，这一模式有利于培养学生的翻译能力，同样在翻译教学中起着非常重要的作用。

(一) 过程式翻译教学模式的特点

过程式翻译教学模式的特点是侧重描写与解释翻译过程，对翻译结果没有过多地进行强调。具体来说，主要体现在以下几个方面(Gile，1995)。

(1) 侧重探讨在翻译过程中重复出现频率较高的相关问题。

(2) 对错误出现的原因进行探究。

(3) 在给学生布置翻译练习任务之前，对学生的翻译技巧与原则等进行相关的指导。

(4) 在翻译的过程中不仅对译文词句意义的理解进行关注，还要逐步了解并认识翻译过程。

(5) 通过对译文产生的过程做出一定的解释，便于译文读者信服与接受译文。

(6) 形象生动地对翻译策略进行相关的描述，让学生在翻译过程中能够恰当、合适地使用翻译策略。

(7) 避免将固定的翻译标准强加给学生。

(8) 在译文中灵活地采用多种表达方式对译文的语言形式与意义进行分析与理解，鼓励学生充分发挥其积极性和创造性。

(二) 过程式翻译教学模式的流程

过程式翻译教学模式主要涉及以下具体的教学活动(连淑能，2007)。

(1) 给学生布置翻译练习任务时，需要学生在教师的指导下充分做好翻译前的准备工作。教师要对翻译情景(translation situation)进行预设，翻译情景所包含的主要因素包括作者的意图、翻译的目的、该篇章的写作背景、交稿时间及对该篇章翻译的具体要求。此外，教师还需要拓宽学生的学习渠道，如借助词典、互联网、百科全书等渠道多方面对题材以及术语等内容进行分析。

(2) 在给学生安排翻译练习任务时，还需要教师对学生进行相应的引导和启迪，主要是通过对学生进行适时的引导，让学生对翻译中即将遇到的问题(如翻译策略、原则、过程等)做好心理准备。

(3) 在翻译练习的过程中，教师可以鼓励学生以“翻译作坊”(translation workshop)的形式对翻译练习进行共同的讨论，协作完成翻译任务。在递交译文时，学生要标明在翻译过程中遇到的疑问或难题。

(4) 灵活讲评学生的翻译作业。讲评既可以由教师讲评，也可以让学生之间互相评议。

教师讲评时应当在翻译过程中注重指导、分析、启发。可以以互动式的形式进行讲评与讨论，最大限度地调动学生参与讨论与讲评的积极性。需要注意的是，讲评时不仅要明确指出译文中出现的错误和解决学生的相关疑问，也要及时对学生进行鼓励，肯定其中翻译质量较高的作品，从而更好地培养学生独立思考与创新的能力。

四、实用性翻译教学模式

实用性翻译教学模式是一种新型的翻译教学模式，由案例型教学法指导。案例型教学法是一种以案例作为媒介达到学习知识目的的方法。具体地说，是指在课堂教学过程中，让学生在教师的指导下根据实际案例对其进行分析、讨论并做出相关的评价，最终找出相应解决策略的一种教学方法。由于新时期的翻译课程主要特点是外贸、商务等专业知识与英汉语言技能的紧密结合，从各专业技能的培养目标与翻译教学内容的应用性来看，在翻译教学中，通过对案例教学法进行创新性运用和实践，从而形成实用性翻译教学模式。

张小波(2006)认为，实用性翻译教学模式包括以下四个主要环节。

(一) 文本准备

文本准备也就是案例准备，是由教师经过一系列的活动(如搜集、编写、设计)来准备的与教学内容相适应的翻译文本材料。由于文本准备是教师的一项主观活动，因此不可避免地会带有一定的主观性。在进行案例编写时，需要教师根据翻译教学内容以及进度，采纳_定的翻译实践经验进行汇编。在设置译例时，主要围绕国际商务、国内外经济贸易、科技文献等文字材料按照先易后难、由浅入深的逻辑顺序进行选编并汇编。

(二) 分析讨论

在分析与讨论之前，教师首先应将案例逐一分发给学生，要求学生在阅读案例的过程中尤其注意在遣词造句和谋篇布局方面中英文语言的不同，便于找到相关的理论依据，从而更好地来分析此案例。

在学生分析与讨论的过程中，教师应引导并组织学生进行分组讨论，营造一种充满自由与融洽的学习氛围。在这一过程中教师应起到引导者的作用，让学生成为讨论的主角。

在分析与讨论之后，每一组学生形成了初步的统一认识和观点，学生能够独立自主地分析、讨论译例涉及的与之对应的翻译问题，并能对此做出一定的解释。在这一环节，教师应让每个小组选出一名代表对该组的翻译译例进行分析并进行陈述。如果有的小组对翻译案例的分析与其他学生的理解有明显偏差或者分析判断有一定错误时，需要教师进行及时的引导并给予相关的指导，让学生自觉意识到问题的所在，从而能够让学生积极、主动地进行修改，避免出现类似的错误。

综上所述，这一环节以分组讨论的形式展开，并逐步地人翻译教学中。这一教学模式不仅有利于提高学生的语言运用能力，还有利于提高学生独立自主进行分析、表达和解决问题的能力。

(三) 译例总结

译例总结是由教师来完成的，对译例的讨论结果进行总结。译例总结一般包括以下几个方面的内容。

(1) 对本次案例讨论过程中的重点、难点以及翻译理论知识的运用进行总结。

(2) 对学生在讨论过程中出现的一些原则性错误进行纠正并给予相关的指导。

(3) 对学生在小组讨论中的表现进行评价，另外还可以将学生在讨论中的表现作为平时成绩，从而更好地激励学生在今后的讨论中表现得更为优异。

(四) 确定译文

确定译文是实用性翻译教学模式的最后一个环节。经过小组的分析与讨论，以及教师的译例总结之后，教师要求学生在课后完成最终的译文，在完成的过程中需要充分考虑并结合翻译技巧以及翻译原则。

通过上述分析可知，实用性翻译教学模式在案例教学法的指导下有选择、有针对性地选择教学材料，充分地体现了理论与实践的结合，有助于提高学生的分析、判断、解决问题的能力，最终有助于提高学生的综合能力。

五、流程图式翻译教学模式

通过借鉴功能翻译理论派的相关翻译理论，即研究翻译需要采用从整体到局部约宏观分析方法，在翻译实践中，需要将宏观层面(翻译目的、功能)与微观层面词、句、语篇)的研究相结合。这样的翻译教学模式恰似一个工业生产流程图，因此将其命名为流程图式翻译教学模式。这一新颖的翻译教学模式有利于激发学生学习翻译的兴趣，增强教学内容的趣味性，从而促进翻译教学目标的实现。

流程图式翻译教学模式(图 5-1)包括目的分析、功能分析、语域分析、文化分析、策略分析、语言分析以及初译—校对—润色—提交终稿七个环节，下面对其进行具体的分析。

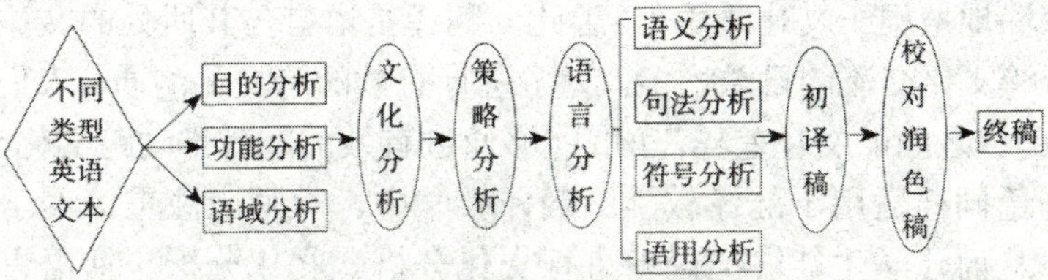

图 5-1 流程图式翻译教学模式

(一) 目的分析

学生拿到分配的源语文本资料时，在其阅读过程中，首先需要对源语文本的目的进行适当的分析。

具体而言，译文需要对源语环境中的交际目的进行分析，尽可能令译文能够将源语文本的真实目的准确传达出来，不仅使译文与源语文本在篇内保持一致，还要在篇际中保持一致。

（二）功能分析

英国著名的语言家、翻译家纽马克(New mark)将语言的功能分为：信息功能、寒暄功能、表情功能、感染功能、美学功能和元语言功能六大功能。纽马克曾指出，属于同一类型的文本，其中会具有多种语言功能，总有一种语言功能在其中起着主导作用。

这一语言功能研究同样适用于翻译教学。在翻译教学的过程中，教师需要训练学生对文本的功能分析进行适当地训练，让学生在训练的过程中逐步能够对文本的多重功能进行分析，并能从中分析出其主导功能。这样的翻译教学有利于让学生在翻译过程中确保译文与原文具有同等的交际功能，即译文与原文在功能方面保持一致。

（三）语域分析

翻译本身是一项跨文化交际活动，当然离不开源语与目标语语境的研究，而语域的研究与语境的研究还有着密切的关系。语域理论是语境理论中最具效力的理论框架。语域是指根据语言特定的语境或交际场合，为达到特定的交际目的而产生的一种功能变体，语域是话语意旨、话语范围、话语模式等多种参数的综合体现。

语域会随语境的不同而产生不同的语言变体。因此，在翻译教学中教师需要注重语域分析。确保译文针对原文的不同语境采用不同的语言变体，在语域方面保持一致。

（四）文化分析

巴斯奈特(Bassnett)认为，“翻译不是一种单纯的语言行为，翻译离不开文化的滋养，其深深地植根于文化之中”。因此，翻译是语言与其所处的文化间的交流。尤其是随着跨文化交流的日益增多，为了进行有效的跨文化沟通，人们越来越关注不同国家、民族之间的文化差异，争取能够通过有效的翻译推动跨文化交际的进行。

这一理论同样适用于翻译教学。翻译教学中，教师应注重培养学生的跨文化交际意识，从而让学生能够准确地进行文化分析。文化分析包括语言文化信息和非语言文化信息。在对这两种类型的文化信息进行分析时需要对其源语文化含义和目标语的文化含义进行分析，只有这样，才能让学生在分析文本时，结合与之相关的文化背景成功地转换并传递源语的文化信息。只有通过全面的文化分析，才能进行正确的策略分析。

（五）策略分析

翻译教学中，策略分析意味着翻译工作的实际展开。文本目的、功能的不同会使用不同的翻译策略。因此，在翻译的过程中，根据不同的文本目的、文本功能，教师需要指导学生选择不同的翻译策略，如直译、意译、增译、删译、改译等。

(六) 语言分析

策略分析之后，进入语言分析阶段。在这一阶段中，教师需要指导学生从语义分析、句法分析、符号分析和语用分析四个方面对源语文本的语言进行分析，力求从多个层面深入了解源语的语言，最大限度地、完整地传递源语文本中的信息。

(七) 初译—校对—润色—提交终稿

上述环节完成之后，在实际的翻译过程中，教师需要指导学生团队合作完成译文，这主要包括以下几个环节。

进行首次翻译也就是初译，要求初译稿能够基本准确地传递原文的信息，保持行文的流畅。

初译之后，各个团队需要从语言的各个层面(目的、功能、语域、文化、策略)等方面对初译稿进行校对。从整体上检查译文是否准确地再现了原文的文化以及是否与原文实现了功能上的对等。

校对之后，在确保语言表达通畅的前提下，适当地提升语言的表现力，进行合理的润色，将译文的表达提升到一个新的高度。

润色之后，经教师的相关指导，可以提交终稿。

对于流程图式翻译教学模式的应用，在翻译教学的初级阶段，需要学生严格地勾画翻译的流程图，并按照流程图按时完成并提交译文的终稿，经过这样的训练，不断地培养和提高学生的实际操作能力。当学生熟知这一翻译流程并且其翻译水平也达到一定的高度时，勾画流程图的这一书面过程可以省略。可见，流程。图式的翻译教学模式在教学中的应用并不是一蹴而就的，需要在实际的翻译教学实践中逐步开展并最终促进翻译教学目标的实现。

随着跨文化交际和全球一体化的推进，翻译的桥梁作用越来越得到凸显。但是需要注意的是，在进行翻译教学实践中，教师在了解不同翻译理论的基础上，应该根据本地的教学实践进行针对性教学，从实际出发提高翻译教学效果，促进人才能力的提高。

第六章　文化语言视角下的翻译教学

第一节　语言与文化研究的基础要素分析

一、关于文化

（一）就文化的定义

文化(cuhure)一词来源于西方，源自拉丁语的 cultura，含有“神明”“崇拜”“耕神”“练习”“动植物培育”及“精神修养”等意思，这表明：文化实际上是以人为中心的生产实践和社会实践的成果。18 世纪以后，“文化”在西方语言中演化成个人的素养、整个社会的知识、思想方面的成就、艺术和学术作品的汇集，并被引申为一定时代、一定地区的全部社会生活内容(杨元刚，2005)。随着 19 世纪下半叶人类学、文化学、社会学等学科的兴起，文化问题才得到学者的关注，并得到广泛的研究，在此之前是文化的“前科学”状态。

最早对文化做出定义的学者是英国人类学家泰勒(E．B．Tylor)，他在《原始文化》一书(1871 年首次出版)中指出：“文化，或文明，就其广泛的民族学意义来说，是包括全部的知识、信仰、艺术、道德、法律、风俗以及作为社会成员的人所掌握和接受的任何其他的才能和习惯的复合体”(泰勒，1992：1)。之后人们相继对文化下的定义有林林总总数百种。

对于文化的种类，不同学者有不同的看法。有的学者将所有的文化归为两类，一类是大写的文化(Culture with a big C)，一类是小写的文化(culture with a mall c)。大写的文化指人类文明的各个方面，包括文学、艺术、音乐、建筑、哲学、科学技术成就等；小写的文化包括人们的风俗习惯、生活方式、行为准则、社会组织、相互关系等，即把文化看作一系列特征(Allen & Vailette。1977：325；Ovado&Collier，1985：105-107)。

有的学者则将文化分为三类。戚雨村(1994)将文化划分为三个层次：物质文化(通过实物产品形式表现，包括建筑物、服饰、食品、用品和工具等)；制度和习俗文化(通过社会规范和行为准则的形式表现，包括制度、法规及相应的设施和风俗习惯等)；精神文化(通过思维活动和思维活动的产品表现，包括价值观念、思维方式、审美趣味、道德情操、宗教信仰，以及哲学、科学、文学艺术方面的成就和产品)。胡文仲和高一虹将文化同样分为三层，“第一个层次是物质文化，它是经过人的主观意志加工改造过的。第二个层次是制度文化，主要包括政治及经济制度、法律、文艺作品、人际关系、习惯行为等。第三个层次是心理层次，或称观念文化，包括人的价值观念、思维方式、审美情趣、道德情操、宗教感情和民族心理等”(胡文仲、高一虹，1997：2-3)。赵爱国和姜雅明(2003)则将文化分为物质文化、关系文化和精神文化，其中关系文化是指人们在文化的创造、占有或享受过程中所结成的各种社会关系，如生产关系、经济关系、民族关系、国际关系等，其核心是人和人的关系，也包括为维护这些关系而建立的各种组织形式和与之相适应的各种制度——生活制度、社会制度、家庭制度等。

还有的学者将文化分为四类。马林诺夫斯基在《文化论》中把文化划分为物质文化、精神文化、语言和社会组织等四种类型。司马云杰在《文化社会学》中，根据人类与自然的关系和人类与社会的关系，把文化分为两大类、四小类：第一类文化指人类在认识、改造、适应和控制自然界的过程中所取得的成果，这一类中包括智能文化和物质文化；第二类文化指认识、改造、适应、控制社会环境所取得的成果，这类文化包括规范文化和精神文化。刘守华在《文化学通论》中将文化分为物质文化、制度文化、行为文化和精神文化。物质文化包括人类加工自然创制的各种器具，是可触知的具有物质实体的文化事物，即人们的物质生产活动方式和产品的总和，是构成整个文化的基础；制度文化是由人类在社会实践中组建的各种行为规范、准则以及各种组织形式所构成；行为文化主要由人类在社会实践中尤其是在人际交往中以约定俗成方式构成的行为规范——风俗习惯来体现；精神文化是由人类在社会实践和意识活动中长期育化出来的价值观念、思维方式、道德情操、审美趣味、宗教感情、民族性格等因素所构成，是文化的整体的核心部分(刘守华，1992：40-49)。

综观以上各位学者对文化的理解，文化至少包含物质文化和精神文化，物质文化位于最表层，精神文化则渗透到人的思想、行为的深层。“简而言之，文化是指一个民族的全部生活方式，它不仅包括城市、组织学校等物质的东西，也包括家庭模式、语言等非物质的东西”(邓炎昌、刘润清，1989：159)。文化是“人们所思、所言(言语和非言语)、所为、所觉的总和”(贾玉新，1997：17)。

(二) 文化的特征

1. 文化的共性

人类共同居住在同一个世界，这个世界拥有相同的春华秋实、草长莺飞、阴晴冷暖、日夜消长，不同文化的人们经历过并正在经历生老病死、喜怒哀乐、悲欢离合、爱恨离愁。不同的文化存在相当程度上的共性特征，这些特征不取决于地理位置、社会形态、自然环境，而属于整个人类，这就为不同文化的个体能够理解彼此提供了可能。

首先，尽管全世界的人类分为不同的种族、民族，但他们都具有相同的人体结构，这就为文化的共性特征提供了共同的生理基础。这种相似的生理特征和感觉功能决定了人类都以维持自身的生存和繁衍为最终目标，而且在具有类似情绪或心理状态时具有相似的表现方式：碰到喜事时会笑，碰到不如意的事情时面部表情会严肃；当与说话人关系亲密时距离较近，关系疏远时距离较远等。

其次，全世界的文化都经历了由低级到高级、由蒙昧到文明的过程，在此过程中人类社会的道德约束、规范机制起到了关键性的作用，这为文化共性特征的形成提供了历史基础。全人类都处于各自的社会规约中，都认为符合全民道德准则的行为和现象就是真的、善的和美的，阻碍了社会发展的行为和现象是假的、恶的和丑的。而且在一定历史阶段出现过的观念会保留在许多文化当中，如对神明的崇拜、对不可抗力的畏惧等。

2．文化的个性

与此同时，文化还具有个性。“每一种文化都以原始的力量从它的土生土壤中勃兴起来，都在它的整个生活期中坚实地和那土生土壤联系着；每一种文化都把自己的影像印在它的材料即它的人类身上；每一种文化各自有自己的观念，自己的情欲，自己的生活、愿望和感情，自己的死亡。”(斯宾格勒，1963：39)人们按照有利于自己生存的原则来改造世界，并进行文化创造，由于所处的自然环境和历史条件的不同，人们改造自然的具体方式是不尽相同的。人类对不同地理和生存环境的适应，导致了文化具有鲜明的地域特征和独特的历史积淀，从而产生了不同民族、不同地域、不同历史的文化特殊性，体现为文化的个性。一个民族具有本民族所特有的思维方式、行为规范、处世原则、生活态度，以及特有的民族性格、心理特征、价值观念，具有独特的民族精神文化。

文化的共性和个性是同时存在的，承认个性是实现不同民族交往的关键。文化间的相互交流和取长补短，是当今世界的主题和今后的必然趋势，为此，必须在充分理解文化共性的基础上，深入挖掘各个民族文化的个性所在，并探索出跨文化交际过程中克服这些差异的途径。

3．文化的动态性

从历史的角度来看，一个民族的文化并非一成不变，文化的内容和形式始终处于不断的发展变化当中。不同时代物质生产水平不同，制度、风俗、艺术、心理、价值观念也各不相同。文化始于无意识，而后取得了很大的明确性和肯定性，之后又扩展到其他的行为。随着时代的发展，新的历史时期具有新的生产力水平，原有的文化会被新的文化要素所取代。“每一种文化都有它自我表现的新的可能，从发生到成熟，再到衰老，永不复返。”(斯宾格勒，1963：39)在文化发展的进程中，原有文化被新的元素代替的同时，还有一部分会被继承下来。原有文化为新文化的建立、发展起到了一定作用，一个社会团体的文化总是保持相对的稳定性，这种文化通过各种方式被人们世代传承下来。因此文化是一种历史现象，它是历史的积淀物。(戚雨村，1994：15)历史衍生及选择的传统观念，尤其是世界观、价值观等文化核心成分，会深深镌刻在一辈辈人的意识深处，决定着他们的思维、行为方式、言语交际。例如，社会制度的变革会影响社会生活的方方面面，也自然会影响到人们看待问题的方法，影响到人们的价值取向，影响到时代的文化，但有一些文化特质是不会随着政治变革发生改变的，是属于该民族文化的恒定部分。中国有着悠久的封建统治的历史，而今社会制度发生了根本的改变，原有的“君君臣臣”“父父子子”“三纲五常”之类代表了封建时期的文化自然失去了当时的地位和影响力，但中国人崇尚道德、礼仪和卑己尊人的传统文化却世代流传。

4．文化的符号性

文化的基本要素是符号，人类斑斓的文化世界是由符号构成的，符号承载着民族文化景观，成为文化的基础，更是人类文化传承、交流的基本手段。

文化具有符号性(symbolism)，文化领域的相关概念通过符号联系起来，而这种联系的基础是通过社会的共同约定。符号是社会化的意义载体，符号的这种功能是通过人们对不同地域、不同时段文化对象相似性的抽象归纳实现的。用于表征文化的符号具有物质性，能够通过感观被体验。符号代表的意义不仅是关于符号本身的，而且是关于文化过程和文化关系的，符号与符号之间有着某些共同的意义成分，并构筑了强大的文化意义网络。符号背后的文化意义存在于每一个文化参与者的脑海中，是社会化的人在生活实践中通过一系列认识活动获得的。之所以说符号具有社会性，是由于符号是具有社会参与意义的实体，每个符号与其他符号共有的文化意义是维护社会构成和通过约定俗成操作的符号网络的基础。

文化的符号性在人类文化的产生和发展中始终起到重要的作用，而文化的符号性概念在人类学和文化理论领域都占有至关重要的地位。

二、语言与文化

(一) 不同学派的不同认识

不同语言学派对语言和文化间的关系存在不同认识，有的将语言与文化割裂开来，认为文化不是语言学家所应关注的内容，如结构语言学、转换生成学派等。还有一些学派认为，语言反映了文化，文化体现在语言当中，交化因素是语言研究所必须考虑的问题，持这种观点的学派包括文化语言学、认知语言学、社会语言学等。

1．语言与文化割裂观

索绪尔提出语言符号是一种“两面的心理实体”(saussure，1980：101)，这两面分别是概念和音响形象(即所指和能指)。语言符号的意义不是物质实体，而是一种关系结构。这种意义的二元观是以语言的静态、封闭的系统观为背景的，重视系统内各语言单位的对立关系，语言单位因彼此间差别而获得价值。他强调语言符号的价值在于系统内部符号间关系，忽视语言外因素，认为历史的、文化以及个人因素应被统统排除在语言研究之外。

乔姆斯基所代表的生成语言学派认为自然语言是一种天赋的(innate)、自治的形式系统。人的头脑中存在生成句子的装置，其核心部分包含了人类语言共同的普遍特征，它是由某些抽象规则构成的有限系统，这就是“普遍语法”(Universal Grammar)。语法的自足性和自主性决定了语法完全可以独立于语义之外，语法构造无须参照语言之外的诸多因素，如文化因素、认知因素等。

2．语言与文化联系观

较早对语言和文化的密切关系做出专门研究并取得丰硕成果的是 19 世纪德国语言学家洪堡特(Humboldt)以及 20 世纪上半叶美国语言学家萨丕尔(Sapir)和沃尔夫(Whorf)(“萨丕尔—沃尔夫”假说的建立者)。他们对语言和文化关系的认识对以后文化语言学、认知语言学、社会语言学产生了重要影响。

洪堡特用“语言世界观”来概括自己对语言和文化的认识。洪堡特(1997：74)认为:“……每一种语言都包含着一种独特的世界观。人用语音的世界把自己包围起来，以便接受和处理事物的世界。我们的这些表述绝没有超出简单真理的范围。人同事物生活在一起，主要按照语言传递事物的方式生活，因为人的感知和行为受制于他自己的表象，我们甚至可以说，他完全是按照语言的引导在生活。人从自身中创造出语言，而通过同一种行为，他也把自己束缚在语言之中；每一种语言都在它所隶属的民族周围设下一道樊篱，一个人只有跨过另一种语言的樊篱进入其内，才有可能摆脱母语樊篱的约束。所以，我们或许可以说，学会一种外语就意味着在业已形成的世界观的领域里赢得一个新的立足点。在某种程度上说，这是事实，因为每一种语言都包含着属于某个人类群体的概念和想象方式的完整体系。掌握外语的成就之所以没有被清楚地意识到，完全是因为人们或多或少总是把自己原有的世界观，甚至原有的语言观，带进了一种陌生的语言。”

洪堡特从认识论的角度对语言世界观问题做了阐述，提出语言作为认知手段制约着人的认识活动。在对语言和文化的关系上，洪堡特强调了语言和民族文化的密切联系，“民族的语言即民族的精神，民族的精神即民族的语言。二者的统一程度超过人们的任何想象。”因此，语言揭示并影响了人们认识世界的途径和方式，语言代表了人的基本文化样式。语言世界观的提出是欧洲人文主义语言研究的一大建树，并为后来的“萨丕尔—沃尔夫假说”的产生奠定了基础。

萨丕尔对语言与民族文化、风俗习惯和信仰之间的关系进行研究后，指出“语言的词汇多多少少忠实地反映出它所服务的文化”，认为“语言不脱离文化而存在，也就是说，语言是不脱离社会流传下来的、决定我们生活面貌的风俗和信仰的总体”(萨丕尔，2002：186-196)。萨丕尔的学生沃尔夫研究了世界上多种语言后发现，由于不同民族的语言表达不同，人们对世界的看法也有很大不同。而沃尔夫曾以万有引力为例，比拟语法的形式构造规律对人类思维和精神的影响，“没有受过教育的人完全意识不到任何与引力有关的法则，因为他从来不会设想这样一个宇宙，其中的物体运动方式不同于在地球表面的运动方式。”(沃尔夫，2001：208)萨丕尔和沃尔夫对语言和文化关系问题进行探讨的主要观点集中反映在“萨丕尔—沃尔夫假说”当中。该假说的主要思想是强调语言的结构会影响使用者的习惯性思维，现实世界在很大程度上是不知不觉地建立在人群集体的语言习惯之上的，人们对世界的认识受到民族语言的制约。这种“语言范畴影响人的思维和认知”的看法引起了语言学界极大的兴趣，并引发了一系列争论。后人将该假说分为强式和弱式两种，强式即“语言决定论”(The Linguistic Determinism)，认为语言决定思维，弱式即“语言相对论”(The Linguistic Relativism)，认为语言影响思维。

(二) 语言与文化的联系

对于语言与文化千丝万缕的联系，总结起来，主要有以下认识：

1. 部分观

罗常培曾指出，“语言不是孤立的，是和多方面联系的。任何社会现象都不能和别的现象绝缘而孤立存在或发展”，同时，“语言学的研究不能抱残守缺地局限在语言本身的资料以内，必须要扩大研究范围，让语言现象跟其他社会现象和意识联系起来，才能格外发挥语言的功能，阐扬语言学的原理。”(罗常培，1989：89)语言是人类文化不可分割的一部分，是人类后天习得的一种文化能力。语言作为民族文化的重要表现形式、建构手段和传承方式，具有其他文化形式不可比拟的重要地位和意义。古迪纳夫(Goodenough)曾在《文化人类学和语言学》中指出：“一个社会的语言是该社会文化的一个方面，语言和文化是部分与整体的关系，语言作为文化的组成部分，其特殊表现在于：它是学习文化的主要工具。人在学习和运用的过程中获得整个文化。”同时，由于语言兼有精神文化(表达抽象意义，传递抽象观念)和物质文化的特点(有物质形式，可以以文字的形式被看到，以声音的形式被听到)，又像社会制度一样具有社会规约性和全民性，因此不可能将其归入这些文化中的任何一类，马林诺夫斯基就将语言独立于物质文化、精神文化和社会组织文化之外。韩民青同样认为，“语言是一种十分独特的文化现象。它具有其他文化现象的特点，但又不能轻易归属于哪种文化现象。语言与意识文化关系密切，没有语言就没有思维没有意识。人们常把语言叫作思维的外壳和工具，这足见它与意识文化的关系达到何种密切的关系，因此，人们大多把它列为意识文化。然而，语言本身不是观念性的东西，恰恰相反，它是由声音等物质组成的符号系统。同时，语言又总是以言语活动的形态存在着，言语活动属于行为文化活动。所以，语言是兼有意识文化、物质文化、行为文化三种品格而又不能简单归于某一种文化的特殊文化现象。”(韩民青，1989：151-152)

语言是文化的基石，是文化中最核心、最具影响力的部分。如果说任何领域的文化(如宗教文化、历史文化、政治文化、经济文化等)反映的都是文化的局部，那么作为文化一个构成成分的语言中同时又包含了整个的文化世界。人类通过语言把握文化的各个领域，要了解人类的文化就必须先了解语言。语言包含了人类对世界的知识和行为准则，它所包含的文化意义和在人类生活中的根本作用非常巨大。语言具有社会性和人文性，因此语言不仅是一套符号系统，更是一套价值系统和意义系统。语言植根于社会生活中，不了解语言的社会文化背景就无法理解语言的确切含义，语言结构和语义功能特点是相应语言文化的体现。

2. 载体观

语言国情学将语言的功能分为三种：交际功能，强调语言是人类传递信息的手段，是最重要的交际工具；文化载蓄功能，指文化具有反映、记录和储存文化信息的功能；指向功能，指语言引导、影响和培养人的个性的功能。其中“文化载蓄功能”集中体现了语言作为民族文化的承载体和民族文化的镜像在文化形成、发展、传承和交流中的作用。

克拉姆什(Kramsch)在《语言与文化》(Language and Culture)中指出语言具有三大文化功能，即“语言表达文化现实，语言体现文化现实，语言象征文化现实。”(Kramsch，2000：3)由于语言中存储着各民族人民的劳动和生活经验、他们对世间万物的观察和体悟、心中蕴含的丰富的情感，以及对大千世界的理性思考，因而语言是观察该民族文化的最佳途径。语言是人与周围群体在交流过程中产生的，有其特定的历史文化土壤，语言体系背后是该民族的文化体系，反映了独特的民族特质。

因为语言反映了民族文化，是文化的镜像，所以一些明显带有文化信息的语言单位(包括词汇、成语、谚语等)受到了语言研究者的关注。比如，宗教在一定的历史时期均对不同民族人民的生活产生了重大影响，这种影响在语言中有所体现。对汉族影响较大的是佛教和道教，因此，汉语中就有不少与佛教和道教有关的成语，如“一尘不染”“不二法门”“借花献佛”“镜花水月”“口吐莲花”“天花乱坠”“回头是岸”“放下屠刀，立地成佛”“大慈大悲”“在劫难逃”等来源于佛教著作，而“灵丹妙药”“脱胎换骨”“回光返照”等则来自道教思想。

西方近代启蒙运动和工业革命之前，宗教是人类思想文化的重要组成部分(平洪、张国扬，2000：107)。基督教的教义声称上帝创造了世界，创造了人类的祖先亚当和夏娃，并让他们繁衍生存，可是后来人类开始道德沦丧，违背了和上帝的契约，于是上帝引发洪水毁灭了人类。英语中 before the Flood(直译为“洪水之前”)就是指圣经《旧约·创世记》中的诺亚(Noah)时代的大洪水，现代英语中经常用来比喻“很久以前”“远古时代”。Olive branch(橄榄枝)同样来自《圣经》，《圣经》中鸽子衔着橄榄枝飞回挪亚方舟，象征大洪水的终结，因此 olive branch 喻指“和平”。

社会语言学家古迪纳夫曾说过，“一个社会的语言是该社会的重要组成部分，其特殊性就表现在它是学习文化的主要工具，人们在学习和运用语言的过程中获得整个文化。”(Goodenough，1957：167)语言是文化的符号，是反映民族文化的镜子，文化精神的内容通过语言体现，语言的产生为文化的产生发展创造了条件。作为文化储存器的人类语言在人类发展的各个历史阶段，记录了社会生活的方方面面，并将民族文化和集体经验固定下来世代相传。语言中反映了该语言人民的社会、历史、文化、心理特征，从语言中可以窥见他们的民族性格、气质情感、思维方式、价值取向、宗教信仰、风俗习惯、心理状态，以及对世界的态度和看法。文化是人类社会发展中文明的积累和沉淀，这些积累和沉淀往往通过语言体系系统地表现出来。

3．互动观

语言是文化的符号，文化是语言的管轨。不同民族的语言如同镜子或影集，反映和记录了不同民族特定的文化风貌；不同民族的特定文化犹如管道或轨道，对不同民族语言的发展，在某种程度、某个侧面、某一层次上起着制约的作用(邢福义，1990)。语言与文化始终处于相互影响、相互制约的互动关系中。语言反映文化，文化在各个层次(词汇、语法、篇章等)均对语言产生影响，反过来语言对文化也有影响，语言是文化形成和发展的基础，不同语言的表达特点构成了具有民族特色的文化面貌。对文化的研究不可能脱离语言孤立进行，这是由于语言是文化最重要的表达手段，对语言的研究也不可能脱离文化孤立进行，原因是文化对语言的渗透是无处不在的。

一方面，文化从各个方面影响和制约着语言的产生和发展，文化作为语言表达的内容，从根本上决定了语言作为一种文化符号的表达特点。从文化的角度看，语言是文化的载体和编码符号系统，文化则是语言的深层构建机制，一个民族的精神文化制约着该民族语言的形成和发展，所以对一门语言的研究必须从新的高度加以认识，妄图脱离这种语言产生和发展的历史背景、文化渊源、哲学精神的做法是不可取的。只有了解语言背后蕴藏的该民族的文化精神、哲学思想，才能以全面的视角、科学的态度对待一个民族的语言，才能对语言现象做出符合其本质的阐释，也才能树立正确的语言观，找到科学的语言研究方法。各种语言中有一些词汇反映了所属民族的特有事物，从而揭示了该民族的特有文化，例如，英语中的 hotdog(热狗)、cheese(奶酪)、cathedral(大教堂)、chapel(小礼拜堂)、pan(平底锅)、bikini(比基尼)、kilt(苏格兰方格呢短裙)、iazz(爵士乐)、soap opera(肥皂剧)、bungee(蹦极)等，汉语中也有一些词汇表示的事物是汉民族独有的，如饺子、粽子、月饼、年糕、冰糖葫芦、牌坊、花轿、唢呐、旗袍、乌纱帽、绣花鞋等。一些习语也反映了不同民族的思维特点，例如：

(a) It is a wise father that knows his child.

直译为：明智的父亲了解自己的孩子。

(b) Birds of feather flock together.

直译为：一种羽毛的鸟聚集在一起。

句 a 中所表达的意思是“即使是父亲也不一定了解核子”，这与汉语中“知子莫若父”(父亲最了解儿子)的意义是相反的。句 b 表达的意思为“物以类聚，人以群分”，相应地，汉语中用“一丘之貉”表示。

不同民族对世界的认识不可避免带有自身的特点，这种特点具有约定俗成性. 从不同的语言中可以窥见不同民族特有的事物、概念以及对世界的认知方式。这些均是外语专业教学中应重点注意的方面，因为这些内容的掌握将直接影殉跨文化交际是否能够顺利进行。

另一方面，语言受文化制约的同时，还对文化具有反作用。作为民族文化的符号形式和承载物，其背后蕴藏着一个民族的文化精神和认知方式；作为人类的交际工具和认知工具，语言对人类社会的发展和文化的进步起着举足轻重的作用。语言的组织机制和语义特征影响并制约着语言使用者的感知和思维，它是人们维系人际社会关系、人与自然关系的纽带，同时还决定了人的文化心态(cultural mentality)(杨元刚，2005：49)。

人们赋予语言符号意义的同时，就决定了操该种语言人的概念化方式，不同语言中对应语言符号的赋值并非绝对相同，这影响到不同民族的认知方式和认知经验。例如，英语中一些词汇的意义范围要大于汉语对应词，如 uncle 对应汉语的“叔父”“伯父”“姨父”“姑父”“舅舅”，aunt 对应汉语中的“姑母”“姨母”“伯母”“婶母”“舅母”，nephew 对应汉语的“侄子”和“外甥”，niece 对应汉语的“侄女”和“外甥女”，brother 对应汉语的“哥哥”和“弟弟”，sister 对应汉语的“姐姐”和“妹妹”；dog 对应汉语的“公狗”和“狗(统称)”，duck 对应汉语的“雌鸭”和“鸭(统称)”，goose 对应汉语的“雌鹅”和“鹅(统称)”，chicken 对应汉语的“小鸡”和“鸡(统称)”，lion 对应汉语的“雄狮”和“狮子(统称)”。以上英语中的词汇反映了与汉语不同的概念化方式，外语学习者在使用这些词汇时，不知不觉地在用新的方式将世界分门别类，目的语语言单位对学习者的思维方式产生的影响理应得到充分的关注。

既然语言是与民族的文化精神体系同构的文化符号系统，那么在外语专业教学过程中，应认识到语言能力的培养和跨文化交际能力的培养之间的紧密联系，认识到纯粹语言的学习与真正掌握语言之间还有很大距离。要掌握一种语言，不但要掌握这门语言的语音、词汇和语法系统，更要了解该语言背后的社会文化系统。在某种意义上说，学习一门语言，就是要了解这门语言所反映的整个社会生活，有关目的语社会文化的知识任何时候都不可能独立于语言知识之外。

第二节 翻译教学与语言文化研究的理论分析

一、翻译教学领域语言与文化研究的基本理论

传统外语专业教学模式是将语言理解为静态的知识体系(包括语音知识、语法知识和词汇知识)，而非动态的运用。传统上外语技能方面的教学主要集中在听、说、读、写、译的训练，却始终没能走出“语言”本身的框架。这种教学思想显然受到了长期以来主流语言学思想的影响，无论是结构语言学，还是转换生成语法，都将语言研究的视域限定在“语言”自身。自从19世纪末索绪尔开创了结构语言学以来，1928年在海牙召开的第一届国际语言学会议上出现的“布拉格音位学派”、20世纪40年代的“伦敦学派”、美国的“描写语言学派”成为现代语言学的主流。20世纪50年代，结构语言学思想在世界范围产生了重大影响，这种影响自然波及了外语教学领域。由于结构主义重视对语言形式的研究，不重视语义的描写，对语言结构的分析脱离语言环境和意义，因此往往不能抓住语言结构的本质，这种偏重形式的分析方法给外语教学带来了一些不利影响(杨藻镜，1994)。20世纪60年代乔姆斯基提出，人类具有先天的语言习得机制，这种“语言能力”是本民族人民内化了的语言知识体系，是人类能够掌握语言的关键，而语言运用只不过是语言能力的具体表现。尽管乔姆斯基将解释语言现象确立为自己的研究目的，但对语言现象的解释仍是通过语言规则本身实现的，解释的过程不考虑语言外的因素，不考虑语言的实际运用。

随着当代语言学的发展，越来越多的外语教育工作者意识到传统外语教学模式的局限性，意识到仅就语言而研究语言是解释不清楚语言现象的，如果不把视野放在社会文化的广阔天地中，语言研究和语言教学都将是没有出路的。三个相关语言学科在此方面颇有建树：一是跨文化交际学，产生于美国；二是语言国情学，产生于苏联；三是文化语言学(狭义上的“文化语言学”)，产生于中国。三门学科各有侧重，跨文化交际学侧重研究交际文化，语言国情学侧重研究词汇文化(后来的研究涉及语言的其他层面，以及言语的使用方面)，文化语言学则侧重汉语同文化传统、民族心理和文化习俗的关系。尽管这三个学科有着各自的兴趣点和研究思路，但他们研究的对象是相同的，即研究语言和文化之间的关系。对

于外语教学而言，跨文化交际学和语言国情学(本书用广义上的“文化语言学”概括这两个研究领域)具有突出的理论价值和指导意义，提供了外语教学的新思路，至今仍在教学实践领域发挥着深远的影响。

西方(主要在美国)对语言和文化间关系的研究集中体现在“跨文化交际学”领域。跨文化交际研究始于20世纪四五十年代，由于当时美国政府意识到其驻外外交官员对所在国家文化知识的匮乏严重影响了他们的工作，决定对其进行岗前和在岗培训，希望他们在短期内掌握一些国外生活所需的生存技巧。跨文化交际学的创始人霍尔在其著作《无声的语言》中首次使用了“跨文化交际”这一术’语，并指出文化在人们社会生活中的重要性。霍尔(Edward T. Hall)等人的有关跨文化交际的论述引起了当局的重视，并发挥了重要作用(张红玲，2007)。霍尔认为，文化是人类生活的环境，人类生活的各个方面无不受着文化的影响，随着文化的变化而变化。或者说，文化决定人的存在，包括自我表达的方式以及感情流露的方式、思维方式、行为方式、解决问题的方式等(Hall，1959)。跨文化交际学认为，儿童在习得一种民族语言的同时，也就是在习得这一民族的文化，习得这一民族的文化内容和文化传统(戚雨村，1994)。在乔姆斯基之后，海姆斯指出，“语言能力”仅是一种“语法能力”，它只注重了人的内在语言心理因素，却忽略了语言外在的社会文化因素，舍弃了语言的交际功能。因此，应当关注语言的“交际能力”，交际能力的提出为跨文化交际学提供了合理的分析框架。

在翻译教学领域，“交际教学法”正是在“交际能力”等理论提出后产生的，传统的翻译教学法开始受到“交际教学法”的冲击。外语专业教育工作者意识到，外语专业教学的任务就是要培养具有不同文化背景的人们具有这种交际能力。因此，外语翻译教学不仅是语言教学，而且还应包括文化教学(戚雨村，1994)，重视到了翻译教学对于语言教学的重要作用。“就语言而教授语言”的翻译教学模式受到质疑，随之“目的语文化”的导入得到了应有的重视，因为“只注重语言的形式，而不注意语言的内涵是学不好外语的”(胡文仲，1999：16)。文化教学“应当给学习者提供充足的知识和语言文化技能，以便和外国一些具备同样背景和教育的人成功地进行交际。他们需要有意无意、设身处地理解外国当地人的文化，并能够合适地接受其语言和非语言的行为”(Byram，et a1.，1994：69)。语言行为是一种文化行为，语言能力和交际能力的培养离不开文化因素的参与。传统翻译教学忽视了社会文化因素对翻译教学的影响，只侧重培养学习者的语言翻译能力，往往容易看到母语对外语学习的干扰，却忽视了社会文化因素的干扰。因此，语言学习者应具备的能力包括两个方面，即语言能力和交际能力，前者指的是掌握语音、词汇、语法、篇章等知识，后者指的是运用这些语言知识进行交际的运用能力。外语能力中的交际能力包括六个方面：听、说、读、写、译五种运用能力和文化素养能力(社会文化能力)(戚雨村，1994；司徒双，1994)。这种对社会文化能力所具有价值的充分认识极大地推动了当时的外语翻译教学。

在跨文化交际理论框架下，托马林和斯特姆普列斯基(Tomalin&Stemoleski。1993：8)提出了语目文化教学目标，即：

帮助学生逐步明白：所有的人都会表现出由不同文化而产生的行为；

帮助学生逐步明白：社会的各种因素，诸如年龄、性别、阶级和居住地都无一不影响着人们说话和行为的方式；

帮助学生更多地了解目的文化中在一般情景下人们的具体习惯行为；

帮助学生增加对目的语中的词和短语的文化含义的理解；

帮助学生发展根据证据对目的文化做总体鉴定的能力；

帮助学生培养搜寻和组织文化信息的必要技能；

激发学生对目的文化在智力方面的好奇性，鼓励学生对其他民族人们的同情和理解。

俞约法(1994)在详细考察语言国情学之后，提出了语言国情学的学科性质、研究对象、研究方法。

首先，语言国情学实际上是语言教育科学中为外语教学服务的应用文化语言学，它研究的出发点和最后的归宿点都是语言教学，它同语言教学有着血肉关系，它未提出系统研究文化本身这样一个目标，也未以发现和揭示文化同语言之间的规律为己任。

其次，语言国情学对文化的研究限于表层，而未及深层；重点在词语的民族文化语义和语用，旁及各种文化背景常识；对象是个别的、零散的、具体的事实；研究工作具有发掘性和描写性。

最后，语言国情学大力研究文化背景的教学法问题。

二、跨文化交际学的理论和实践

(一) 跨文化交际学的理论来源

跨文化交际学是传播学的一个分支。1909 年美国的社会学家库尔利(Cooley C．H)曾对“传播”下过以下定义：所谓传播是人际关系借以成立的基础，又是它得以发展的机理。就是说它是精神现象转换为符号并在一定的距离空间得到搬运、经过一定的时间得到保存的手段。“传播学”作为独立概念最早出现于 1945 年 11 月 16 日在伦敦发表的联合国教科文宪章中，而在晚些时候，即 1963 年，传播学作为一门正式的学科正式形成。传播学有多个研究方向，其中跨文化交际是它研究的主要方向之一。传播有两个方面的含义，既包括信息的分享，也包括信息的传递，而跨文化交际学中的交际同样有这两个方面的含义。与传播学研究的侧重点不同，跨文化交际学主要研究文化与交流的关系以及文化对交流所产生的影响，重点在于不同文化的个人、群体之间阻碍彼此交流的文化因素(贾冠杰。2000)。跨文化交际学作为一门独立学科，产生于20世纪70年代末。跨文化交际学综合了传播学、社会学、社会语言学和社会心理学等学科的有关理论，并与实践紧密结合，因此跨文化交际学是一门交叉学科。

社会学中对有关社会现象和社会行为，尤其是对社会行为规律的研究，对跨文化交际学的形成具有重要意义。这是由于交际本身就是一种重要的社会现象，交际与社会相互依存，人类社会的重要特征便是人们能够使用语言，通过交际行为维持社会个体间的联系，交际行为若没有社会环境，便失去了存在的土壤和前提。

社会语言学家对情境、交际的讨论成为跨文化交际学的理论源泉。早在1972年，海姆斯和甘柏兹就出版了《Directions in Sociolinguistics：the Ethnography 0f Communication》一书，目的在于从社会语言学的角度研究社会情境和交际的关系，对影响交际活动的各种情境因素进行分析。海姆斯将这些因素归纳为SPEAKING，分别代表场景(S)、参与者(P)、目的(E)、行为顺序(A)、讯息传递方式(K)、使用的语言或方言(I)、说话的规则(N)和风格(G)(Gumperz&Hymes，1972)。任何交际活动都同其自然、社会和文化环境融为一体，不可分离，相同文化背景下的交际如此，不同文化背景下的交际也是如此。如果说以上研究是基于同一文化中的交际行为，那么社会语言学家就文化因素对交际活动影响的论述对跨文化交际研究具有直接的借鉴意义。甘柏兹认为，从理论上看，人们在相似情境中的交往可能具有共性，但某一具体情境在某一时刻，对交际者的社会期望或要求其所承担的义务以及完成的行为，可能因文化的不同而相去甚远。例如，在制约什么该说、什么不该说的礼貌规范方面的差异常常会导致跨文化交际失误。权势关系方面的变化也会产生语言使用规范方面的变化。结果是，尽管交际者尽最大努力做到彬彬有礼，也不能克服人与人之间的距离(贾玉新，1997)。

社会心理学中诸多理论对跨文化交际学产生了巨大影响，如信息破译的过程、行为的知觉过程、言语社团理论、人际关系理论、领域与无领域依附感的认知理论等。社会心理学中有关人际关系的论述为跨文化交际学提供了独特的视角。人际关系不同于社会关系，属于认知心理学的范畴，是人们通过交际活动产生的结果，体现为心理距离。影响人际关系的主要因素有文化因素、社会因素、心理因素、自然因素和空间因素(贾玉新，1997：156-159)。文化因素包括价值观、世界观和一系列规范，不同文化形成不同的人际关系取向。不同社会通过不同的交际方式影响人际关系，不同的社会规约形成了人们对同一交际行为的不同看法。心理因素是形成人际关系的重要因素，包括交际个体的认知、思维方式、性格、态度、能力等因素，这些因素赋予了交际主体的个性化特征，直接影响交际的进行。

自然和空间环境同样影响了不同社会与文化氛围中人们的宏观认知背景，决定了不同文化中交际的潜台词。

(二) 跨文化交际学的主要概念

跨文化交际学中的主要概念有文化和交际、文化身份、民族中心主义 / 文化相对论、定型和交际风格(张红玲，2007：25-31)。这几个主要概念包含了跨文化交际过程的基本要素，它们从不同的角度对跨文化交际的动态过程构成影响。

1．文化和交际

文化和交际是跨文化交际学中最重要的两个基本概念。对于“文化”“交际”的定义和认识很早就有，而且有不同的角度和侧重点。在跨文化交际学看来，“文化”和“交际”的关系尤为重要，即文化与交际密不可分，交际不可能脱离文化而孤立存在。文化是一个群体共享的意义系统，决定我们作为社会成员对世界主要事物的感知、认识和态度。任何一个社会的人，从出生开始就受到这一意义系统的熏陶。文化扎根于人们的脑海里，并时刻左右着人们的言行、思想和思维方式。格尔茨(Geertz，1973)认为，在跨文化交际中，交际双方不可能完全摆脱本民族文化的制约和影响，而为了达成交际，必须克服不同文化的不同规约，使交际顺利进行。比以上认识更进一步，霍尔认为，文化是一个群体生活方式的系统，文化系统是有序的，是可以被该文化群体学习和掌握的，而且也是可以分析和描述的。同时他认为，交际就是文化本身(Hall，1963：106)。由此可以看出文化和交际的水乳交融的关系。

2．文化身份

文化身份的概念来自于社会语言学和文化学，是指“对某个有着共同符号意义系统、遵守相同行为规范的文化群体的认同，并被认为得到这个文化群体的接受”(Comer & Thomas，1988：113)。

首先，文化身份具有多重性。文化身份总是相对于一定的文化群体，同一个体可能同时属于不同的文化群体，这个个体也就具有了不同的文化身份。文化群体包括民族文化(如中国文化、美国文化、英国文化等)，区域文化(如东方文化和西方文化)，一些主流文化中的亚文化(如美国天主教信徒的文化和美国浸礼教信徒的文化、美国男权主义者的文化和美国女权主义者的文化、美国异性恋者的文化和美国同性恋者的文化等)。因此，同一文化个体的文化身份可能是多样的，如地区身份、国家身份、民族身份、职业身份、性别身份、宗教身份等。

其次，文化身份具有动态性。在跨文化交际之初，不同文化身份的人所遵循的符号意义系统和行为规范(即文化身份)可能差别很大。因此，为顺利达成交际，交际双方需要付出很大的努力。而当交际一方随着个人对异文化的体验增加，完成了跨文化调适的时候，交际就很容易顺利达成，而交际一方则是一个有着跨文化身份的文化个体。

3．民族中心主义和文化相对论

民族中心主义和文化相对论的概念来自文化人类学。文化对社会发展进程起着非常重要的作用，文化作为历史的沉淀，渗透在人类文明的各个层面，制约着人的各种生存活动，尤其极大地影响着人们的跨文化交际活动。人们对本文化和他文化的看法，即文化价值观，关乎跨文化交际过程的成败与否。

所谓民族中心主义，是指在跨文化交际过程中，人们都自觉或不自觉地认为自己的文化更优越，用本文化的标准去衡量判断甚至要求他文化。民族中心主义崇尚自己的价值观和信仰，蔑视其他价值观和信仰。持这种观点的人在潜意识里存在“本文化所规约的语言或行为方式是对的”“他文化中与其不一致的语言和行为方式都是错误的”的认识，而这种认识显然不利于跨文化交际的实现，只会导致跨文化交际活动的失败，甚至引起国家间、民族间的对立和冲突。

与民族中心主义相对立，主张“文化无优劣之分”的是文化相对论。在文化人类学界最早倡导文化相对论的学者是美国人类学家博厄斯。他坚决主张研究每一个民族、每一种族文化发展的历史，认为衡量文化没有普遍绝对的评判标准，因为任何一种文化都有其存在的价值，每种文化的独特之处都不会相同，每个民族都有自己的尊严和价值观，各种文化没有优劣、高低之分。因此，一切道德评价标准都是相对的，不能用自身判断是非善恶的标准去判断另一种文化，不能用一己诠释框架去套用或解释其他文化现象(林大津，2000：95)。博厄斯认为：“只有在每种文化自身的基础上才能研究每种文化，只有深入研究每个民族的思想，并把在人类各个部分发现的文化价值列入我们总的客观研究的范围，客观的、严格的、科学的研究才有可能”(转引白杨雪晶，2005：32)。文化相对论认为应对不同的价值观念、文化习俗和言语行为表示理解和宽容，感到自然，并能够根据不同的交际对象和场合，调整自己的行为和判断标准(Bennett，1998：26)。文化相对主义这种宽容的态度和开阔的胸襟对跨文化交际的顺利进行起到了正面作用。

4．定型

定型的概念来源于社会心理学，而最早将定型引入社会心理学的是美国新闻记者利普曼(Water Lippmann)。1922 年，利普曼的《公众舆论》(Public Opinion)一书出版，首次使用“定型”这一术语，用以表示不同社会群体“在人们头脑中的形象”(Lippmann，1922：81)。之后，社会心理学家在利普曼的基础上进一步发展了对定型的认识，认为定型观念是“对现实的某一方面，特别是某些个人或社会群体的相对僵化、过分简单或带有偏见的认识”(English&English，1958：523)。20 世纪 50

年代至 80 年代末，心理学与跨文化交际学关于定型观念的解释出现多元的趋势，但主要集中在两个方面：第一，定型观念是一种认识，这种认识带有类型化倾向；第二，定型观念是一种过度概括，呈简单化特征(文卫平，2002：12)。定型呈现过分简单化的特征，如认为所有的英国人都很保守、所有的法国人都很浪漫、所有的犹太人都很精明、所有的日本人都很勤劳等，是由于片面夸大了群体的相似性，而忽略了个体的差异，如部分英国人可能不保守、部分法国人可能不浪漫等。

对于定型在跨文化交际中所起到的作用，高一虹(1995)称之为“跨文化交际悖论”，即定型一方面起到了沟通文化差异的“桥梁”作用，帮助不同文化背景的人相互了解。同时，在定型基础上建立的对其他文化的理解是不客观的，有对其他文化“贴标签”之嫌。这种认识很容易变成“偏见”，也就是说，定型对跨文化交际既有正面的沟通作用，同时又因其片面性阻碍了跨文化交际的进行。我们对定型所应采取的态度是既要做到探讨不同文化的共性和同一文化群体所共有的特点，又要注意文化的个性和同一文化群体内部各种亚文化及不同个体的差异。没有群体的共性就等于没有形成对异文化的认识，而没有个性的差异就证明对异文化的认识处于比较低的阶段。

因此，在外语专业教学的初级阶段，应建立目的语的文化定型，这是一种较快了解文化差异的方法。尽管这种定型可能很不全面，很不客观，但有助于外语学习者建立有关目的语文化的一系列认识。随着以后学习的深入，头脑中原本清晰的印象开始模糊，原有的一个个定型变得不可靠，这时就应对原有的相当幼稚的认识进行修正，打破原有定型观念，建立新的概括方式，从而达到认识的深化(陈俊森等，2006)。

5．交际风格

交际风格是指人们在传递和接收信息时喜欢或习惯采用的方式。古迪昆斯特等(Gudykunst，et al，1992)列举了四对不同的风格类型：直接和间接型；详尽和简洁型；个人为中心和语境为中心型；情感型和工具型。以美国人和中国人的交际风格为例，一般来说，美国人的交际属于直接型的，在交际时倾向于直截了当、直奔主题，而中国人的交际则是间接型的，习惯拐弯抹角、兜圈子。美国人的交际是介于详尽型和间接型之间的，而中国人则属于间接交际风格，谈话时往往表现得非常谦卑，在谈到主题时经常是点到为止，简洁扼要。最后，美国人属于以个人为中心、工具型的交际风格，喜欢就事论事，不太注重社会文化因素和人际关系对交谈主题的影响，中国人则属于以语境为中心、情感型的交际风格，交谈双方的地位关系非常重要，决定了谈话的方式、语言措辞的选择，交际的主要目的之一就是交流情感，建立良好的人际关系。不同的交际风格可能会引起交际双方的误解：美国人觉得中国人不真诚，办事缺乏效率；中国人觉得美国人自负、无礼。而要想避免不同交际风格对交际可能产生的不利影响，就应当事先了解对方的风格，同时在交际过程中有意识地调整自己的风格(张红玲，2007：29-30)。

(三) 基于教学的跨文化交际研究的主要方面

1. 跨文化交际的语用方面

在跨文化交际中，很多情况下影响交际的因素并不仅是语音、词汇和语法，而是人们说话的方式不同以及对语码的使用不同。在语用学领域，言语行为理论、会话含义理论、礼貌原则等的提出使人们开始关注语言外因素对语言使用的制约。然而，在跨文化背景下语言的使用规则会因文化和社会的不同存在差异，究其原因是由于不同文化存在不同的社会规范。研究这种差异对跨文化背景下的外语专业教学具有重要意义，可以帮助外语教师更为深刻地认识到，跨文化交际过程中文化准则和社会规范的错置(认为目的语文化的社会规范与本族语文化没有差别)会导致交际失败，从而产生较大的心理或社会距离(Wolfson，1989：141-160)。这对于引导学生克服典型的文化语用失误、顺利达成交际具有深刻的指导意义。

具体讲，有一系列言语行为，它们的语言表现形式会因文化的不同而产生差异，这些言语行为包括：称呼(forms 0f addressing)、道歉(apologies)、请求(request)、请求别人允许(asking for permission)、感谢语(gratitude)、同意或不同意(agreement or disagreement)、批准或不批准(approval 0r disapproval)、拒绝(refusal)、建议(suggestions)、劝告(advice)、警告(warning)、恭维(compliment)、邀请(invitation)、问候(greetings)、告别(partings)、电话语(telephone talk)、介绍(introduction)、关切(expressing concern)、批评(criticism)、提供(offer)、否认(deny)、祝贺(congratulation)、说服(oersuasion)、命令(command)、指示(directions)、教导(instructions)、推荐(recommendations)、报告(report)、威胁(threat)、禁止(prohibitions)(贾玉新，1997：329-330)。

由于不同文化环境中社会语言规则存在着差异，各社会群体在问候、道歉、请求、感谢、祝贺等诸多言语行为方面都有其独特的规则可循，即使是在相同的情景，行使相同的社会功能，所实施的言语行为的语句可能截然不同。例如，在称呼语中鲜明地体现了汉语的卑己尊人的礼仪规范，称呼对方的家人一般用尊称，如“令尊”“令堂”“令郎”“令爱”，对自己的家人则用谦称，如“家父”“家母”“犬子”“家女”“贱内”，而在英语和俄语中均无相应的表达。在致谢的言语行为中，英语用“You are welcome”(乐意为您效劳)或者“It's my pleasure”(乐意为您效劳)回答对方的谢词，而非“It's my duty”(这是我的责任)或“This is what I should do'’(这是我应该做的)之类汉语式的表达等。除此之外，不同文化对合作原则(量的标准、质的标准、切题原则、方式原则)和礼貌准则(得体准则、慷慨准则、赞扬准则、谦虚准则、赞同准则和同情准则)的理解均有不同。在一种语言中符合交际准则的表达，放到另一种语言中就不一定适合。因此，在外语专业教学过程中，应当着重关注跨文化交际中语用方面引起的失误现象，力图加以克服。

2．跨文化交际的语篇方面

较早对跨文化交际与语篇结构的关系进行深入探讨的是卡普兰(Robert B．Kaplan，1966)的研究。卡普兰认为，中国人的思维方式是曲线式的，类似一种润轮线，叙述时一般不直奔主题，而是从其他内容开始语篇的陈述，迂回地指出语篇的主题和大意；英美人的思维方式是直线式的，段落当中通常都有主题句，其后的内容是对主题句的充分展开，最后是对主要内容的总结；俄罗斯人的思维方式是文章中有一系列的猜想式的平行成分和一些并列成分，并且至少一半与句子的中心思想不相关；法国人和西班牙人的思维方式是在文章中穿插一些离题的句子；阿拉伯人的思维方式是用各种平行线表示的，而日本学者提出日本人的思维方式是“点式”的(司联合，2001)。

英语语篇具有直线型特点，汉语等东方语言则具有螺旋形特点。卡普兰曾用图表大致表示不同文化的思维方式，而有相当多的文化学者认为，这些图示基本上代表了不同文化语篇的不同建构特点。

曲政和俞东明(2003：36)曾经进行过实验研究，探讨不同文化对语篇生成的影响。实验中要求中国学生写一封由三段文字构成的信，内容是学生向他们以前的一位英语教师借一本英语词典，结果表明，35 名同学中有 29 人均在信的最后一段才提出要求，信的前两段主要谈及该教师对自己以往的帮助，而这显然是汉语的思维方式和组织语篇的方式。按英美人的写法，应当在信的开头段提出自己的请求，也即西方人的思维模式为 request—background—confirmation of request。在跨文化交际中，如果在作文、翻译或口头交际时不注意西方人的思维习惯，仍使用中式思维模式，西方人对这类文章或讲话会有一种不耐烦(不愿读下去或听下去)的反应，从而容易产生误解甚至导致交际失败。在外语专业教学过程中，应重视不同文化背景下不同语言的语篇特点，从而对教学实践(尤其是写作教学)有所帮助和指导。

3．跨文化交际的教学应用方面

随着人们对语言认识的深化，随着语言能力、交际能力、跨文化交际能力的相继提出，外语专业教学的目标日渐清晰，培养学生的跨文化交际能力成为现代外语专业教学的目标。而外语翻译教学不仅要使学生具备语言能力(即语法能力，生成合乎语法句子的能力)、交际能力(在一定的情境中生成合乎情境的句子)，还要使学生具备跨文化交际能力(在跨文化语境中达到成功交际的能力)。这就要求学生对异国文化有更深的了解，在外语专业的开设课程中，这个重任也就落到了翻译课程上。通过翻译课程的学习，让学生更加了解西方文化，更好地进行跨文化交流。

卡纳勒(Canale)和斯温(Swain)对语言交际所必须具备的能力的划分，为跨文化交际能力的分析提供了直接的框架模式。跨文化交际能力包括四个方面，即语法的(grammatical)能力、社会语言的(sociolinguistic)能力、语篇的(discourse)能力和策略的(strategic)能力(Canale &Swain，1980；Canale，1983：Swain，1984；许力生，2000)。这四个方面的能力在跨文化交际中起到了非常重要的作用，且缺一不可。

语法能力主要是指对语言本身的掌握，包括词汇、构词、构句、发音、拼写等语言特征和规则，是准确理解和表达话语字面意义所需要的基本能力。语法能力在多大程度上受到不同文化的影响，学界说法并不统一，但有一点是肯定的，即文化对语法能力的制约远没有其他方面显著。

社会语言能力是指能够依据各种语境因素恰当地运用与理解不同社会场合和环境的言语。从某种意义上说，社会语言能力就是文化，是语言运用的文化，习得一种社会语言能力实际上就是习得一种文化能力。人们在相互交往时，文化失误要比语法错误令人无法容忍，因此翻译教学中应特别注意避免文化失误的发生。

语篇能力是指能够合理地将语言形式与意义组织起来，构成各种不同体裁的前后连贯的口头或书面语篇。语篇能力在较大程度上曲折地反映了特定文化群体的基本思维模式及其相关的价值观。例如，卡普兰(1966，1968)指出，在篇章的组织结构方面，英语篇章主要呈直线型，汉语篇章主要呈螺旋形。所谓直线型即段首往往有一个主题句，然后再按照一条直线展开，对主题分点说明中心意思。而螺旋形与汉族人思维的整体性(天人合一)以及八股文的结构有很大关系，有含蓄、委婉、间接、迂回的特点。因此，在外语教学中应帮助学生克服来自母语的语篇构成模式的干扰，避免出现英语语法和汉语结构混用的现象．让英语族人听起来(或看起来)重点不突出、条理不清楚。

策略能力则主要是指运用各种交际策略去应付和解决由于外在条件或其他方面能力欠缺所导致的交际困难与问题。跟社会语言能力和语篇能力的迁移不一样，这方面的迁移因策略能力与文化较为疏离的关系，非但不会妨碍，反而只会有助于跨文化交际双方的沟通和理解(许力生，2000：19-20)。除此之外，赵爱国和姜雅明(2003：229)认为外语专业教学的跨文化交际能力包括语言能力、语用能力和行为能力。其中，语言能力包含语音、词汇、语法、语义四个方面的能力，语用能力包含语境能力、语篇能力、社会语言学能力和社会文化悟力，行为能力则包括社交能力、非语言交际能力及文化适应能力三个方面。贾玉新(1997：480)则认为跨文化交际能力应包括基本交际能力系统、情感和关系能力系统、情节能力系统和交际方略能力系统。基本交际能力系统主要是强调交际个体为达到有效交际所掌握的能力，包括语言能力、文化能力、交往能力和认知能力。在情感和关系能力系统中，移情作为重要的情感能力是指以他人文化准则为标准，解释和评价他人行为的能力，而关系能力则强调交际双方形成共识和彼此适应的重要性。情节能力是指在交际过程中交际双方根据实际场景调节交际行为的能力。策略能力系统包括语码转换策略、近似语策略、合作策略和非言语策略等。

三、文化导入：语言与文化研究在翻译教学中的应用

（一）文化导入的概念

文化导人，又称文化植入、文化移入，在国外最早由舒曼在 1978 年提出，该概念适用于二语习得领域。舒曼从社会心理学角度构建了“文化导入模式”(acculturation model)，认为第二语言学习过程中最重要的是社会因素和个人情感因素，因此提出假设，文化导人的程度决定了第二语言习得的成败(Schumann，1978)。

20 世纪 80 年代中国学界开始关注外语教学当中的文化因素，赵贤洲(1989)较早提出“文化导人”概念，许国璋(1998)较早探讨英语教学中的词汇文化内涵问题，胡文仲(1990，1994，1997，1998)较为系统地阐明了外语专业教学中的文化、交际问题。陈光磊(1992)较早对文化导入的内涵做了界定，他认为，所谓文化导入就是在教授语言结构规律的同时，使学习者了解和习得所学语言所具有的文化内涵和所遵循的文化规约，并在一定程度上转化为交际能力，从而在一定范围内顺利加入该语言社团的交际活动。林汝昌(1996)认为文化导入是外语专业教学的延伸和补充，他详细探讨了外语专业教学中文化导入的层次问题，据此笔者将翻译教学中文化导入分为三个层次进行：第一个层次为讲授目的语的语言结构知识，消除外语学习中影响理解和使用的文化障碍，重点是导入有关词汇的文化因素和有关课文内容的文化背景知识；第二个层次为系统导人相关的文化知识，根据每篇课文或每册书的内容，归纳出能涵盖课文或全书内容的文化框架；第三个层次为导入更广泛的文化内容，包括一个民族的历史与哲学传统，即综合与概括一种文化的社会模式及其价值系统的文化表现形式(张友平，2003)。

（二）文化导入的原则

赵贤洲(1992)、束定芳(1996)、鲍志坤(1997)、张安德和张翔(2002)以及赵爱国和姜雅明(2003)等诸多学者曾专门探讨文化导入的原则问题。总的来看，在翻译教学中进行文化导入要遵循以下几点：

首先，文化导人应当侧重目的语同母语相异的方面。学生在跨文化交际以及习得外语的过程中，一般而言，两种语言中存在的文化共性方面不会成为学习过程中的障碍，引起学习者困惑的往往是母语社会中不曾有过的，或者母语社会与目的语社会的理解存在差异的语言、言语现象。这些内容应当作为文化导人的主要方面，在编写教材、课堂授课、课下作业、测试等各个环节得以充分体现。例如，在维列

夏金和科斯托马罗夫提出的词汇背景理论中，文化伴随意义基本等值的共有事物和现象不应是外语教学的重点，而文化导入应侧重于仅在一种语言中有文化伴随意义或在两种语言中有不同的文化伴随意义的词汇，因为这部分词汇在学习者习得过程中需克服来自母语的干扰，需要付出更多的努力。例如，汉语中“吃狗肉”这一表达没有独特的文化伴随意义，而英语中 eat dog 表示替别人干别人不愿意干的事情，这个意义来自美国土著印第安人的习俗。印第安人在有重大事情需要商议的时候吃狗肉，后来，有白人不愿吃，但为避免对主人不敬，他们被允许将一块银圆放在盘子上，别人替其吃狗肉并收起银圆，于是在早期的美国政治中有为别人吃狗肉一说。在外语教学中“吃狗肉”这类存在文化差异的语言现象是需要格外注意的，因为这类现象容易导致外语学习中的误解，导致“文化休克”。

其次，文化导人应当遵循一定的阶段性。由于人们对异文化的感知和适应是一个渐进的过程，这决定了文化导人必须遵循这个规律。正如跨文化研究专家汉威(R. G. Hanvey，1979)所指出的，人们对文化差异敏感性可以分为四个阶段：第一个阶段是对于表面的明显的文化特征的识别，人们的反应通常是认为新奇、富有异国情调；第二阶段是对于细微而有意义的，与自己的文化迥异的文化特征的识别，反应通常是认为不可置信或难以接受；第三个阶段与第二个阶段相似，但区别在于通过道理上的分析认为可以接受；第四个阶段是能够做到从对方的立场出发来感受其文化(胡文仲，1994：129-130)。从第一阶段到第四阶段不是一蹴而就的，这期间必定经历一个由新奇到疑惑、排斥，再到从理智上理解，并最终从情感上忘却文化间的隔阂，做到站到他文化的角度上感受和理解他文化。翻译教学的目标也只能是使外语学习者最大限度地接近第四个阶段，要知道，想让所有外语学习者达到 empathy(“神人”，即感受不到是不同的文化，认为是自然而然的，就如同母语文化一样)的程度是不现实的。

文化导入的过程因此要分阶段进行，在学习的初级阶段，文化导入主要涉及一些容易理解的表层文化。随着学习的深入，学习者对目的语文化有了一定的感性和理性认识，一些涉及价值观、思维模式的深层次的文化差异才可以放到教学内容中来，外语学习者对此才可能有更为深入、透彻的体悟。谭志明、王平安(1993：74-77)指出，英语专业教学中的文化导人应分三个阶段进行，其中初级阶段的文化导入应主要介绍在日常生活交往方面英汉主流文化的差异，以及这种差异在语言形式和运用中的具体表现，从而使学生掌握日常生活中英语语言交际的能力，该阶段主要涉及一些表层文化；中级阶段的主要内容是介绍由于文化差异引起的英汉词语、成语意义及运用方面的差异，使学生熟悉英汉语义的差别并深入理解英语表达法所涉及的文化内涵；高级阶段主要从中西文化深层次的差异人手，介绍中西方思维方式以及言语表达方式的差异，从而使学员提高语言表达能力，并能进一步了解西方的人际关系及交往的深层次模式。这种分阶段进行文化导入的模式适用于任何外语教学，体现了外语教学的特点，也符合人们感知、适应不同文化的心理认知规律。

再次，文化导人的过程中应做到质的优选和量的适度。文化的范围之大可谓包罗万象、林林总总，可翻译教学是受到授课时数等客观条件限制的，是不是所有的文化都应纳入翻译教学的范围之中，答案无疑是否定的。所谓“质的优选”是指选取那些目的语文化中占主流地位的文化，而不是仅限于个别群体、个别区域的文化，同时，选取的主要是在当代盛行的文化，而非已经退出历史舞台的过去的文化。只有这样才能最大可能地在有限的时间接触到更多的目的语文化的本质，从而指导跨文化交际顺利进行。所谓“量的适度”是指翻译教学过程中文化导入内容必然要和跨文化交际密切相关，换言之，不能把翻译课上成了历史课、地理课、音乐课、艺术课、哲学课……翻译教学中的文化导人必须在外语专业教学的框架内进行，其目的是为语言教学服务，促进学生掌握跨文化交际的技能，培养用异文化交际和思维的习惯。因此，知识性的内容适可而止，并非多多益善。

(三) 文化导入的内容

文化导入的内容是文化导入的核心问题，因为这牵涉到翻译教学中需要讲授哪些文化项目，哪些对外语学习者而言最为重要，最具现实意义。为此，不同的学者列出了不同的文化清单，这反映了学者们对文化细目的不同划分方法。

1. 知识文化和交际文化

赵贤洲(1989)、张占一(1994)主张将文化导人的内容分为知识文化和交际文化。知识文化指的是在两个文化背景不同的人进行交际时，不直接影响准确传递信息的语言和非语言的因素。交际文化指的是在两个文化背景不同的人进行交际时，直接影响信息准确传递(即引起偏差或误解)的语言和非语言的文化因素。这种分类方法是以参与交际的文化因素在交际过程中所起的作用作为划分文化属性的标准，直接影响交际的，就是交际文化因素，不直接影响交际的，就是知识文化因素。但与此同时，这种分法并不意味着只有交际文化因素参与交际，而知识文化因素不参与交际，交际文化和知识文化的区别在于它们对跨文化背景下的交际过程中对传递信息所产生的作用不同。这种分类方法的指导思想是帮助外语教师区分出哪些因素属于直接影响交际的，哪些是属于不直接影响交际的，并侧重交际文化的教学。

赵贤洲(1989)将交际文化进一步细分为十二个具体的方面：

(1) 因社会文化背景不同而产生的无法对译的词语；

(2) 因社会文化背景不同而产生的某些层面意义有差别的词语；

(3) 因社会文化背景不同而产生的词语使用场合的特异性；
(4) 因社会文化背景不同而产生的词语褒贬不同；
(5) 因社会文化背景不同而产生的潜在观念差异；
(6) 语言信息因文化背景不同而产生的差异；
(7) 含有民族特殊文化传统信息的词语；
(8) 成语典故、名言名句等；
(9) 词语中反映的习俗文化信息；
(10) 有特定文化背景意义的词语；
(11) 不同文化背景造成的语言结构差异。
(12) 其他因价值观念、心理因素、社会习俗造成的文化差异。

吴国华(1993)从文化背景知识的性质和功能角度，同样将文化分为知识文化与交际文化，对外语教学而言，最主要的是交际文化。交际文化指某一文化领域内人们所具有的普遍文化的适应能力，根据体现层面的不同，交际文化可以具体分为词汇层(包括不对应词汇、背景词、文化伴随意义词)、语域层(包括称呼、问候、致谢、致歉、赞辞、忠告、禁忌等方面)、身势语(包含手势、面部表情、身体动作、服饰等)和时空观、价值观。

2．词语文化和话语文化

束定芳(1996)将文化导入的内容分为词语文化和话语文化两类。词语包括单个的词和词组(含习语、成语等)，词语文化中最重要的内容有：

(1) 一个民族文化中特有的事物与概念在词汇及语义上的呈现；.
(2) 不同语言中指称意义或语面意义相同的词语在文化上可能有不同的内涵意义；
(3) 词语在文化含义上的不等值性；
(4) 不同文化对相同的现象所做的观念划分的差别在词语及语义上的显示；
(5) 体现一定文化内容的定型的习语(熟语、成语等)。

话语主要包括：

(1) 话题的选择(例如，谈天气、健康、年龄、收入等在不同文化中有不同的社会含义)；
(2) 语码的选择(例如，用什么风格的语言谈论是受文化条件制约的)；
(3) 话语的组织(例如，话轮、连贯、叙述方式、叙述顺序等均有一定的文化模式)。

3．语构文化、语义文化和语用文化

陈光磊(1992)将文化导人的内容归为语构、语义和语用三种。语构文化指不同文化背景下两种语言结构方面的差异(例如，构词的差异、句法的差异等)，语义文化指两种语言语义方面所体现的不同文化特征(例如某一民族特有的词语，含有一定民族文化伴随意义的词语、成语、惯用语等)，语用文化指语言使用过程中所应遵守的文化规约(例如，称呼、问候、致谢、致歉等)。

赵爱国和姜雅明(2003)在语构文化、语义文化和语用文化的基础上，又增加了两类，即语体文化和行为文化，从而把文化导入的内容分为五类：语构文化(语音、语法系统所体现的民族文化)、语义文化(语言单位各构成素的意义系统所体现的民族文化)、语用文化(语言使用过程中所遵循的民族文化规约)、语体文化(语言文体选择和运用中的民族文化因素)和行为文化(语言和非语言行为所反映的民族文化特征)。

按照美国当代外语教育专家拉森·弗里曼(1986)对语言教学的理解，语言教学体现为一个三角关系，即：语言学习者 / 学习、语言，文化、教师 / 教学。其本质是要解决“学(教)什么“怎样学”和“怎样教”这三个基本问题。本章主要解决第一个问题，即“学(教)什么”的问题。语言是表达意义的符号系统，同时也是反映和传播文化的主要手段，其本身是文化的重要组成部分。古迪纳夫认为文化是“人们为了与其文化群体成员和平友好相处所应知道的和相信的一切”(GoodenouKh，1957：36)。在语言教学中，倘若离开了文化，就无法实现对语言的正确理解和使用。

首先，语言不可能脱离文化存在，语言的社会属性决定了不同语言所蕴含的与该社会历史、地理、信仰、政治等密切相关的独有特征，在翻译教学中文化因素必须得到正视和考量。

其次，文化导人为翻译教学提供了具体操作的模式，而且越来越多的学者意识到，文化导入绝不可能只是知识导人，更包含了意识的培养和能力的塑造。

无论是知识文化和交际文化的划分，还是词语文化和话语文化的划分，抑或是语构文化、语义文化和语用文化的划分，都是从不同角度使学生从习得语言的最初阶段就加强对文化因素的敏感性，并将这种意识贯穿整个外语学习的全过程。随着语言文化理论的发展，现在的外语教学应当摒弃原先对文化进行武断评判的做法，充分认识到对异文化的一味逢迎或一棍子打死均是不理智的，只有全面、客观、理性地对待目的语文化的全部，才能深入文化的实质，也才能算得上从根本上掌握了语言。对民族中心主义思想和成见的认识和分析是语言学习和文化学习的必经阶段，文化导入的双文化语境使外语学习者必须从反思的高度审视自我的文化. 以包容的心态去理解目的语的文化。

第七章　认知视角下的翻译教学

外语专业教学一直是学校教育的重要组成部分，而翻译教学又是外语专业教学的重要一环，承担着促进国际交往和国内发展的重要职责。尤其是在当今，作为信息交流工具的外语越来越显示出其独特的价值和重要的地位。翻译教学在新的历史时期被赋予了特殊的历史使命，受到教育部门和学术界的普遍关注。现今的教育改革要求翻译教学在既有的体系框架内实现新的突破，以便更好地适应当今历史条件下的新环境和新任务。

作为外语专业教学理论基础和外语专业教学法基本原理的语言学迅猛发展，呈现出日新月异的发展态势。诞生于20世纪70年代的认知语言学是语言学中的一种新范式，它包含许多不同的理论、方法及研究课题，这些理论、方法和课题都强调从人类的基本认知能力出发，通过人类在与外在现实相互作用过程中形成的概念结构来分析和解释语言结构。认知语言学借鉴了心理学、认知科学、哲学、人类学、心理语言学等学科的研究方法，具有跨学科特点，并形成了一系列研究议题，特别是概念结构、范畴和范畴化、原型理论、意象图式及隐喻等成为近年来研究的焦点。认知语言学具有不同于形式语言学的哲学基础，后者基于客观主义认知观，认为语言符号与外部存在的客观事物直接对应，语言符号的意义与人的生理构造、身体经验以及主观认知能力毫不相干，并在语言描写中排斥语言外因素。前者基于经验主义现实论或体验哲学，认为人类的概念系统是人类身体经验的产物，人类经验之外的客观现实与语言符号之间没有直接的联系，语言意义的形成和解释需要通过人与外部世界的互动才能实现。由于与形式主义语言学哲学基础的根本差异，认知语言学采取了与其完全不同的语言描写和解释方法，它将历史、文化、社会、民族等一系列人类有关世界的百科知识均纳人研究范围之中，并认为这些因素在一定程度上影响了语言意义的形成。

应用语言学(这里是狭义的理解，指外语教学)是一门应用型的交叉科学，它的基本特点是在学科间起中介作用，即把各种与外语专业教学有关的学科应用到外语教学中去(Buckingham，1969；Campbell，1969)。在这些相关学科中，认知语言学研究了语言与人的认知能力之间的关系，提出语言能力是人的认知能力的一部分，语言的习得不可能脱离人的其他认知能力而独立完成，因此对语言的习得和理解必须结合人类一般的认知规律以及人类日常的经验和知识，这种语言观使人们从一种新的角度看待语言现象，解释语言现象并在相当大程度上影响了外语教学的思路和理念。

刘正光(2010：10-13)提出了认知语言学指导外语教学的基本原则，从中可以窥见认知语言学应用于外语教学的现实性意义。第一个原则是“知其所以然”。认知语言学的研究目的就是为了解释语言现象，采取的语义为中心的研究宗旨强调了语言的理据性，其研究模式就是通过结合人类经验，力图寻找语言现象背后的制约机制。莱考夫(Lakoff，1987：246)指出，有理据的东西学起来比没有理据的要容易一些，同时有理据的知识记忆与使用也要比没有理据的要容易一些。威多森(1990)也指出，明确地理解语言的工作方式，将经验服从于分析的需要，适合学习者的认识风格(刘正光，2010：10)。

第二个原则是“语言、文化和思维”三位一体的教学模式。认知语言学坚持百科知识观，即认为语言不可能脱离文化、思维独立存在。在翻译教学的初级阶段运用范畴化理论和原型理论，能够帮助学生了解语言运作的方式，认识语言范畴化的手段，由于这种认知世界的能力是各个民族所共有的，学生在对目的语进行范畴化的同时必定会与本民族语言的范畴化特点进行对比，这样他们就会从不同的角度审视目的语和母语，并从更深的层面理解这两种语言的文化差异。在高年级阶段运用概念隐喻理论，能够培养学生的隐喻意识。隐喻作为一种各民族人民普遍具有的认知能力，包含了大量的文化信息。透过目的语的隐喻可以发现目的语民族人民的思维方式，这种思维方式可能与本民族一致，也有可能不同，外语学习者“理解隐喻的过程也是逐渐扩展观察问题和思考问题的视角、促使思维逐渐理性化的过程”。

第三个原则是“整体性教学”。从语言本体的角度，认知语言学从未将形式和意义割裂开来，即使在以语言形式为研究对象的认知语法中，也要将语义问题摆在首位。相应的以认知语言学为指导的外语教学强调语义原则，授课的线索是依照语言单位的意义(即范畴)安排的，相同范畴内容同时呈现的做法显现出一定的优势。尼迈尔(Niemeier，2004)提到，新词在同一范畴内一起呈现比孤立地呈现要易记、易学得多，因为这样可以使学习者建立新的神经联系并更有效地组织知识。从语言与语言外知识关系的角度，认知语言学强调知识的整体性，而且随着认知科学的发展，许多科学研究领域逐渐开始抛弃知识可以分区的看法，接受普遍联系的观点(Niemeier，2004)。受这种思想的指引，翻译教学从宏观着手，在阅读原文、教授语言知识、培养语言技能的同时，讲授相关的社会、文化、语境知识，从而“培养学生对语言使用事件的识解”(刘正光，2010：13)。

第一节 认知语言学及其对翻译教学的促进

一、认知语言学的基本概念

(一) 学科创立

由于语言作为一种符号系统和交际手段已经分别在结构主义语言学和语用学的框架内得到或开始得到全面的研究，而语言同时还是心智的产物，有很多语言专家已经意识到“在语言和客观世界之间存在一个中间层次认知”。人们通过心智活动将经验到的外在现实概念化并将其编码，形成语言。一方面，通过研究认知活动，特别是利用心理学家的研究成果，语言学家可以从人类的基本认知能力出发，通过人类在与外界现实相互作用过程中形成的概念结构来分析、解释语言结构。另一方面，语言也为我们提供了通向认知的窗口，通过语言，我们可以看到人们的认知特点，探索认知能力的一般规律，从更深一层把握语言。鉴于这种将认知活动与语言相结合研究的优点，已有众多语言学家把目光投向了认知语言学体系的建立。应该说，认知语言学刚兴起十几年，还处于初创阶段，缺乏整齐划一的分析模式，也尚无一个公认的学术中心，更没有转换生成学派中乔姆斯基式的领袖人物，甚至连它的名称都还不是很固定，也就是说，认知语言学只是由一些具有共同的基本学术观点和倾向的语言学家组成的一个较松散的语言学阵营。但也正因为如此，它在探索范围和研究手段方面较少束缚，具有更大的开放性(张敏，1998)。

认知语言学的诞生有两个重要标志：一是莱考夫于1987年出版了专著《女人、火和危险事物》，同年兰盖克又出版了专著《认知语法基础》，两部专著的问世为认知语言学的建立解决了一些基本的理论问题，为其今后的学科发展奠定了基础。二是1989年春，在德国杜伊斯堡举行的认知语言学专题讨论会。会后，出版了《认知语言学》杂志，成立了国际认知语言学会(ICLA)，并出版认知语言学研究系列丛书。该学派主要代表人物有莱考夫、兰盖克和泰勒等(文旭，1999)。认知语言学派尽管人员研究兴趣各有不同，各自的研究自成体系，但对语言和语言研究本质的认识是一致的，可归纳为以下几点。

(1) 语言外研究：作为人类认知的一个域，语言与其他的认知域密切相关，体现了心理、文化、社会、生态等各因素的交互作用，若想揭示这种交互作用，就必须展开跨学科研究。

(2) 语言内研究：相应地，对语言的理解和阐释(体现为词义)必须参照百科全书般的概念内容，即人们的常识，而且不把语言现象区分为音位、形态、词汇、句法和语用等不同的层次，而是寻求对语言现象统一的解释。

(3) 对语言的理解：对语言进行统一解释的直接途径就是把语言看作人类认知过程——范畴化、概念化的结果；范畴化以广义的原型理论为基础，存在于语言的方方面面，范畴化过程主要依靠隐喻投射和转喻投射；概念形成根植于普遍的躯体经验，特别是空间经验，这一经验制约了人对心理世界的隐喻性构建(张辉、祝良，1999)。

(二) 认知语言学的哲学基础及其与结构主义、转换生成主义的分野

1. 认知语言学的哲学基础

语言学与其他人文学科有着密不可分的联系。哲学、逻辑学以及心理学等学

科的发展既形成了语言研究的背景，又必然对语言研究产生相关影响。一定时期的语言学总有自己占统治地位的基本观点，总是受当时占统治地位的哲学思潮的影响。“哲学观点被用来解释语言最普遍的规律，而语言反过来又对解释某些哲学问题起作用”。莱考夫称语言研究的老派为“客观主义”，新派为“经验主义”，又称非客观主义、经验现实主义。

为了区别哲学史上早期的经验主义和这里的经验主义(前者指16至18世纪西方哲学史上的一个流派，后者指20世纪末莱考夫等学者的思想)，有学者(王寅，2002)建议将后者换成兰盖克的术语，并译为“体验哲学”。其主要观点是：

(1) 思维不能脱离形体。人类认知结构来自人体的经验，并以感知、动觉、物质和社会的经验为基础，对直接概念和基本范畴以及意象图式进行组织和建构；

(2) 思维具有想象性。间接的概念(不是直接来源于经验的概念)是运用隐喻、转喻思维方式的结果，并以此超越对外部世界的直接映像或表征。正是这种想象力才产生了“抽象”的概念；

(3) 语言符号不是对应于客观的外部世界，而是与认知参与下形成的概念结构相一致，意义和推理也是基于以上概念与认知模式；

(4) 概念结构和认知模式具有完形特性。学习和记忆的认知过程依靠完形结构，而不是抽象符号的机械运算(赵艳芳，2001)。

认知语言学与结构主义语言学的分野风行于20世纪上半叶，结构主义语言学的最大贡献就在于对语言系统本身进行了详细的描写，其最终目标就在于对语言结构本身的发现上，利用分布分析法对句子进行层次切分并对语义进行成分分析，视语义为义素的组合。语义范畴以经典的范畴观念为基础：范畴有明确的界限，范畴是由充分特征和必要特征的合取来定义。凡是符合这些特征的个体就在这个范畴内，反之则在范畴外。义素分析即将意义单位分解为抽象的特征元素，并用这类特征的集束来定义基本语义单位。概念的类来源于客观世界里既定的范畴，与进行范畴化的主体无关，而范畴的归属是由概念的本质性决定的。这种看法是把语言的语义结构直接对应于客观世界的现实结构，人在形成语言的过程中不起主导作用，人的心理、文化、认知习惯等因素在语言形成中不起作用，人在形成语言的过程中就像一块“白板”，语言只是人们对外在客观世界的被动反映。如图7-1。

图7-1　结构主义语言结构过程

这种观点的哲学基础是英美分析哲学，其主要观点是极端经验主义(有别于认知语言学能动的经验主义，术语为empiricism)，与此相应，其心理学基础是行为主义，对语言理解是刺激—反应式的。儿童学话无非就是一种“刺激的泛化”或“刺激—

反应的强化”和“行为塑造”。当儿童对环境或成人的话语做出合适的反应，成人就会给予物质或口头上的鼓励，这样，一定的刺激—反应模式就会得到泛化或强化，从而形成语言习惯或语言行为的塑造。有些极端的行为主义者甚至说思维和言语没有根本区别，只是反应方式发生于机体内部或外部的不同。人在思维时是在自言自语，只是把言语降到无声的程度而已。总之，行为主义者总是尽力避免心灵主义的色彩，他们只关心话语的外部联系，而不管话语的内部意义。在其看来语言不具目的、意图和主动性，只是一种习惯化反应体系，是人的生理机制，与心智无关(章士嵘，1996：187-188)。显然，不管转换生成学派还是认知语言学派都意识到了这种看法的缺陷，即否认语言是人类发展中最重大的事件，是人类社会特有的现象，总是“有意无意地将人降低到动物的水平”(章士嵘，1996：190)。在语言研究中考虑“人”的因素，用人的认知能力对语言的表面现象做出解释，而不是仅停留在“描写”的层面，“将语言作为一个认知系统，以探索蕴藏在大脑中的具有普遍性的人类语言根本机制作为终极目标”(张敏，1998：4)——这些使转换生成主义和认知语言学走到了一起。然而，转换生成语言学与认知语言学仍有着重大甚至根本上的分歧。

2．认知语言学与转换生成语言学的分野

转换生成主义对语言的解释采用的是形式主义的方法，而认知语言学则是功能主义的，即前者把重点放在对语言的形式结构的刻画上，而后者在取材上注重自然、实际的语料，重视语义、语用、话语的分析，并将形式上的规律诉诸非形式化的合乎直觉的外在解释(张敏，1998)。

应该看到解释方式的不同，究其根本是对语言的看法的不同，前者把语言看作是天赋的，而天赋论的哲学基础是笛卡尔的唯理论。关于语言的本质，作为生成语言学奠基人的乔姆斯基的回答是“说本族语的人理解和构成语言的先天能力”(哈特曼、斯托克，198l：189)，即把语言能力和语言运用对立，而将语言研究的对象确定为前者。而这种能力是人一生下来就具备的，这种存在于每个人的大脑中的句子生成机制就是全体人类都具有的普遍语法(Universal Grammar，简称UG)，而且这种语法是自足的，即语义和交际功能对句法规则进行干预的可能性从一开始就被排除，即“用符号操作的数学系统来描述语言……至于符号的意义和系统外的其他因素都可不予考虑”(Lakoff，1991)。与生成学派不同，认知语言学认为语言并非天赋，而是后天建构而成的。这就是瑞士心理学家皮亚杰(Piaget)提出的“建构论”，其在哲学上既反对狭隘的经验主义，也反对天赋理论，主张主客体的相互作用。皮亚杰认为认知结构最初来源于动作，他强调：“知识来源于活动，由于作用于新客体的活动反复多次，通过一般化而形成某种‘图’，因而‘图式’是一种实践的概念”(章士嵘，1996)。智能的发展就是通过建构图式从初级发展为更高、更复杂的图式的过程，如“动作图式—意象性思维图式—抽象性思维图式—逻辑数学图式”。他认为在产生语言之前人就有智能，这时的智能是一个复杂的动作图式体系，尔后发展起来的知觉能力，形成概念的能力和使用符号的能力都在此基础上产生，即语言产生晚于智能，只不过语言的出现能加速智能的发展。所以说语言虽是思维、认知的重要工具，但不是唯一工具。在他看来，语言是逻辑的结果，而不是逻辑的源泉和操作，逻辑较之语言更为根本。逻辑一数理结构起因于主体动作间的协调配合，而非来源于语言结构。总之，建构论强调逻辑一数理结构既不来源于客体，也不来源于主体，而是通过主客体相互作用最终合成的。

可以看出，其实不管是结构主义语言学的“极端经验论”，还是转换生成语言学的“笛卡尔唯理论”(两者坚持的是两个极端，前者强调一切心智来源于物理世界和大脑的生理过程，所有有意义的表述必须直接或间接地源于可观察到的事物及其属性，词语有明确的、能客观反映世界的意义，即语言来源于客观世界。后者则坚持心智与身体截然分离的二元论，智能的本质是思想，能够脱离身体而存在。语言作为抽象符号可以独立于任何机体的特性直接与世界上的事物对应，语言符号之所以获得意义是通过与外部世界发生联系，符号与意义严格分离，符号用于思维过程中的逻辑运算，意义用于外界事物的对应，即语言是一种抽象符号)，本质上都认为意义、概念直接对应客观世界，无须个体的经验，不受个体特征的限制；知识主要是命题性的，有客观的对错之分，坚持语义的真值条件尺度，范畴化建立在外部世界所固有的特性之上，这些特性构成了某范畴成员的充分必要条件(Nuyts，1993：273-274)，也即两者有着共同的客观主义语义观，这也正是莱考夫将两者都称作“客观主义”的原因。而认知语言学则坚持了完全不同的哲学基础——经验主义，经验主义强调“通过对进行认知活动的生物体的身体构造和经验的研究来理解意义”(Lakoff，1987：266)，强调思维与身体密不可分：它根植于我们对外界的感知，受制于我们的物理构造和社会环境。同时，思维具有想象性，依赖隐喻、换喻和意象。可将转换生成语言学与认知语言学对比如图 7-2 和图 7-3 所示：

图 7-2 转化生成语法的语言结构形成过程

图 7-3 认知语言学的语言结构形成

可将本节内容总结为下表：

表 7-1 结构主义、转换生成语言学和认知语言学的学理观点对照表

语言派别	结构主义	转换生成语言学	认知语言学
研究目的	描写	解释(形式主义方式)	解释(功能主义方式)
哲学基础	极端经验论(客观主义)	笛卡尔唯理论(客观主义)	经验主义
心理学基础	行为主义	天赋论	建构论
语义观	客观主义语义观	客观主义语义观	经验主义语义观

(三) 认知语言学的基本理论观点

由于认知语言学学派众多，且各派研究方法、侧重点都很不相同，现就一些最主要的观点加以总结。

1. 范畴化 / 概念化

范畴化问题是认知研究的中心论题，因为人们认知世界的过程，其实就是将其范畴化 / 概念化的过程。“如果语言学所做的可用一句话来概括，那它就是对范畴的研究”(Labov，1973；张敏，1998：50)。应该指出，认知语言学的“范畴化”其实就对应于思维过程的概念化，与数学等严格意义上的范畴化并不相同，后者内部同质、离散，边界清晰，成员由充分必要的条件界定。在认知语言学家看来，自然语言中语义形成的过程就等同于概念化的过程，概念化过程又是基于身体经验的过程，即认知过程。概念是概念化的结果，因此语义实际上也就等于概念，同时也是一个语义范畴。杰肯道夫主张概念和语义合二为一。

2. 原型观

范畴划分就本质而言是一个概念形成的过程，范畴是通过范畴成员之间的“家族相似性”(维特根斯坦语)建立起来的。在范畴化中起关键作用的是“原型”，实体的范畴化是建立在好的、清楚的样本基础之上的，然后将其他实例与这样的样本进行对比，若它们在某些属性上具有相似性，就可归入同一范畴。这些好的、清楚的样本就是原型，它是非典型实例范畴化的参照点，这种与典型样本类比而得出的范畴就是原型范畴。

3. 意象图式观

意象图式是初始的认知结构、形成概念范畴的基本途径、组织思维的重要形式、获得意义的主要方式。意象图式的扩展是通过隐喻来实现的，而且当一个概念被影射到另一个概念时，意象图式在其间也发挥着关键的作用。我们通过在现实世界中的身体经验(如感知环境、移动身体、发出动力、感受力量等)形成基本的意象图式，然后用这些基本意象图式来组织较为抽象的思维、从而逐步形成我们的语义结构。因此，意象图式对于我们研究人类的语义结构、概念系统、认知模型具有关键作用。人类在理解和推理过程中，各种各样的意象图式交织起来构成了经验网络，从而也就形成了语义网络。既然意象图式规定并制约了人类的理解和推理，那么语言中意义的形成就可以从意象图式的角度加以描述和解析。近年来，认知语言学家的大量实证研究说明，利用意象图式及其隐喻的观念可以对语言中错综复杂的语义现象(尤其是多义现象)做出简单而同一的解释(例如，Lakoff 就利用路径图式和终点图式的转换解释介词 across 的多义现象)。

4．隐喻观

隐喻可通过人类的认知和推理将一个概念域系统地、对应地映射到另一个概念域，抽象性的语义主要是以空间概念为基础跨域隐喻而成的。隐喻不仅是个语言现象，人类的思维就是建构在隐喻之上的。从隐喻的认知功能角度划分，可分为结构隐喻、方位隐喻和本体隐喻。有时一些隐喻语言已成为普遍的日常语言，一般情况下，人们已意识不到它们的隐喻性质。这说明人们已不自觉地用自己熟知的具体事物来思考、谈论抽象的事物，从而赋予其具体事物的特征，以达到系统地描述表面上杂乱无章的抽象世界的目的。由此可见，隐喻式的思维方式和其他感知一样已成为人们赖以生存和认知世界的基本方式。

5．百科观

认知语言学家反对用真值条件来解释语义，也反对用成分分析法来认识语义，而是主张语义与人类的知识密切相关，应该运用百科式语义分析方法。语义根植于语言使用者和接受者的百科知识体系之中，不能在语言系统内部的横组合和纵聚合关系中求得解释，而只有在其他认知结构中才能被理解，这就要依赖人类的知识系统。因此，语义就与人们的主观认识、背景知识、社会文化等因素密切相关。例如，说到花轿，人们除了想到是一种古代的交通工具之外，还更多地会想到封建社会、新娘子，甚至封建夫权等。这些都是人们基于自己的经验而获得的对事物的印象，是有关该事物的百科性的知识，它们形成了该事物的意义(王寅，2002)。

二、认知语言学对翻译教学的指导

(一) 认知语言学指导外语教学的可行性

威尔金斯(Wilkins，1978)曾提出，语言学对外语教学有四种作用关系，这四种作用关系是：提供见解、提供启示、应用与无法应用。

(1) 提供见解：语言学可为人们提供有关语言的本质是什么和语言学习是怎样一个过程的知识。这些见解不一定构成教学内容，但有助于确立教学目标，蚶应当采用的教学方法和技巧以及如何安排教学内容的先后顺序等。也就是说，它对语言教学产生间接的作用。

(2) 提供启示：在实际教学过程中，教师可以在语言学理论的启示下做许多决定，按照语言学习的规律与特点确定具体传授什么内容。

(3) 应用：语言学的一些相关概念和理论知识可以直接应用到教学活动当中。

(4) 无法应用：指的是语言学中不能为教学提供启示和重要见解的那一部分内容(孙骊，1994)。

这种观点较为全面和客观地揭示了语言学与外语教学的关系问题，为我们提供了衡量某种语言学能否应用于外语教学，以及能够在何种程度上应用于外语教学的标准。对照认知语言学，我们认为认知语言学在三个层面均对外语教学产生作用。

(1) 提供见解。认知语言学理论包含了对语言本质的认识，能在宏观层面指导外语教学和外语学习。认知语言学强调语义的体验型，强调人类习得语言的过程与人类认知世界的过程没有实质上的差别，人对世界概念化的过程也是逐渐形成语言概念的过程，语言知识与百科知识是不能截然分开的，所有对语言形式的'分析不可能离开对意义和概念的分析，认为任何认知规律的获取应当是以大量语言事实为基础的。反映到外语教学当中，认知语言学指导下的外语教学同样应当是以学生为中心的，应当是侧重语义理解的. 与此同时，认知语言学指导下的外语教学过程应当是遵循人类普遍认知规律的。

(2) 提供启示。师生关系一直是教学的核心问题之一。现代外语教学中天平倾向"学生"一端。到20世纪后期，人们放弃了寻找一种"最好的""最有效的"教学方法的努力，转向对教的过程和学习的过程的研究，把注意力放到学习者身上，从重"教"转向重"学"。韦弗和科恩指出："在最近几十年间，语言教学的重点有明确的转变，转向学习者的个人需求，语言教师开始通过努力完成他们不同的语言学的、交际的、文化的目的来适应课堂上的个体学习者，同时调整他们的教学以满足学生的不同语言教学需求。"(Weaver＆Cohen，1998：66)这就与起初认为"教师是主导，学生只能服从"的教学观形成鲜明对比。教学活动同时也是学习活动，学生是这一活动的主体，了解他们的认知特点、认知模式对翻译教学大有裨益。认知语言学指导下的外语教学是以学生为中心的，而且侧重关注学生在学习外语时的认知模式，并检验认知语言学的既有理论模式是否对外语习得具有实际的正面效应。在这个意义上，认知语言学对外语教学具有启示意义。

(3) 直接应用。认知语言学中的一些分析方法、理论模式可以应用到翻译教学当中，为教学程序提供合理建议。例如，认知语言学中的基本层次范畴理论表明，最先被儿童习得的、词形较简单的、构词能力较强的词一般都是基本层次范畴词，这类词一般在日常对话中使用频率较高，因而在外语学习和教学中应受到高度重视，应在编写教材、编纂词典和教学实施过程中置于优先地位。

事实也证明，"认知语言学对于语言有了一些新认识，同时在语言习得研究方面的影响也是如此。在发掘看似纷繁复杂的语言结构的系统性及其背后的动因等方面也正在给翻译教学注入新的活力"(陈亮，2007)。

(二) 认知语言学指导翻译教学的基本原则

将认知语言学研究成果应用于翻译教学实践，需要从不同视角进行观察、分析、总结并进行原则性阐述。彭建武(2005：195)提出的在外语教学中引入认知语言学理论所必须遵循三个基本原则(相关性、层次性和适存性)对现实翻译教学提供了实际操作层面的指导，确立了理论应用于实践的标准。

1．相关性

应当深人了解教学上要解决的问题和目标，充分了解认知语言学中哪些理论与教学研究关系密切，哪些关系不大或没有关系，哪些研究性质一致，哪些能深化对教学法的认识。应该说，相关性越大，移植越有效、越实用和越科学。任何理论都不是万能的，对于认知语言学理论也是这样。任何理论都有其适用范围，不恰当地搬用只能是牵强附会，不可能深入到教学实践的本质，也不可能触碰到真正的教学规律，也就不可能在实际意义上对翻译教学实践有所帮助。比如，隐喻理论是关于意义理解的理论，其适用范围应当是解释教学过程中与语义相关的内容，用其指导学生的发音和语调显然是不切实际的。

2．层次性

翻译教学是一个系统工程，涉及诸多方面，这决定了教学研究的多层次性。这种多层次性要求我们在把认知语言学移植到翻译教学的过程中要有针对性，即对准教学研究的某个层次，而不是所有的层次。具体来说，教学当中通常包括语音、词汇和语法，或者说包括语法、语义和语用。我们并不排斥理论的多层次应用，有些理论，如概念化的原型理论，其适用面要广一些，可以指导词汇层面的教学，对语法层面的教学也有一定的启示作用，但试图用所有的认知语言学理论阐释所有层次的教学实践显然是徒劳的。

3．适存性

被移植的理论应适应教学要求，经得起检验和推敲，保证教学理论和实践方法健康稳定地发展。适存性是一个极为重要和关键的环节，它要求我们既要消除那些与实际教学不相适应的概念和内容，还要使能够移植的语言学理论得到更进一步的探讨，使其发展成适应教学需要的理论模式。对同一教学问题可移植不同的理论，但要使它们相互融合和统一。

这三个原则的提出，对于我们在翻译教学中恰当地运用认知语言学理论具有非同一般的指导意义。对于每一个试图引入翻译教学的理论模式，都应当对照以上三个原则，只有符合这些原则才应被认为是有效的、可行的，才有可能切实指导教学实践。

（三）认知语言学指导翻译教学的基本思路

温格瑞尔、施密特指出，人们普遍认为，翻译教学应当以学习目标(最好是交际能力和跨文化能力的目标)、学习策略和教学方法(存在明显的行为取向和以学习者为中心的方法的倾向)为中心，但这种想法忽略了学习者认知能力的方面。如果得到合适的认知途径的支持，利用认知语言学的工具来研究和描写学习策略，那么学习策略就有望更成功。将认知语言学的成果应用到现代外语教学可以遵循以下思路(温格瑞尔、施密特，2009：386-387)：

(1) 目标：交际的，最终是跨文化的能力；

(2) 方法，策略：行为取向的，以学习者为中心的；

(3) 途径：经由原型、基本层次、主题和背景以及完形等习得外语的认知体验途径。

由此看出，就授课目的和师生关系而言，认知语言学指导下的外语教学与以往的认知教学法和交际教学法并无根本的差异。利用认知语言学指导翻译教学，关键在于通过合适的途径，运用合适的理论，解决相应的问题。

以下我们分别就范畴理论和隐喻理论，详细探讨认知语言学在翻译教学中的应用。这些理论的选择充分符合指导翻译教学的原则，阐述的重点是以上理论的应用途径。当然，认知语言学的其他一些理论同样可以指导翻译教学，因篇幅所限，我们将主要讨论以上理论的应用情况。

第二节　范畴理论及其在课堂教学中的应用

一、范畴理论

(一) 范畴和范畴化

最早对范畴进行系统研究的是古希腊的亚里士多德。他认为，一个判断当中要有主词和谓词，主词所属的范畴是“实体”，谓词所属的范畴包括“数量”“性质”“关系”“位置”“时间”“姿势”“状态”“活动”和“受动”(赵敦华，2001：79)。亚里士多德将范畴视为人类认识世界的逻辑工具。他虽然没有直接给范畴下过定义，但在其著作中反复阐释了对于范畴及范畴本质的认识。他指出，客观事物的表现形式是多种多样的，人们为了认识它们、把握它们，首先必须将各种事物分门别类，这样才能对不同的事物进行表征和研究。分门别类的过程需要通过反映事物本质的普遍概念，即范畴(杨寿堪，1982)。

认知语言学对范畴概念给予了特别的关注。世界是由千差万别的事物组成的，等待人们去区分和认识。客观世界的事物又是杂乱的，人的大脑为了充分认识客观世界，就必须采取最有效的方式对其进行储存和记忆。人们对事物的认识不是杂乱的，而是从千差万别的客观事物的特性出发，形成感性认识，然后才能进一步地分析、判断，从而对世界万物进行分类和定位，形成抽象认识。这种主客观相互作用对事物进行分类的心理过程通常被称为范畴化，其结果即认知范畴(赵艳芳，2000)。在认知语言学看来，范畴和范畴化问题始终是认知研究的中心议题。

范畴是由那些在我们看来多少是互相联系，并因此被我们归成一类的事物或事件组成(Reed，1982)。范畴是反映事物本身属性和普遍联系的基本概念，是人类理性思维的逻辑形式。范畴化是人类高级认知活动中最基本的一种，在此基础上人类才具有了形成概念的能力，才有了语言符号的意义。离开了对范畴化的认识，语言将失去意义。范畴化的过程包括识别／区分、概括和抽象三个形式。在识别或区分过程中，人们对属于不同类别的刺激进行区分；在概括过程中，人们将具有共同属性的事物归为一类；在抽象的过程中，人们将某个范畴中的物体所具有的共同属性提取出来。莱考夫指出，没有范畴化能力，我们根本不可能在外界或社会生活以及精神生活中发挥作用。它不仅是人类通过对客观世界进行分类所获得的各种范畴标记的意义，也是人类认知和思考的根本方式，构建知识的途径之一就是建立范畴。就概念和范畴的关系而言，概念系统是根据范畴组织起来的，范畴指事物在认知中的归类，概念指在范畴基础上形成的意义范围，是推理的基础。因此，范畴化是范畴和概念形成的基础，范畴和概念是范畴化的结果。

(二) 经典范畴理论、家族相似性范畴理论和原型范畴理论

对范畴的认识大致经历了经典范畴理论、家族相似性范畴理论和原型范畴理论三个历史阶段。认知语言学秉持原型范畴理论，它与传统的经典范畴理论有着根本的不同。认知语言学对范畴化的认识体现为强调范畴化过程的主观参与性，即范畴化过程不可能是完全客观的，是“主客观相互作用对事物进行分类的过程”(赵艳芳，2001)。而范畴化的经典理论认为人的因素在意义形成过程中不起作用。在从经典范畴理论向认知语言学原型范畴理论转变的道路上，家族相似性理论做出了突出的贡献。

1. 经典范畴理论

范畴化的经典理论特指与认知语言学范畴化的原型理论截然不同的传统范畴化观点，说它传统，是因为这一理论统治西方主流思想达两千年之久。其哲学本源是亚里士多德对本质属性和非本质属性的形而上学的区分，后来的笛卡尔主义和康德主义又强化了其二元对立的思想，两极中的一极理性受到推崇，而与理性相对立的人的主观因素受到忽视和排斥。其内容为认为概念的类来源于客观世界里既定的范畴，与进行范畴化的主体无关；而范畴的归属是由概念的本质属性决定的(张敏，1998：51)。经典理论包含以下基本假设(Taylor，1989)：

(1) 范畴是由一组必要条件和充分条件联合定义的，判定一个认识对象是否属于某个范畴，就看它是否具备该范畴的必要和充分的条件。

“充分必要条件”是指描述一定语言符号所指概念范畴所必需的集合特征。这些集合特征是对客观世界中某一类实体的抽象概括，具体指解释一个词语所指概念所必须具有的条件。如果条件甲成立，概念乙就成立；反之，概念乙就不成

立(章宜华，2001)。

(2) 界定范畴的标准是二分的，某一事物或者属于某个范畴，或者不属于某个范畴，不存在第三种可能性。

(3) 范畴具有明确的边界，范畴一旦建立后，就将万物分为两类——范畴成员和非范畴成员。没有模棱两可的情况，没有“以某种方式”或者“在某种程度上”属于某一范畴的成员。

(4) 同一范畴内的所有成员地位均等。任何具备了范畴定义的所有属性的事物都是该范畴的成员，不具备所有定义属性的任何事物都不是范畴成员。范畴内的成员没有隶属程度的差别。

这种范畴观作为基本理论假设被现代科学普遍接受，并且很好地说明了自然科学体系中的一些经典概念。在语言学界，结构主义语言学借鉴了这种经典范畴观来讨论词义，由此建立了语义特征理论。这一理论认为一个词语的意义可以分析为一组区别性语义特征，这些特征是这一词语所指称的一个范畴内部的每一个成员都必须遵守的语义特征，正是这些特征使这个范畴的指称对象和世界上的其他对象区别开来。这种语义特征分析的应用使语义学的研究前进了一大步，从此词义不再被看作是混沌一团的整体，而被视为可以分解的语义特征集合。在传统的词典释义中，概念结构是建立在这种“充分必要条件”上的。经典理论曾普遍存在于哲学、心理学、语言学和人类学等领域并对上述学科的研究做出了一定的贡献。由于它的应用，客观事物被视为可以分解的集合，经典范畴理论使人类借助范畴这一逻辑工具对杂乱无章的客观世界有了一定的认识。亚里士多德所创的经典范畴理论在人类认识领域的主导地位一直持续到维特根斯坦(wittgenstein)时期。

2. 家族相似性范畴理论

随着时间的推移以及人类科学水平和认知水平的提高，人们渐渐发现，亚里士多德的范畴模式具有其自身的局限性。经典理论受到了来自实用主义哲学和认知科学的有力挑战，因为高度理性化，抽象化的二元划分会给人们带来绝对化的认识方法，使人们习惯于用两级化的思维模式去认识事物，故而不能全面地、正确地反映客观现实。

20 世纪 50 年代，英国哲学家维特根斯坦对亚里士多德的经典学说提出了批判。在维特根斯坦的《哲学研究》发表之前，范畴一直被认为是明白无误和没有问题的，被视为抽象的包容物，事物要么在范畴之内，要么在范畴之外，事物只有具有某些共同的属性才能处于相同的范畴，事物所具有的共同属性被视为范畴的决定因素。后来，以维特根斯坦为首的实用主义哲学家发现高度理想化、抽象化的认识方法不能反映客观现实的复杂性，现实世界中某些范畴之间的界限并不清楚，范畴成员的归属不能仅靠一组区别性特征简单判断，因而提出了著名的家族相似性理论。罗施和梅尔维斯(1975：575)将该理论表述为："每个项目与一个或多个其他项目有至少一个，也可能是几个共有成分，但是没有或者很少几个成分是为全部项目所共有的。"维特根斯坦以范畴 GAME(游戏 / 比赛)阐明自己的观点：下棋、打牌、球赛、奥林匹克比赛、象棋、圈叉棋等都称为 GAME，其中有的活动是为了输赢，有的是为了娱乐，有的依靠运气，有的是技巧和运气兼而有之，但这些特征中没有一条是共有的，且上述游戏并非是靠这组特征被归为一类的，范畴内存在的是互相重叠交错的家族相似性特征。也就是说，范畴建立的基础是部分成员的相似性特征，而非所有成员的共同性特征。范畴中的每一个成员与另一个成员之间总是有相似之处，但两个成员之间的相似之处不一定为第三个成员所享有；范畴中各成员之间具有一种互相重叠、交叉的相似关系网；而且，随着列出并被比较的成员的增多，各成员之间共同拥有的相似之处愈来愈少，直至最后找不到这个范畴内所有成员所共同拥有的一个相似之处。正是这种相似关系而不是共同特征(类似于人类社会的家族成员之间的那种相似关系)维持了该范畴的存在。维特根斯坦实际上揭示了日常语词的语义范畴的下列属性(梁丽，2006)：

(1) 一个语义范畴内的成员不是由一组共同的语义特征决定的，而是由家族相似性所决定的，即语义范畴内的成员之间总是享有某些共同语义特征；

(2) 语义范畴的边界是开放的、模糊的，无法明确地加以界定；

(3) 语义范畴内有的成员比其他成员享有更多的共同语义特征，各成员的地位是不平等的。

3. 原型范畴理论

维特根斯坦的"家族相似性"概念提出后，在哲学界、心理学界、语言学界和文化界引起了巨大的反响。拉波夫和罗施等在维特根斯坦家族相似性原理的基础上，通过一系列实验得出结论，对经典范畴理论提出了全面的挑战，将范畴化视为认知研究中最重要的内容之一，并运用实验的方法加以研究，以确定范畴成员的隶属度，证明许多自然范畴都具有维氏所说的"家族相似性"。罗施首先提出了"原型"这个术语，用以表示范畴的典型成员，并创立了原型范畴理论，将其视为认知心理学的一项重要内容，这是对经典范畴理论的一次革命。

罗施早期研究是从颜色词开始的，她在柏林和凯研究的基础上对焦点色的心理背景进行了探索，证明焦点色是源于前语言的认知，焦点色在感知——认知上的凸显源于人类视觉器官对颜色的感知，从而为颜色范畴形成和命名起到了定位作用。罗施还通过对三至四岁的儿童的试验，证明焦点色在感知和记忆中是凸显的，比其他颜色辨别得更准确，学习和记忆得更快，因而更有利于识别和分类。罗施用"原型"这一术语代替焦点，指出各种颜色的原型是其焦点色，在颜色范畴中具有最重要的地位，位于相关光谱的中心区域，是颜色范畴中的最佳样本。

罗施后来将实验从颜色范畴扩展到其他范畴，如：BIRD、FRUIT、FURNITURE、VEGETABLE、TOOL、WEAPON、TOY、VEH / C,I,F,、SPORT、CLOTHING 等，主要通过问卷形式调查了两百多名美国大学生，对范畴中的成员进行隶属度等级识别，论述了“原型”这一概念是进行范畴化的重要方式，是范畴中最具代表性、最典型的成员，最佳样本或范畴的原型成员，也可视为范畴中的无标记性成员，可作为范畴中其他成员(可视为标记性成员)在认知上的参照点，又叫作认知参照点，进而提出了原型范畴理论和原型效应理论。如 BIRD 这一范畴，“知更鸟”比“鸡”“企鹅”“鸵鸟”更具有代表性(some birds，e.g.，robins are “birdier” than other birds，e．g.，chicken，penguins，andostrich,见图 7-4)。我们经常会认为企鹅更像知更鸟，而一般不会想到知更鸟更像企鹅。有关知更鸟的新信息更加可能会被赋予企鹅，而反过来的可能性较小。

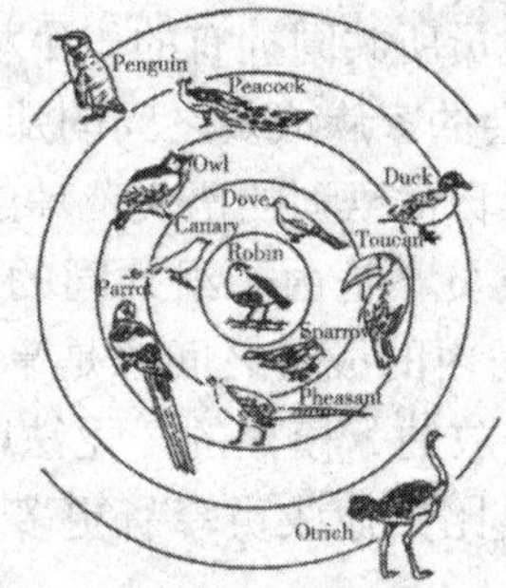

图 7-4　BIRD 原型性范畴的图式表征(Aitchison，1987)

罗施及其同事提出的“原型范畴理论”的基本观点是：

(1) 实体是根据它们的属性加以范畴化的，属性经常是一个连续的标度。对实体进行范畴化不是依据该实体是否具有某一属性，而是它的基本特征在多高程度上接近典型特征。

(2) 属性不是抽象的实体，而是说话人可以掌握的真实世界中的实体的性质，这里属性不局限于有形的性质。换句话说，属性可能是功能性的(它们涉及实体的使用)或互动性的(它们涉及人们认知事物的方式)。范畴的属性并非是一些与主体无关的固有本质特征，它是事物性质的心理体现，与人们的认知和现实的互动模式密切相关，范畴的形成离不开人的生理、心理以及实体在特定文化中所起的作用等因素。因此，属性被看作是语义派生出来的。因而，尽管“原型”经常用来指范畴内的最佳成员或典型代表，但原型更确切的含义是指作为范畴核心的图示化的心理表征，是范畴化的认知参照点，其最佳成员只是原型的个例。

(3) 区别一个范畴时，没有任何一个属性是充分必要的。实体的范畴化是建立在好的、清楚的样本的基础之上的，然后将其他实例根据它们与这些典型的、清楚的样本在某些 / 一组属性上的相似性而归入该范畴。这些好的、清楚的样本就是典型(即原型)，它们是非典型事例范畴化的参照点。这种根据与典型事例类比而得出的范畴就是原型范畴(袁毓林，1995)。

(4) 范畴内的成员在说话人的心目中的地位并不相等。原型是一个概念范畴中最典型的、最具有代表性的成员，而其他成员具有不同程度的典型性，范畴内的成员之间具有等级性，范畴的边缘是模糊的(Jackendoff，1983)。

现将经典范畴理论、家族相似性范畴理论和原型范畴理论的主要观点对比如下：

表 7-2　经典范畴理论、家族相似性范畴理论和原型范畴理论观点对照表

对比参数	经典范畴理论	家族相似性范畴理论	原型范畴理论
范畴归属条件	充要条件	无充要条件	无充要条件
范畴边界	闭合、明确	开放、模糊	开放、模糊
范畴内成员	地位平等	地位不平等	地位不平等具有等级差别
范畴成员的特征/属性	特征具有客观性	属性具有建构性	属性具有建构性

(三) 范畴化的科学层次理论、民俗层次理论和基本层次理论

人类对世界进行范畴化的过程中发现，现实世界的事物可以归属不同的范畴，如吉娃娃可以归为“狗”范畴，可以归为“哺乳动物”范畴，还可以归为“动物”和“生物”范畴，从而形成了范畴的不同等级。对于范畴化的层次理论，不同的学者有不同的看法。

科学的层次理论强调层次划分的逻辑性和科学的严谨性，而且追求尽可能的客观，刻意排除人的主观因素对层次划分的干扰，不考虑人们对某个项目或某个层次的偏好。而民俗层次理论则是从朴素的观点看待范畴的层次划分问题，可以认为是一种“前科学”的认识，与“科学”的分层方法相比，民俗的分层方法有时带有含混的性质。事实上，人类语言当中对事物的分类一般是“民俗的”，而非“科学的”。

例如，汉语当中“鸡”所表示的范畴的上位范畴一般认为是[禽]，而不是科学家所认为的“鸟”；英语中 MAMMAL(哺乳动物)这个上位范畴包括“狗”“猫”“猪”“虎”“狼”，但是英语使用者一般是用 ANIMAL(动物)来作为这些词汇的上位范畴，而且 ANIMAL--般也不包括 beetle(甲虫)、fly(苍蝇)、bee(蜜蜂)之类的词。INSECT(昆虫)包括：ny(苍蝇)、bee(蜜蜂)、 mosquito(蚊子)，却不包括 beetle(甲虫)这个词(Ungerer，1996：81)。认知语言学提出的基本层次范畴理论正是基于人类语言所体现的这种朴素认识，强调范畴层次的划分应充分考虑心理感知的难易、范畴是否作为完形感知以及语言使用者对各层次范畴使用的偏好等。

二、范畴理论在翻译教学中的应用

范畴理论在翻译教学中的应用主要体现在作品中词汇的理解上。在翻译教学中如果词汇理解不准确，很容易造成错误地理解语篇。词汇教学一直以来是外语。

教学中的一个重要组成部分。然而，语言单位形式和意义之间往往不是一一对应的关系，同一个词可以用于指代不同的事物或不同的场景，这种一词多义现象在语言中十分普遍。如何利用语言学理论指导多义词词汇教学成为外语教学中一项非常迫切的任务。传统的做法是将一个多义词中的不同意义都给予同等地位，各个义项之间没有必要的关联，教师的任务是分别讲授各个义项，对于意义产生的理据不予关注或不予充分关注。

词汇的准确理解离不开对词汇意义的掌握，尤其是对于一词多义的情况，学习者往往会感到无所适从。然而利用原型范畴理论，可以提高词汇学习的效率，这一点可以从二语习得的实践得到证实。二语习得理论将词汇习得的过程分为循环出现的两个阶段，即语义化阶段和巩固提高阶段(Mondria，1996)。在第一阶段，学习者将词汇的形式与意义相连接，在第二阶段则将新习得的词纳入学习者的永久记忆，该阶段是更深一层的加工过程，同时也增加了习得词汇的语用、社会和隐喻特征。这两个阶段密切相关，如果习得词汇在第一阶段未能充分语义化，第二阶段的巩固提高就不可能实现。语义网络理论(是词汇语义原型结构的形式化表征，参见 Lakoff，1987；Brugman&Lakoff，1988；Langacker，1990．1991；Rice，2003；Tyler&Evans，2003 对语义网络的分析)对巩固提高阶段的语义存储方式具有很强的阐释力。

语义网络理论的基本假设使所有学习者个体的陈述性知识都体现在由节点和路径构成的网络中。新的知识点要被习得，即被储存在相关的知识网络中，应能够引起学习者对早期相关知识的检索。这些新的知识点和早期相关知识同样能刺激学习者产生其他新的知识点，它们无论是由环境所提供的还是由学习者自己所产生的，都依附在学习过程中被激活的早期相关知识周围。在这个知识网络中能产生大量的检索路径，与某个信息单元相连接的检索路径越多，这个信息就越容易被回忆。如果某个检索路径失败，信息将会通过另一条检索路径被重新构建。学习者通过推理、引申、举证、图示或其他将新信息与旧信息相连接的方式学习或产生信息。在这个阶段中连接与加工越活跃，词汇习得就越容易实现(Anderson，1983，1990；赵群、罗炜东，2005)。

认知语言学家认为，将多义词汇的各个意义一一列出(词典学描写多义词语义结构的方法)，并不是最有效的贮存语义信息的方式。“相反，一种网络状的贮存模式具有认知真实性，且允许义项之间有最多的共享信息或相关信息。”(Bmgm-an & Lakoff，1988)网络结构反映了概念结构，也反映了一个多义词各个义项间的关系。这种多义词的语义表征方式与传统表征方式有很大不同：语义网络中各个义项的地位是不相同的，具有层次差别；各个义项对语境的依赖程度亦不相同；如果说这个网络中有一个义项是中心成员，那么其他义项都通过网络状联系与中心成员直接相关或间接相关。通常，这个中心成员被认为是整个语义范畴的原型。图 7-5 是理想的语义网络模式(sandra&Rice，1995)。

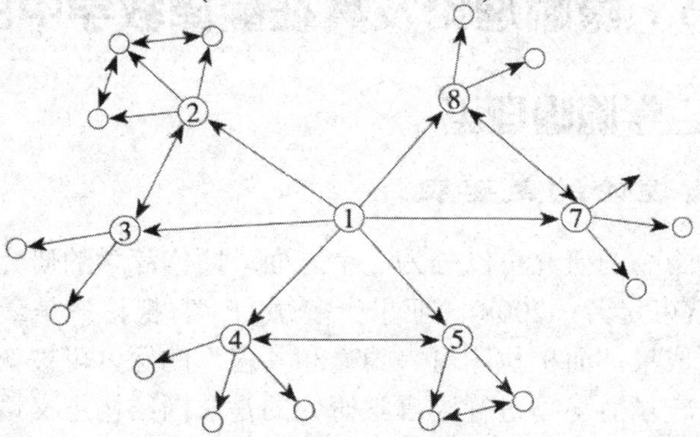

图 7-5　理想语义网络模式

词汇的语义网络中，每个节点代表特定的义项，节点之间的连线(即路径)代表作用于意义扩展的认知规律。这些节点均由一个中心节点延伸出来，这个中心节点通常被认为是整个词汇范畴的原型意义。认知语言学的这种观点是心理词库理论的体现。认知语言学家不认为心理词库是由边界清晰的词汇范畴构成，他们认为词库是一个由形式一意义结合体组成的高度复杂和精细的网络，其中每个形式都有一个语义网络。与传统观点相比，这种研究认为词库内部的关系具有更多的理据性和较少的任意性(Tyler&Evans，2003)。对多义现象来说，节点之间的联系类型就是词汇义项之间的关系类型，词汇语义网络理论中对节点之间的可能联系类型的研究具有突出价值。

尽管语义学的传统研究早已提出多义词汇语义结构包括辐射型、链型和辐射一链型三种，认知语言学的语义网络理论仍具有不同于以往学说的阐释力。多义词的结构主义模式的研究目的在于描写词汇意义的共同的具体语义成分，而认知语言学词汇网络模式的宗旨则是揭示存在于人的身体经验和感知中的意象图示，这些图示对解释义项间的联系起到本质性的作用。与传统的词汇意义表征的方式不同，词汇语义网络这种表征形式具有认知现实性。网络所表征的词汇单位的各个义项之间的联系不是任意的，而是具有自然的属性，反映了人类掌握和储存信息的方式。正是由于意义之间的联系具有自然的属性，多义现象才会如此普遍地存在。通过网络表征，可以将高度抽象的意义呈现为一个由内部关联的义项构成的结构体，这是认知心理学关于人类范畴化理论应用到语言学研究领域的结果。虽然认知语言学的网络分析是对词汇单位进行语义分析，从本质上说是语言学性质的，但该项分析所赖以进行的理论框架却在很大程度上提供了一个关于语言和认知之间关系的独特观点(Frisson，etal.，1996)。

第三节　隐喻理论及其在翻译教学中的应用

一、认知语言学隐喻理论

(一) 隐喻理论的主要观点

传统上，对隐喻的研究可以分为三个方面，即修辞学的研究、哲学的研究以及语言学的研究(束定芳，2008)。亚里士多德的“替换论”是最早对隐喻进行修辞学研究的主要成果，而柏拉图对“隐喻和真理”的探讨可被认为是隐喻哲学研究的最早成果。较早对隐喻进行语言学研究的是法国结构主义语言学家本文尼斯特(Benvennist)以及英国语言学家乌尔曼(Ullmann)，他们分别运用话语理论和心理学联想理论关注隐喻问题。

隐喻理论在认知语言学中占有重要地位，较早从认知语言学角度对隐喻理论做出系统阐述的是莱考夫和约翰逊(Lakoff&Johnson，1980)。莱考夫和约翰逊的研究突破了传统的隐喻修辞观、哲学观、语言观，与传统把隐喻看作修辞手段、语言现象不同，莱考夫等将隐喻视为构建概念系统的手段，提出了“隐喻的认知观”。这种观点的主要结论包括三个方面：

1．隐喻的普遍性

隐喻体现了人们通过一种事物来理解另一事物的认知方式，它不是一种特殊的语言表达手段，而是普遍存在于日常语言和思维当中，英语里大约有70%的表达方式是隐喻性的(Lakoff&Johnson，1980)。传统上对隐喻的研究主要集中在一些“新奇隐喻”(novel metaphor)，隐喻是从一开始就能被明确意识到的东西。而隐喻的认知观认为，人们在使用隐喻时是习以为常的、无意识的，人们使用隐喻是受到文化传统或认知习惯的影响(Lakoff&Turn。，，1989)。

2．隐喻的系统性

隐喻不是个别的、彼此毫无关系的孤立用法，而是彼此联系，形成一个庞大系统。不少看似孤立的隐喻，其实都有着这样那样的联系，可形成某种结构化的隐喻群。例如，“情感是液体”的隐喻可以体现为数量众多的表达，如“We were full 0fjoy．(我们充满喜悦)”“She felt quite calm．(她心情平静)”“He had reached the boiling point before she came back？(在她回来前他要气炸了)”等。

3．隐喻的概念性

隐喻不仅仅是语言问题，它作为概念形成的机制存在，人类的思维方式主要是隐喻式的。在我们认识外部世界、创造新的意义、接受新知识的过程中，隐喻起着重要的认知中介作用。

以上第三个结论反映了隐喻的本质，“隐喻从根本上讲是概念性的，不是语言层面上的隐喻性语言(metaphorical language)，是概念隐喻的表层体现”(Lakoff，1993；张敏，1998)。

(二) 隐喻理论的主要框架

莱考夫和约翰逊(Lakoff&Johnson，1980)认为，所有的隐喻都可被看作是概念隐喻，具体来讲，概念隐喻分为三种：结构隐喻(structural metapho，)、方位隐喻(orientational metaphor)和本体隐喻(ontological metaphor)。

概念隐喻理论主要来自雷迪(Reddy，1979)，自他以后，一个研究概念隐喻系统的认知语言学分支得以发展起来。结构隐喻是最常见的概念隐喻类型，它是通过结构映射(Structural mapping)的方式形成的。其中，源概念(source concept)的结构整体映射到了目标概念(target concept)当中，源概念的各个点对应于目标概念的各个点，从而实现结构上的照应。源概念所在的认知域称为始源域(source domain)，目标概念所在的认知域称为目标域(target domain)。源概念是人们相对熟悉的概念，也是人们首先习得的概念，如空间概念、有关人的身体部位的概念等。而目标概念是较为抽象的、之后习得的概念，目标概念相当大程度上借鉴和使用了源概念的结构。这种从始源域到目标域的映射是单向性(unidirectionality)的，即必须从较为具体和熟悉的认知域获得相关的结构和意义，并通过这种结构和意义理解新的更为抽象的认知概念。温格瑞尔和施密特(Ungerer&Schmid，1996)，列出了主要的结构隐喻(表 7-3)：

表 7-3　隐喻结构

目标概念	源概念
life(生命) death(死亡) lifetime(一生) time(时间) argument(论争) love(爱) idea(思想) understanding(理解) world(世界)	journey(旅行) departure(离开) day(一天) money(金钱) journey(旅行)war(战争)building(建筑物) container(容器) war(战争)valuable object(贵重物品) plants(植物)building(建筑物)container(容器) seeing(看见) theater(舞台)

以“Life is a journey(生命是旅行)”这个结构隐喻为例，其中源概念是 i。urney(旅行)，目标概念是 life(生命)，源概念是我们所熟悉的，目标概念则较为抽象，因此我们用源概念去理解目标概念，从“旅行”到“生命”的映射是结构式的映射，两个概念的意义结构是一一对应的。

(a) The baby has arrived.

孩子已经来到了。

(b) He is still with us.

他仍同我们在一起。

(c) He has departed.

他离开了。

(d) He knows where he is going in life.

他知道他一生要向哪里去。

(e) He works his way around many obstacles.

他克服了人生路上很多障碍。

(f) He made his way in life.

他获得了成功。

句(a)中包含了隐喻“生命的起点是旅途的起点”，句(b)包含了隐喻“人生的同行是旅途的同行”，句(c)包含了隐喻“生命的结束是旅途的结束”，句(d)包含了隐喻“人生的目标是旅途的目标”，句(e)包含了隐喻“人生中的困难是旅途中的障碍”，句(f)包含了隐喻“人生所取得的进步是旅途完成的距离”。

汉语中把生命看作是旅程、路途的结构隐喻也大量存在，人的出生被看作踏上旅程，人一生的经历被看作旅途的经历，人一生的朋友被看作同路人，而离开这个世界则是旅途的结束。例如：

(a) 不积跬步，无以至千里。(《荀子・劝学篇》)

(b) 路漫漫其修远兮，吾将上下而求索。(屈原《离骚》)

(c) 她只觉得人生前途正像火车走不完的路途，无限地向自己展开。(钱钟书《围城》)

(d) 对于人生有了清澈的观照，世上的荣辱祸福不足以扰乱内心的恬静，我们的心灵因此可以得到永久的自由，可见个个的路都是到自由的路，并不限于罗素先生所钦定的：所怕的就是面壁参禅，目不窥路的人们，他们自甘沦落，不肯上路，的确是无法可办。(梁遇春《途中》)

(e) 我们从摇篮到坟墓也不过是一条道路，在我们寿终正寝以前，我们可说是老在途中。途中自然有许多的辛苦，然而四围的风光和同路的旅人都是极有趣的，值得我们跋涉这程路来细细鉴赏。除开这条悠长的道路外，我们并没有别的目的地，走完了这段征程，我们也走出了这个世界，重回到起点的地方了。(梁遇春《途中》)

上面的例子表明，源概念的结构特点被一一映射到了目标概念中，但这并不表明源概念的任何特征都可以映射到目标概念，两个认知域的映射要受到一定的限制。这些限制有助于激发可能产生的隐喻范围，这从本质上反映了人类的概念经验。

可见，隐喻理论对于翻译作品的理解有很大作用。同时，现代隐喻研究认为，隐喻不仅是一种修辞手段，更是人们认知、思维、语言甚至行为的基础，是人们主要的、基本的生存方式。甚至有学者指出，隐喻的发展水平是决定学习者能否地道地使用外语的重要因素之一。基于此认识，本书在研究中强调培养英语专业学生隐喻能力的重要性，提出隐喻能力的培养包括隐喻的识别、解释和运用，需要将这种能力培养渗透到专业课的教学中，将隐喻能力泛化。由于翻译中蕴含大量的隐喻语言现象，本书在介绍了隐喻理论的基础上，下面将以实证为研究路径，结合翻译作品中的隐喻现象为提高英语专业学生隐喻能力的教学模式进行了探讨。

二、英语专业学生隐喻能力发展研究

隐喻研究经历了漫长的历史时期，早在中国《诗经》中，就出现了许多“赋”“比”“兴”的句子和篇章。刘勰和陈揆等前人对隐喻进行过较为系统的论述和分类。国外的隐喻研究从以亚里士多德为代表的修辞格传统研究阶段，过渡到以理查兹和布莱克为代表的认知研究阶段，再到以 Lakoff、Johnson 等为代表的现代隐喻学研究。隐喻无处不在，据统计人们在产出语篇时平均每分钟应用 1.80 个新隐喻和 4.08 个沉积隐喻。Richards 也指出，“Argues metaphor is the omnipresent principle of language and we can not get through three sentences of ordinary fluid discourse without//。现代隐喻学研究鼻祖 Lakoff 指出，“Over 70% of the English expression are derived from metaphorical concepts”。就隐喻的本质而言，Lakoff 等在《我们赖以生存的隐喻》中指出，隐喻性是我们日常概念体系的本质，是通过一件事情来识别、理解另一件事情。隐喻已成为人们认知、思维、语言甚至行为的基础，是人们主要的、基本的生存方式。同时，它也是一种认知过程，根植于我们的生活经验当中，已经成为人们的普遍思维模式。我们通过它来识别、理解人或事，如在“Argument is war”中，我们借用战斗来理解辩论，不仅仅在于战斗和辩论两者有一个或多个共同点，而在于这两件事在整体上具有经验完形相似性。战斗和辩论这些概念都不是一些属性的集，而是一个完形，在理解它们时，不是需要机械的记忆，需要的是隐喻思维。

在英语学习中，我们应当具备基本的隐喻思维能力，以利于提高语言综合能力。很多学者近年来愈加关注隐喻能力的重要性，如 Bachman(1990)、Camerson(2001)、Danesi、Littlemore(2001)、束定芳、严世清(2001)、王守元(2003)等。目前，国内已有不少学者提出在教学中要注意培养学生的隐喻能力。王寅提出将隐喻能力、语言能力和交际能力并列为三大能力，将隐喻研究上升到思维的高度。这三种能力，既有区别又有联系，共同构成了语言运用的基本功，是掌握一门语言的高层次标准。随着认知语言学理论的发展，越来越多的学者关注认知语言学理论对我国外语教学的实际指导作用。作为英语学习的主力，高校英语专业学习者更加需要培养隐喻思维能力，提高隐喻能力。为他们开设的专业必修课程《英国文学》《美国文学》等课程中蕴含有大量包括隐喻在内的修辞语言。要理解作品内容，领悟作品主旨，提高隐喻能力，就需要理解这些隐喻语言。本研究旨在通过翻译课程教学提高学生的隐喻能力。

(一) 隐喻能力的界定

隐喻能力是跨文化交际能力中必不可缺的能力，它影响到人们交流的流利过程和交流效果，也影响到学习者语言综合能力的提高。对于隐喻能力的界定，国内外有不少学者提出了自己的理解(Danesi，1992；Low，1988；Wangyin，2004； Hu Zhuanglin，2004；等等)。最早提出隐喻能力概念的 Danesi 指出，隐喻能力是在说话和写作中能够识别和应用新隐喻的能力，包括指出目的语中的概念隐喻和心理意象的能力与在交流中应用概念图示的能力(Metaphorical competence includes the capacity t0 figure out conceptual metaphors and mental imageries in the target language and the capacity to use conceptual schema in communication)。人人具有隐喻能力，隐喻能力可分为本族语隐喻能力和目的语隐喻能力。其具体内容为：①隐喻产生的原创性；②发现隐喻意义的能力；③提取隐喻意义的速度；④对隐喻做出解释的流利程度。王寅则认为，隐喻能力的具体内容包括人们能够识别、理解和创建跨概念域类比联系的能力，不仅包括被动地理解、学习隐喻，还包括创造性地使用隐喻的能力。另外，更高的目标还包括丰富的想象力和活跃的创新思维能力。

现今国内外对隐喻能力的界定未取得统一的看法，但基于以上隐喻能力本质的认识，本书在本项研究中将隐喻能力的内容界定为以下四项：①理解隐喻的概念本质；②提取隐喻的能力与频率；③泛化隐喻到英语学习中的能力；④在语言实践中运用隐喻的能力。

(二) 基于翻译的英语专业学生隐喻能力发展介入性研究的必要性和可行性

一方面，本项研究的必要性。从教学目标来说，依据教育部制定的《高等学校英语专业教学大纲》，各高校英语专业大都制定了自己的“翻译教学大纲”，开设本课程的目的是系统地讲授有关翻译的技能、技巧等基础知识，提高学生英语语言技能，进一步扩大学生的知识面，加深学生对社会和人生的理解。为学生能进行独自翻译打下良好的基础，也为今后进一步的语言学习和研究奠定基石。结合大纲，本书认为，在高年级阶段，学生应具有较强的英语综合运用能力，应在翻译课程中发展创新思维能力和主观性评价能力。培养学生的隐喻能力，不仅能引导学生充分理解翻译作品，领悟作者的写作意图，鉴赏文章的内涵，而且能从根本上提高学生的概念流利程度，有利于提高学习者的交际能力，符合新世纪对外语人才的高标准和高要求。另一方面，在实证研究中，本研究以翻译教学来培养专业学生隐喻能力的可行性在于：首先，学习者通过初中、高中的学习，进入大学，认知能力已基本成熟，具备隐喻思维能力。其次，翻译作品中蕴含大量隐喻语言现象，这为提高学习者的隐喻能力提供了丰富的语料。再次，本项研究中，从事翻译教学的教师是教学经验丰富、语言知识扎实、具有一定语言学专业知识的教师。同时，还有两名专门从事翻译教学研究的本族语者，这些教师适合指导培养学习者的隐喻能力。

从实证研究来说，为了调查英语专业学生对隐喻的基本认知，本书于 2009 年 3 月对即将学习翻译的学生做过隐喻认知的半结构式访谈调查，调查对象是某高校外国语言文化系 2006 级 2 个自然班共 64 名学生。通过调查，学生对隐喻的了解极少，只知道它是一种修辞手法；大部分的学生不能清晰地解释什么是隐喻，怎样识别隐喻现象。调查中，本书要求学生分别用英语和汉语 5 个表达式来表达概念隐喻“TIME Is MONEY”。调查结果显示，83％左右的学生能表达出 3—4 个汉语表达式；但是，只有大约 32％的学生能表达出 3 个英语表达式。同样，受调查者几乎都提到在日常的写作练习中，为了专业四、八级考试的需要，学生几乎不用隐喻表达式，以免句子处理不当，影响考试的整体水平。最后，调查中，本书询问受调查是否认为翻译作品中存在大量的隐喻语言现象，90％的受调查者回答“可能”。其实，本书经过调查，隐喻现象在学生接触翻译课程之前已经出现在学生的其他英语学习材料中，如《综合英语》《泛读》等课程中，但任课教师在授课时只是指出这是隐喻，未对其进行具体分析，学生几乎全都采用机械性的记忆隐喻表达式，无从谈起对隐喻的系统认知。因此，通过翻译教学，对学习者进行系统的隐喻能力训练势在必行。

（三）英语专业学生隐喻能力发展介入性研究方案

既然从理论与实践上，在翻译教学中提高学习者的隐喻能力都具备了一定的可行性与必要性，在本项研究中，本书基于翻译教学，实施提高英语专业学生隐喻能力的研究方案。

1．研究对象

本研究的受试者是某高校外国语言文化系 2006 级 2 个自然班的 64 名学生。实验组和对照组分别是两个自然班的分组。

2．研究工具

本研究采用的方法主要有文学隐喻现象分析、讨论、访谈，测量工具是问卷调查和写作测试。采用的教材分别是刘炳善 2007 年编著的《英国文学简史》(新增订版)和常耀信 2003 年编著的《美国文学简史》(第二版)，分发的问卷、测试工具均由本书自行设计。

(1) 问卷调查。问卷调查主要是考察学习者对隐喻的认知和识别隐喻现象的能力。实验进行之前，本书于 2009 年 3 月对即将学习翻译的 64 名学生做过隐喻认知的半结构式访谈调查，本书通过卡方检验发现，对照组与实验组在问题回答上分布一致(p=0.623)。访谈问卷总体结果呈现出较低水平(表 7-4)。

表 7-4 实验前问卷调查结果

学习翻译之前，您对 metaphor 了解多少？	很多 0%	一般 27%	很少 73%
您认为 metaphor 是一种修辞格还是一种认知方式？	修辞格 97%	认知方式 0%	不清楚 3%
您觉得翻译作品中是否存在着大量的 metaphor 现象？	是 2%	可能 90%	不是 8%
您觉得 metaphor 在人们日常交际中出现的频率高吗？	高 6%	一般 37%	不高 57%
您觉得隐喻在人们日常生活中重要吗？	重要 4%	不重要 77%	不清楚 19%
您能列举出 5 个英语隐喻表达式表达概念隐喻 TIME Is MONEY 吗？	3～5 个 32%	3 个以下 68%	0 个 0%
您能列举出 5 个汉语隐喻表达式表达概念隐喻 TIME Is MONEY 吗？	3.5 个 83%	3 个以下 17%	0 个 0%
您平时在阅读英语文章时常注意到 metaphor 的用法吗？	经常 10%	一般 16%	很少 74%
您平时在写作中常用 metaphor 吗？	常用 0%	一般 2%	很少 98%

访谈问卷设计旨在考察学习者对隐喻的认知和识别隐喻的能力。访谈问卷调查见表 7-5，此表中的数据结果包括对实验组和对照组调查的结果，每项的结果包括两组数据，左为实验组，右为对照组。统计描述为频数与百分比，结果如下：

表 7-5 实验后问卷调查结果

通过学习翻译，您认为 metaphor 是一种修辞格还是一种认知方式	修辞格 2 6% 26 84%	认知方式 30 91% 5 16%	不清楚 1 3% 0 0%
您觉得翻译作品中是否存在着大量的 metaphor 现象	是 29 88% 11 35%	可能 2 6% 4 13%	不是 2 6% 16 52%
您觉得在翻译作品中出现的 metaphor 重要吗？	重要 21 64%7 23%	一般 12 36%24 77%	不重要 0 0% 0 0%
您觉得 metaphor 在人们日常交际中出现的频率高吗？	高 19 58% 4 13%	一般 14 42% 16 52%	不高 0 0% 11 35%
阅读文学作品时，如果遇到 metaphor，您会深刻理解它，还是仅仅记住这个知识点？	理解它 27 82%7 22%	记住它 4 12% 21 68%	忽略它 2 6% 3 10%
您认为 metaphor 能不能被泛化到翻译学习中去？	能 22 67%4 13%	不能 3 9% 15 48%	不清楚 8 24% 12 39%
您能列举出 5 个英语隐喻表达式表达概念隐喻 TIME ISMONEY 吗？	3～5 个 29 88%10 32%	3 个以下 4 12% 21 68%	0 个 0 0% 0 0%
您能列举出 5 个汉语隐喻表达式表达概念隐喻 TIME IS MONEY 吗？	3～5 个 3 94%26 83%	3 个以下 2 6% 5 17%	0 个 0 0% 0 0%
您平时在写作中常用 metaphor 吗？	常用 9 27% 0 0%	一般 17 52% 8 26%	很少 7 21% 23 74%

实验结束后，本书在实验组和对照组之间举行半结构式访谈。通过调查对比两组的情况，了解已接受过系统隐喻能力发展介入性研究的实验组与未接受介入性研究的对照组之间隐喻能力存在的差异和对翻译作品理解程度的差异。

Danesi(1992)提出可以从两个角度来考察英语学习者的隐喻能力，即从隐喻理解或写作中隐喻的使用频数来考察。本书在本实验中采用写作测试，主要是考察学习者隐喻的使用频率以及运用隐喻进行思维与实践的能力。从第一阶段的问卷调查中，本书知道学习者具备基本的本族语隐喻能力，能列举出3～5个汉语隐喻表达式表达概念隐喻“TIME IS MONEY”。本书假设本族语隐喻能力能正迁移作用于目的语隐喻能力，故写作测试排除本身带有隐喻现象的写作题目，如“Life is a Journey”等。另一方面，因受试者是大三学生，依据教育部制定的《高等学校英语专业教学大纲》，其语言水平发展进程应是逐渐向专业八级的要求靠拢。因此，本书随机选用“Ambition”(2006年专八真题)作为测试题目。

写作前测是在正常的教学环境下进行，参加者是2006级2个自然班的64名同学，本书要求学生在35分钟内就“Ambition”写出300字左右的作文；写作后测(一年后进行)，同样是在正常的教学环境下进行，参加者为原前测实验组与对照组，本书要求学生35分钟内也就“Ambition”写出300字左右的作文。因前后写作测试之间相隔一年，故前后写作测试之间基本无影响力，能确保测试的有效性。前后写作书面测试的结果，本书都交予两位英语本族语同事进行商榷批阅。实验组和对照组前后书面测试使用隐喻表达频率数对照见表7-6和表7-7。

表7-6　实验前对照组与实验组写作测试结果

学生组	最低频率数	高频率数	平均数	级差
实验组	3	11	7.15	0.643 48
对照组	4	9	6.75	0.592 79

表7-7　实验后对照组与实验组写作测试结果

学生组人数最	最低频率数	高频率数	平均数	级差
实验组	9	17	13.15	0.834 18
对比组	5	11	7.25	0.672 19

（四）研究过程

研究持续时间为一年。实验组由本书进行教授，对照组由本书的同事教授。在课程设置方面，实验组和对照组完全一样，而不同点在于：本书在授课时以翻译作品为依托，侧重于隐喻思维能力的培养，从而训练学习者从隐喻的角度理解文学作品，而对照组采用常规的教学方法，只是将隐喻作为一种修辞格来讲解。实验的大体步骤如下：

(1) 实验开始时，本书为提高实验组的隐喻意识，对受试者讲明翻译教学计划侧重于学生隐喻能力的培养，学生要对隐喻认知、理解与应用。而对照组的同学在完全不知情的情况下进行常规教学。

(2) 实验过程中，本书对实验组详细地讲解隐喻、隐喻研究的发展历史、隐喻能力的界定；进而通过翻译作品中出现的隐喻实例阐明隐喻是一种认知方式，隐喻无处不在，并更进一步将隐喻泛化；同时考察实验组成员对于隐喻的理解，本书提供一些含有隐喻的翻译作品选段材料让学生阅读，训练其对隐喻的提取速度和解释能力。而且，在分析翻译作品时，本书充当引导者，引导学生找出选段中出现的隐喻，并要求学生对其做出合理的解释。

(3) 课后，为训练学生的隐喻应用能力，让学生尽可能地以口头或笔头的方式自己生成一些隐喻表达式。

(4) 实验结束后，本书对实验组与对照组进行了问卷调查和写作测试。通过对两组的对比分析进而发现问题。

(五) 研究结果分析

介入性研究(一年)结束后，本书分别对实验组与对照组进行了问卷调查和写作测试。现在，将数据结果分析如下：

1. 问卷调查结果分析

为了解已接受过系统隐喻能力发展介入性研究的实验组与未接受介入性研究的对照组之间隐喻能力存在的差异和对翻译作品理解程度的差异，考察学习者对隐喻的认知和识别隐喻的能力，本书设计了一份半结构式访谈问卷，共 9 项，经统计，得出数据(表 7-5)。

2. 写作测试结果分析

写作测试主要是考察学习者隐喻的使用频率以及运用隐喻进行思维与实践的能力。这部分要求受试者在 35 分钟内完成 300 字左右的作文，并随后对其进行评估和统计分析(数据见表 7-7，表 7-8)。

写作测试：

第一，表 7-7 显示，介人性研究前的实验组与对照组在写作中应用隐喻的能力都不强，两组之间的平均数：实验组(7.15)和对照组(6.75)相差不远，且本书通过 SPSSl5.0 统计，两者不具备显著性差异。另外，两组之间的最低频率数和最高频率数也很接近。综观以上结果可知，实验前的对照组与实验组的写作中的隐喻应用能力不强；结合实验前的问卷调查结果得知，本院英语专业 2006 级 64 名受试者的隐喻能力低下。

第二，表 7-5 显示，介入性研究后的实验组与对照组对比得知，两组之间的平均数：实验组(13.15)和对照组(7.25)相差甚远，且两组之间的最低和最高频’率数也有差别。同时，本书通过 SPSSl5.0 统计分析，实验前后的对照组的写作中的隐喻应用无显著性差异(p：0.2)；实验前后的实验组的写作中的隐喻应用有显著性差异(p=0.001)，说明基于翻译教学的隐喻能力发展介入性研究的有效性。另外，实验前后的对照组写作中的隐喻应用能力有所提高(4 / 5，9 / 11，6.75 / 7.25)，但都不足以有显著性差异。本书认为，因为对照组的任课教师在文学作品的讲解中解释过隐喻，学生知道其作为修辞格的用法；还有本书设计的教学任务中，要求学生课后写书评(共 10 次)，对照组的同学因多次练习写作书评，故隐喻表达数相对增加，但不足以解释其隐喻应用能力的提高。综观以上结果表明，实验组的学生深化了对隐喻的认识，提高了隐喻能力。

(六) 英语专业学生隐喻能力介入性发展教学模式

本书依据实证研究过程，在此以 William Shakespeare’s Sonnet 73 一节为例，提出基于翻译教学提高学生隐喻能力发展的教学模式。

In me thou seest the twilight of such day.
As after sunset fadeth in the west：
Which by and by black night doth take away，
Death’s second self，that seals up all in rest.
William Shakespeare’s Sonnet 73

(1) 课程开始时，本书告知受试者本次课程涉及的内容为英国著名诗人莎士比亚的十四行诗的鉴赏与分析。首先，本书根据主题的不同，将莎翁的十四行诗分类，同一主题中的经典诗节以多媒体的方式呈现给学生，本书安排一个主题大问卷结果显示：①本书通过教学前、教学中、教学后对受试者进行的隐喻强化训练，加上受试者自己对隐喻学习的兴趣，大部分实验组学生能把隐喻看成是一种认知方式，不仅仅是一种修辞手段；认为翻译作品中存在大量的隐喻，并能将隐喻泛化到翻译学习中去；在本书讲解文学作品之前，他们大都能有意识地对文学作品选段材料中的隐喻现象进行识别、解释，并能在写作中有意识地运用隐喻，这充分说明实验组的学生已具备基本的隐喻能力。②对照组的同学大部分将隐喻作为一种修辞格，就翻译作品中出现的隐喻现象不能清晰地辨别和解释；同时，大部分同学对翻译作品中出现的隐喻的作用性认识不强，在老师讲解隐喻时也只能机械地记忆，不能将隐喻泛化到文学作品的学习中，这说明对照组的学生缺乏基本的隐喻能力。

约一个学时的学习期。然后，本书要求学生阅读这些经典诗节，快速找出诗节中出现的隐喻表达。其次，分组讨论各个隐喻表达的含义。再次，在学生自我辨识和理解隐喻的基础上，要求学生对选段中出现的隐喻现象逐一进行解释。例如，本例中的诗句“Which by and by black night doth take away”，所有学生都能告知老师这句中肯定包含隐喻。在学习过程中，学生经过一段时间的思考和讨论，能找出本句中包含的常规隐喻语言现象“black night”and“take away”。但因缺乏足够的隐喻思维能力，不能将这些常规隐喻延伸到概念隐喻的层次。此时，需要发挥教师的引导作用，解释说明此句中包含 5 个常规隐喻：Lightis a substance．Events are actions．Life is aprecious possession．A life time is a day．以及 Life is light。教师继续解释常规隐喻直至概念隐喻的层次 Black：life time is a day，life is light，death is night；Night：death is night，life is light；Take away：events are actions，life is aprecious psssession、这些概念隐喻植根于我们的思维中，对这些概念隐喻的深层次理解才能正确理解本诗句的内涵，才能培养学生的隐喻思维能力，提高其隐喻能力。

(2) 课后，为训练学生的隐喻应用能力，本书要求学生以本诗节中出现的概念隐喻为依据，书面表达 3～5 个英文句子，教师收集其书面表达，并及时做出点评。至此，实验组学生的隐喻能力在此种介入性模式中不断地强化，得以提升。

隐喻是人类认识世界和发展语言的重要认知方式。由于语言本身具有的隐喻性特征，在英语教学中必须培养学生的隐喻能力，使学生能够识别、解释和运用隐喻，达到目的语和本族语两类语言概念系统的对等。除了本文研究的在翻译的教学中提高隐喻能力，本书认为，系统地培养英语专业学生的隐喻能力还可从以下方面着手：

首先，应培养学生的隐喻思维能力，让学生意识到隐喻在英语中的普遍存在性，有意识地将隐喻思维的习惯带到英语的词汇、短语、句子和篇章学习中。正如胡壮麟(2004)之“一代人的隐喻是后一代人的常规表达”和赵艳芳(2002)之“常规隐喻是一个语言集团文化和经验的沉淀”所言，要让学生学会积累常规隐喻，只有在足够的常规隐喻积淀之上，才能进行隐喻思维，创造出新隐喻。

其次，在基础课程设置中应将隐喻能力泛化，如在阅读、写作、口语、听力课程中都应关注隐喻现象的习得。

再次，在高年级专业课程中也应将隐喻能力泛化，除翻译课外，还应在其他课程中进行渗透。本书在此只是局部地做出此方面的研究，本书将在以后系统地研究如何在外语教学中培养学生的隐喻能力。

另外，本书综观本次介入性研究发现存在一定的局限性。本书设计的隐喻应用能力测试为主观性试题，缺乏客观性试题的验证；同时，在实验过程中，本书所用的材料均为翻译作品选段材料，这样在一定程度上会抑制受试者的隐喻能力的发展；并且，这种训练方式需要充分发挥教师的能动作用，在一定程度上会阻碍学生的主观能动性的发挥；再者，此类实验要求教师具备认知语言学专业知识，对教师要求比较高，这也就在某方面可能会抑制实验模式大范围的应用。因此，针对以上提出的实验局限性，笔者将在以后的研究中更进一步深化：尽可能地使用主客观相结合的语料；要求翻译任课教师自身应具备隐喻思维能力，并能将隐喻思维在教学中逐步渗透，直到泛化到文学教学中；应扩大受试对象范围，确保介入性研究模式的应用性与有效性。

第八章　英语翻译教学在学生翻译能力培养上的不足及对策

第一节　英语翻译教学在学生翻译能力培养上的不足

一、英语翻译的教学授课时间问题

（一）英语翻译教学授课时间的数据分析

现阶段，很多英语教师在教学过程中，都会在教学过程中穿插加入翻译教学。但是在对高校英语专业教师的授课时间进行调查的过程中发现，这80%在教学中穿插翻译教学的老师中还有40%在教学过程中觉得讲解翻译的时间较为紧迫，除此之外，还有20%的老师并不会在每个单元的教学过程中都安排翻译教学。大部分教师在课堂上教授英语翻译的时间相对较少，只有极少部分的老师在课堂上教授英语翻译内容的时间能够达到30分钟，甚至超过了30分钟。以对某校的调查数据可知，该校英语专业教师在课堂上讲解翻译的时间平均为5—10分钟，仅仅占据了一个课时四分之一，但是并非每个老师在每节课上都会教授翻译。因此从整体上看，虽然大部分教师都会在教学过程中穿插加入翻译教学，但是实际上，留给翻译教学的时间并不多，也就是说没有教师会在课堂上讲解翻译时间超过30分钟，没有任何一节课的时间被完整地用语翻译教学。表8-1中的数据集中展示了教师每节课平均讲解翻译的时间以及教师对自身翻译教学评价和学生对教师翻译教学的评价数据。

表8-1　翻译教学的数据信息

	N(人数)	极小值	极大值	均值	标准差
每节课平均讲解翻译的时间	20	2.00	4.00	2.7000	0.65695
认为自己在课堂上讲解到位、时间充分	20	3.00	5.00	4.2000	0.76777
认为课堂上老师讲解翻译的时间较少	196	1.00	5.00	2.9388	1.21374

上表中的数据内容来自于对某校英语专业教师和学生的调查问卷。从上表中可以看出，教师的平均讲解翻译的时间平均分为2.70，而标准差为0.65，可以知道，高校现阶段的翻译教学时间相对较少，缺少专门的翻译教学课程。而在教师白评中认为自己翻译课程讲解到位、时间充分的平均分为4.2，方差为0.589，综

合第一点内容的情况，可知大部分教师对翻译教学没有足够的认识，并没有将翻译作为教学的重点内容。在调查过程中还对部分学生进行了访问，近95%的学生都表示会在课后进行翻译练习，且在翻译能力上还想进行更加深入的发展，但是这95%的学生也反映，虽然教师在每个课程单元中都会加入一定的翻译教学，但是，不是以常规传统的课堂教学形式，一般都是利用学生订阅的英语报纸、选修课程等方式开展，或者是在教学过程中穿插加入双语阅读，来代替翻译教学。其中有35%的学生给出了“教师讲解翻译的时间极少”的答案，而近半数的学生也选择则“教师讲解翻译的时间还需要得到进一步的提高”，不仅如此，在学生评价中所得到的“课堂上教师讲解翻译的时间相对较少”的平均分为2.93、标准差为1.21。由此可知，有超过半数的学生对现阶段的翻译教学现状表示不满，认为教师在课堂上讲解翻译的时间不能够满足学生的需求。

（二）英语翻译教学授课时间存在的问题

1．教学没有目的性缺少时间观念

由上可知，教师在英语课堂上的翻译教学授课时间相对较少，对于英语专业的学生而言，按照基础英语课程课时来看，翻译教学的授课时间仅仅占据了总课时中相当少的一部分。虽然大多数教师都具有这翻译教学的认识，但是这种认识还不够全面，体现在时间分配上，就是翻译教学授课时间不足，因此教师必须要对时间分配进行全面的考．量。教师要认识到教学是一门特殊的艺术，相对于其他的艺术而言较为复杂，因此教师必须娄在教学舞台上合理的分配时间，努力提高教学质量和教学效率，科学分配教学时间能够保证教学质量得到显著提升。首先极个别教师在教学过程中，缺少时间观念，这种现象相对较少，但依然存在，这样的教师在教学过程中随意发挥，虽然学生会觉得内容丰富，但是缺乏主干核心，对学生没有任何帮助，这是不负责任更是不敬业的表现。

2．传统教学方法和时间分配较为牢固

还有部分教师在时间分配上，依然保持着传统的“三三制”分配原则。“三三制”指的是复习导入、新课讲授、单独练习，这三个环节各占课堂的三分之一，但是课堂应该是灵活多变，时间的分配，也要根据具体的教学情况和教学内容进行分配，如果长期保持固定的模式，学生的学习积极性和学习效率就会下降。以某高校教师为例，长期以来，一直保持着一种教学模式，学生产生枯燥感，不愿意主动思考问题，被动跟随教师的教学步骤，学习效率极低，相关知识也没有得到真正的吸收。

3．忽略知识发生的过程重视性教学方法

还有部分教师在实际教学过程中，忽略知识发生的过程，尤其是在高校英语

教学中，很多教师并不重视知识发生的过程，没有认识到这个过程对于培养学生学习兴趣和创作精神的作用，造成学生的学习兴趣较低，学习主动性较差，翻译能力没有得到实质件的提升。

4．以教师为主体学生学习主动性较差

除了上述三点内容以外，传统教学方法中以教师为主题，教师是课堂讲解的核心。虽然部分教师的学识渊博，口才出众，在讲解过程中，能够给学生带来丰富的知识。但实际上，内容过于丰富，也可能造成学生学习上出现困难，占用大量的授课时间，那能够留给学生独立思考的时间就相对较少。有些教师在课前进行了精心的布置，组织了大量的联系，授课时才能层次性较强，但是这些教师也会让学生没有独立思考的时间，只能够紧跟教师的思路，一节课下来，师生都极为辛苦，但是所获得教学效果却并不显著。长此以往，学生的学习主动性就会消失，产生过度依赖教师的现象。

5．度放松学生管理造成时间上的脱节

随着新课程改革的推出，将发挥学生主观能动性作为课堂的重点内容，其中最明显的表现就是要在课堂上增加学生的自主活动时间，广大教师纷纷开始对教学进行改革，但是其中存在部分教师过度理解自主活动，学习效率下降，为了活动而活动，没有真正地意识到教学活动和以学生为本的意义。课堂教学时间分配上存在很多的学问，课堂教学时间又直接影响着课堂教学质量，因此一线教学工作者必须要从日常的教学活动人手，以学生为本的思想，加强对学生学习管理，不断总结工作经验，提高教学水平，为国家和社会培养出更多的综合性人才。教学授课时间是整个教学活动的关键，必要在日常的教育教学活动中对时间具有精准的控制，才能够为翻译教学留出来充足的时间，给学生带来了足够的练习时间，又让学生能够掌握翻译技巧和翻译理论，让学生能够体会到翻译教学的存在。不仅是翻译教学，但是现阶段教师在实际教学，存在一定的问题。针对这些问题，有着针对性地开展相应的对策，吸引学生注意力，调动学生积极性。全面的加入课堂活动中去。

二、学生课余巩固练习翻译的问题

（一）学生课余巩固练习翻译的数据分析

这个问题的依据仍然是某学校的一次调查，在调查过程中，还针对学生课余巩固练习的情况进行了调查，根据相应的数据统计以及调查问卷的信息显示，大部分学生都会在课后完成一定的翻译练习，但是有 44.9％的学生消耗的时间少于 10 分钟，而消耗时间大于 30 分钟的学生只有 2.04％，剩下的学生虽然完成了翻译作业，但是消耗的时间都没有超过 30 分钟。由此可知，教师布置翻译作业的频

率并不高，且翻译作业占所有英语作业的时间也是相对较少的，也就意味着不仅是翻译的授课时间、翻译作业在大学英语学习阶段也没有得到应有的重视。在对调查结果进行了细致的分析后，形成了图 8-1 和图 8-2，分别代表着学生完成翻译作业所耗费的时间和教师认为学生完成翻译作业的最优时间，从图 8-2 中可以发现，没有任何教师认为翻译练习的时间应该超过 30 分钟，甚至有一半的教师认为学生完成翻译作业的时间仅仅需要 10 分钟，甚至更少。在这种教学理念下，教师布置的翻译作业量相对较少，进而导致学生在课后可以巩固学习英语翻译知识的时间也会进一步缩减。这是因为很多教师在教学过程中认为英语教学中其他版块的联系更为重要，其他版块本身的练习量相对较大，如果增加翻译练习。反而会增加学生的负担，而且还有部分教师认为，翻译可以在学生进人大三后，通过题海战术进行高强度的反复练习，因此在大一、大二阶段很少涉及翻译联系。在调查过程中，还发现了这些认为翻译作业时间应该少于 10 分钟的教师，教学年限较短，而教学年限较高的教师，则认为学生应该花费较长的时间巩固翻译知识和翻译技巧。很多教龄较长的教师都表示，翻译在大学阶段尤为重要，尤其是英语专业的学生而言，必须要通过适当的翻译练习，不断巩固翻译知识，提高学生的翻译能力。对于教龄较短的教师，则认为在英语教学中交际能力更为重要，担心过度强调翻译会对学生学习英语造成负面影响，因此翻译工作就受到了一定的忽略。

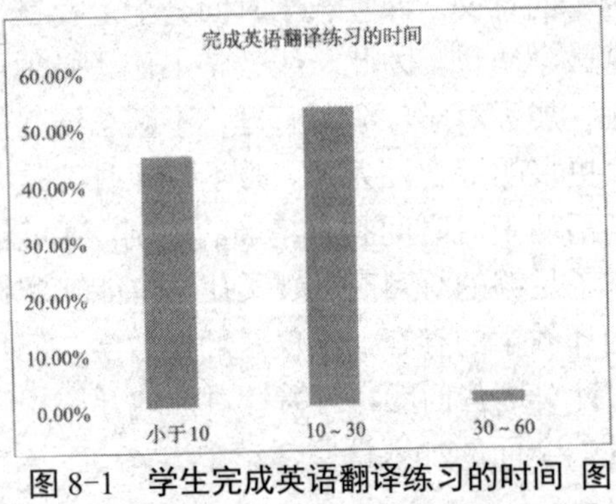

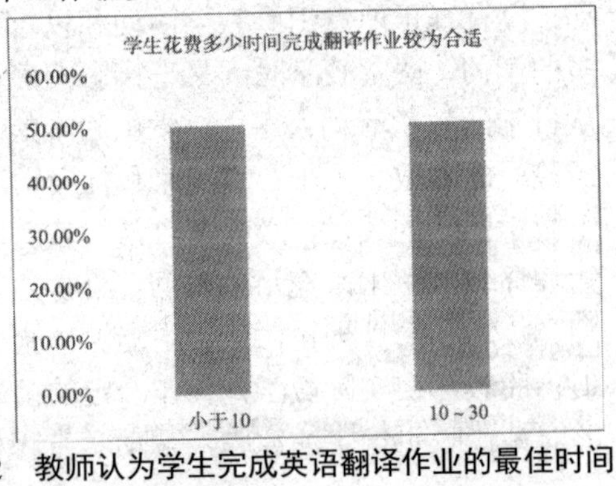

图 8-1　学生完成英语翻译练习的时间　图 8-2　教师认为学生完成英语翻译作业的最佳时间

而在这基础上，还对英语专业的教师进行了深入的调查，发现大部分教师，认可翻译在英语教学中的存在，也认可布置翻译练习的重要性。但在调查过程中，也发现很多学生反应翻译作业的模式单一，翻译教学枯燥，对翻译教学提不起兴趣。具体的调查数据如下表 8-2 所示。

表 8-2　翻译练习调查数据情况

	N(人数)	极小值	极大值	均值	标准差	方差
需要通过一定的课外练习巩固翻译知识	20	3.00	5.00	4.2000	0.61559	0.379
翻译作业类型单一	196	1.00	5.00	3.5204	1.21374	1.543

续表

	N(人数)	极小值	极大值	均值	标准差	方差
愿意通过阅读课外数据和文化书籍提高翻译能力	196	1.00	5.00	2.9796	1.32029	1.743
通过课后练习可以提高学生学习积极性和主动性	20	3.00	5.00	3.9000	0.71818	0.516

由上表可知，在教师认为可以通过课后练习提高学生学习积极性和主动性这项选择中的平均值为 3.90，也就是说大多数教师赞同这一观点。而反观学生认为翻译作业类型单一这个项目中的平均值为 3.52，能够发现学生和教师在翻译练习上存在一定的出入。教师在布置课后翻译练习时，并没有真正的激发出学生的学习积极性，而且学生更愿意通过阅读课外书籍等方式来提高自身的英语翻译水平，大部分学生对语言背后的文化有着深厚的兴趣，教师在设计翻译作业时应该充分考虑到这一个问题，以此巩固翻译的方式和类型。

（二）学生课余巩固练习翻译存在的问题

当今世界需要大量懂翻译的优秀人才，翻译教学成功直接影响着学生翻译能力的提高，在国家颁布的《大学英语课程教学要求》中，明确提出了大学生听、说、读、写、译这几个方面的技能要求，并且对不同层次的要求进行了细化。

1．不重视翻译作业的重要性

经过上文的数据内容可知，一半以上的教师对翻译作业不够重视，大部分作业局限于练习和书本内容，极少布置合作性开放性较强的作业，听力和口语翻译作业几乎没有，即使存在，在批改和评价上也没有得到具体的落实。由此可知，大学翻译教学的作业布置依然存在一定的问题，必须要对其进行全面的改革，大学课堂教学时间有限，想要提高学生的翻译能力，就必须要给学生布置一系列的翻译作业，但是教师在布置翻译作业时，没有考虑到学生的个人兴趣和教学需要，选取的翻译作业素材较为老套，布置作业的模式单一化，翻译作业没有针对性，学生在翻译的过程中无法真正的提高自身的翻译能力和翻译素养。学生在翻译作业中体会不到翻译的难度，无法发现自身问题，就不能够体会到翻译的难度和魅力，翻译能力自然得不到明显的提高。

2．翻译作业内容枯燥单一

作业存在的作用在于拓展学生的知识面，帮助学生更加深刻的认识理解翻译知识，锻炼学生灵活的运用翻译知识，但是现阶段教师对作业内容并没有过多的关注，没有进行具体详细的设计，大多数情况下都是借用网络资源和教材内容，作业模式固定，内容相似，对学生实际应用没有起到良好的作用。而且对于大学而言，每个班级学生之间的水平不均，但是教师在布置学生作业时却没有考虑到学生学习能力的问题，作业难度不等．对于水平较高的学生较为简单，但是对于水平较低的学生却又较为复杂，前者不能帮助学生提升，后者反而加重学生学习的压力。

3．翻译作业缺乏实效性

作业的布置是为了让学生巩固知识，作业实际上是另一种形式的课堂练习，但教师在布置作业时，经常会以教师为中心，缺少计划性，随意性较强，学生完成作业的实效不大，直接降低了学生作业积极性。作业形式呆板，缺少语言学习必要的灵活性，局限于单词、词组、句子、短文的翻译，学生机械性的完成作业，在耗费时间的同时，也没有达到布置作业的根本目的，给不同层次的学生学习积极性造成打击，学生翻译水平自然得不到显著提高。

4．忽视翻译作业的实用性

而在布置作业的细节上，也存在一定的问题，很多教师过于重视语法知识，忽略实际引用，在作业中加入大量的语法翻译练习，缺少目标。加之学生作业完成后，教师不能够及时地进行评价，学生也没有真正的掌握语法知识，存在的问题没有得到实质性的解决。翻译作业大多数是笔头作业，缺少口语和听力作业，但是在实际应用的过程中，更多的是要进行口语翻译，这就需要学生具备良好的语言表达能力和听力能力，但是听说作业的落实存在一定的困难，因此书写作业量就会随之加大，学生对大量的作业感到厌烦，缺少自主学习练习的语言环境，翻译能力提高就会受到阻碍。

三、教师的英语翻译授课方法问题

（一）教师英语翻译授课方法的数据分析

纵观教师英语课堂中的翻译教学授课情况，大多数教师对翻译难度抱我较为准确，只有极少部分教师无法准确地把握难度，需要课标和备课小组进行统一的规划和指导，而从讲解方式来看，可以归纳概括为四种模式，分别为：照本宣科模式；启发性讲解模式；应试性讲解模式；不讲解跳过。在调查过程中，选择启发性讲解的教师和学生比例，分别为：50％和52％，这样的数据表明，超过半数的学生和老师倾向于启发式的教学和学习，注重对思维的培养和开发，而位居其次的就是应试性讲解模式和照本宣科模式，只有极少部分教师不讲解翻译知识。此外在调查过程中还发现有超过半数以上的学生认为教师的授课方式较为活跃，在课堂上鼓励学生动脑思考，但是还有一半的学生认为教师在课堂上讲解的翻译知识缺少规律性，无法帮助学生形成系统的翻译知识体系，且没有固定的授课时间和授课方式。在这样的情况下，学生会失去学习翻译知识的兴趣，不再对翻译知识引起重视，无法达到预期的教学效果。不止如此，讲解形式也可以划分为四种基础模式，分别为：老师讲解为主；师生互动为主；信息技术为主；综合教学形式。其中55%的教师依然保持着最原始的老师讲解为主，而五分之一的教师和学生选择了师生互动和信息技术的讲解形式，剩下少部分的教师和学生选择了多种形式综合的教学形式。实际上讲解形式多元化，更有利于教学开展，在讲解翻译过程中，还要将语言文化进行有机结合，将英语国家的文化和典故介绍给学生，帮助学生扩展知识面。在关于教师课堂英语翻译教学授课方法的调查结果显示，教师认为讲解翻译难度把握准确的平均分有4.4，可知只有个别教师在教学难度上把握上不够确定，具体内容如下表所示。

表 8-3　翻译授课方式调查数据情况

	N(人数)	极小值	极大值	均值	标准差	方差
教师自评：讲解翻译难度的把握是否准确	20	4.00	5.00	4.4000	0.50262	0.253
学生评价：老师鼓励学生勇于实践	196	1.00	5.00	3.4082	1.08922	1.186
学生评价：是否将翻译作为单独知识点讲解	196	1.00	5.00	3.0000	1.31266	1.723
教师自评：是否会在翻译教学中融入文化背景	20	3.00	5.00	4.3000	0.65695	0.432

此外，为了详细调查研究大学英语专业的授课方式和教学模式，还对学生和教师进行了详细的调查，针对不同的教学模式进行调查，旨在对比教师和徐盛对课堂翻译教学的意见，具体内容见表 8-4。

表 8-4　翻译教学模式调查

课堂翻译教学模式	频数		百分比(%)		积累百分比(%)	
	教师	学生	教师	学生	教师	学生
照本宣科模式	4	36	20	18.4	20	18.4
启发性讲解模式	10	102	50	52.0	70	70.4
应试型讲解模式	4	46	20	23.5	90	93.9
跳过不讲	1	6	5	3.1	95	96.9
其他	1	6	5	3.1	100	100
合计	20	196	100	100		

（二）教师英语翻译授课方法存在的问题

长期以来，国家的英语翻译教学课堂都偏重知识的传授，将学生当作容器，会了学生的学习兴趣，对学生个性化和主动性的发展造成了较为严重的影响，可以从五个方面详细分析英语翻译授课方法中存在的问题。

1．学生方面

在传统的教学过程中，教师是课堂的主体，学生只是被动接受知识点，因而现阶段的翻译教学方法，虽然提高了学生在课堂中的主体地位，但是互动的方式单一，而且不同的学生之间存在着较为严重的个体差异，一些学生不会主动地参与到课堂互动中去，长此以往，学生之间就会出现严重的两极分化现象。不止如此，在两极分化现象的基础上，如果学生的积极性得不到良好的调动，学生就会翻译产生畏惧心理，在日后的翻译学习中，会刻意躲避翻译，拒绝参与到翻译学习活动中去。

2．教学大纲

当今社会，随着科学技术的发展，知识理论体系日益完善，英语翻译教学中可以采用的教学方法逐渐增加，在各种英语教学法中，都有着各自不同的英语教学体系，但是在大学英语教学中还存在着一定的问题。现阶段，很多高校对于英语专业的学生，会设置精度和听力课程，但是没有设置出单独的翻译课程，从这种课程设置来看，很多高校并没有对翻译教学引起重视。而当今社会对翻译人员的需求不断扩大，必须要开展相关的翻译教学，才能够满足新时期社会对人才的需求。这种环境下，教师必须要在其他课堂中，开展翻译教学，但是其他的课堂还有各自的教学任务，这在加重学生学习压力的同时，翻译能力也没有得到显著提升。

3．课堂规模

大学英语专业中英语课程是必修的基础课程，一般情况下都是以小班教学为主，不同的专业，英语课程的教学内容存在着一定的差别，但是基础英语课程一般都是大班规模。在大班中开展英语翻译教学存在一定的困难，教师无法和每个学生都进行良好的沟通，也不能够有效的组织教学活动，教学方式的选取上存在一定的难度。

4．现行考试体系

语言测试在国家的发展较为缓慢，虽然目前，国家设置了四六级考试和口语考试，但是这些考试体系还需要得到进一步的完善，以口语测试为例，想要参加口语测试必须要达到要求的分数后，才具有机会，而翻译测试的部分在四六级考试分数中所占比例最小，这也让很多学生无法对翻译能力引起重视。而各大高校中也缺乏和翻译教学相配套的测试体制，即使开展了翻译教学工作，也无法保证翻译教学效果。

5．文化背景知识

在翻译工作中，不只要掌握住基础的语言逻辑结构，还要把握住相关的文化知识背景，文化背景知识直接决定了语法、语言环境、语言策略等方面的运用情况。只有这样，学生在简单了解文化背景知识后，才能够更加全面地、具体地认识翻译、理解翻译，翻译教学才能够得到合理地开展。但是高校教师虽然将目标语言的文化背景向学生进行讲解，但是教师在讲解这类知识的过程中，缺少重点，尽管拓宽了学生的知识面，但是也让学生无法准确找到重点，反而给翻译功能带来一定的影响。综上所述，高校英语专业的一线教职员工，必须要认识到翻译教学在大学英语专业教学中的重要作用，正视自身存在的不足，从学生的实际情况出发，从学校的教学情况出发，通过对比研究，开发出全新教学方法，并且合理的引用到英语翻译教学活动中。

四、对英语翻译教学学习态度问题

（一）师生英语翻译教学学习态度的数据分析

在对教学学习态度的调查中，可以发现大部分学生认为翻译学习必不可少，而翻译教学必要性的调查中，几乎所有教师都认为翻译学习是大学英语专业学生必不可少的环节，在这个项目上，教师的平均分要略高于学生。总体上讲，大部分师生对翻译教学和翻译学习都较为重视，下表 8-5 就是该项目调查情况的具体数据。

表 8-5　翻译学习和翻译教学的调查数据

调查内容	统计项目	教师	学生
翻译学习 / 翻译教学的重要性	平均数	4.6000	4.4082
	标准差	0.68056	0.79533
	方差	0.463	0.633
	人数	20	196

除了对重视性质进行调查之外，还对学生英语成绩和翻译学习兴趣程度进行了调查，根据调查结果可知，英语成绩和翻译学习态度有着显著的关系，其中不同的成绩等级和翻译学习态度之间的相关性不同，其中成绩优秀以及成绩中等偏上的学生对学习翻译表现出了浓厚的学习兴趣，而中等和中等偏下的学生则对翻译的兴趣较弱。除了对学生的情况进行了调查之外，也对教师展开了调查，包括教师对翻译教学作用的想法和是否在每个学期都对翻译教学进行了细致的规划。具体调查数据如表 8-6 所示。

表 8-6　翻译教学的调查数据

	N(人数)	极小值	极大值	均值	标准差	方差
教师自评：翻译教学是否能够帮助学生提高英语综合能力	20	4.00	5.00	4.5000	0.51299	0.263
教师自评：是否在学期初还制定了翻译教学规划	20	3.00	5.00	4.0000	0.79472	0.4632
教师自评：布置的翻译作业能够培养学生的合作能力	20	2.00	5.00	3.7000	1.21828	1.484

由上表中的数据可知，大部分教师都认同了翻译教学的任务，调查结果表明，大部分教师认为翻译内容和文化密不可分，只有极少数教师认为翻译和文化没有关系。因此大部分教师在课堂上采取了适当的方式，给学生介绍了文化背景，以此帮助须生提高自身的翻译水平，在比较过程中，学生的平均分较低，只有 15.3% 的人认为翻译水平和文化之间存在着关系。具体内容如表 8-7 所示。

表 8-7 学生对英语翻译教学学习态度问题

	N(人数)	平均数	标准差	方差
老师评价：老师教师自评：文化和翻译密不可分	20	3.0510	1.284	1.474
学生评价：翻译和文化密不可分	196	3.0510	1.649	3.0000

除了上述几点内容以外，还对教学内容进行了详细的调查，从教师和学生两个角度人手，分析判断学生无法达到教师教学要求的根本原因。在调查过程中发现，一部分教师认为学生不喜欢翻译，觉得大部分学生在翻译教学过程中，变现出来的兴趣较低，积极性较差。而实际上不喜欢翻译的学生只有 20.9%，大部分学生对翻译依然表现出了一定的学习兴趣，其中 37.8%的学生认为教学内容较为枯燥。由此可知，教师要重新考量目前的教学内容，具体的调查数据如表 8-8。

表 8-8 学生无法达到教师要求的原因

选项	频数		百分比(%)		积累百分比(%)	
	教师	学生	教师	学生	教师	学生
教学内容较为枯燥	5	74	25	37.8	25	17.8
学习内容较难	4	36	20	18.4	45	56.2
学习内容较多	2	30	10	15.3	55	71.5
不喜欢翻译	8	41	40	20.9	95	92.4
其他	1	15	5	7.6	100	100
合计	20	196	100	100		

加强翻译教学的主要原因在于要拓展学生的翻译思维，培养学生独立思考的能力，在关于这项内容的调查中，教师的平均分为 4.1000，因此可知，大部分教师任课这个说法，而在学生调查中，平均分相对较低，证明还有很一部分学生并不任课这种说法，这些学生认为教师在进行翻译教学中仅仅是在核对答案，或者讲解一些固定的知识点内容，并没有进行适当的思维拓展，在这种思维模式的引导下，学生的学习效率、课堂的教学效率都会受到一定的影响，学生的翻译能力自然不会得到提升。

表 8-9 师生在翻译学习目的上态度的调查数据

	N(人数)	平均数	标准差	方差
老师评价：加强翻译教学主要原因在于要拓展学生的翻译思维，培养学生独立思考的能力	20	4.1000	0.85224	0.726
学生评价：加强翻译教学主要原因在于要拓展学生的翻译思维，培养学生独立思考的能力	196	3.4592	1.18251	1.398

通过对表 8-9 中的数据信息的分析，能够看出在英语翻译教学中教学态度和学习态度上都存在一定的问题，还需要进行全面的改善，才能够提高翻译教学的效果，提升学生的翻译水平。

（二）师生英语翻译教学学习态度存在的问题

1．教师英语翻译教学态度存在的问题

“态度”是影响学习效果和教学效果因素中最不稳定的要素，一个人的态度直接决定最终的效果，但是大部分高校教师在进行教授过程中，虽然进行了系统的教学，传授翻译所需要的技能、技巧，但从来没有有意识的教导学生如何对待翻译教学，以何种态度面对翻译工作。根据上述调查结果显示，大部分教师在培养学生翻译能力的教学态度上较为矛盾，虽然大部分教师都认为必须要对学生进行翻译教学的讲授，也都认可翻译能力对学生的重要性，但是有近四分之一的教师认为学生没有这方面的意识，这说明教师虽然认识到了翻译能力对学生的重要性，但是对学生的培养力度却相对较低，想法和实际存在着严重的矛盾性。此外，很多教师并不愿意承认自身在翻译能力培养上存在的不足，愿意承认教学方法有问题的教师只有36.11%，大部分教师将学生翻译能力较差的现象归结于学生自身不够努力。事实上，学生的翻译能力较差，学生对翻译学习不够重视，也是因为学生没有掌握正确的翻译学习方法。对于这种情况，教师并没有产生明确的认识，虽然有定期的讲授方法，但并没有进行实际的操作和练习，教学工作存在一定的漏洞。

2．学生英语翻译学习态度存在的问题

学生对待英语翻译工作的学习态度，会受到多种因素的影响，实际上，学生的学习态度是一种由教师和教学活动所影响而产生的一种行为反应，在学生参与教学的过程中，这种行为反应会逐渐固化，最终形成学习态度，也就是说教师的态度会对学生的态度产生影响。比如，教师的教师态度，工作认真，能够从学生的角度出发，那么学生就会对在教学过程中，对翻译学习形成积极的认识，认为翻译是一件令人愉快的事情，可以积极主动的投入教学活中。反之，如果教师本身不重视对学生翻译能力的培养，虽然强调了翻译的重要性，但是在实际教学过程中，并没有落实到位，学生也不会对翻译引起重视。教师的态度就是学生的态度，而师生对待翻译教学和翻译学习的态度，对翻译教学效果有着深刻的影响。不仅如此，传统的教学行为一般都是围绕着考试进行，教师教会学生最基本的应试技巧，为了让学生能够在考试过程中取得良好的成绩，大部分教师都是围绕着教材完成教学任务，但翻译教学强调的是一种实践性，这种围绕着教材而开展的教学，并不能够满足社会对人才的需要，而学生在这种教学模式下，也不会对翻译教学产生重视的态度，教学效率和学习效率也就不会得到真正的提高。

3．教学态度对教学行为的影响

教学态度虽然不会对教学行为产生决定性影响，但是却会形成极大的影响作用，可以从三个方面入手分析。

(1) 教学态度和教师学习。学习是教师最为显著的特征。教育教学活动发生了变化后，教师就要进一步提高自身素质和教学水平。近年来，国家正处于教学改革的关键时期，而新课程改革就意味着学习目标、内容和方式上都会发生变化，在改变上述内容之前，首先应转变教师自身的教学态度。教学态度本身是一种具有强烈的情绪情感特征的思维方式，但是在翻译教学中教师的教学态度出现一定的问题，教师在进行教学过程中，会产生厌烦等消极情绪，无法吸收新材料和新内容，故而沿用原有材料和内容对学生进行教学，无法帮助学生提高翻译能力。

(2) 教学态度和教学行为。除了教师学习之外，教学态度和教学行为也有着一定的联系。经验表明，教学态度的转变，能够让教师的工作行为发生较大的变化，如果教师对翻译教学产生认同感，全身心的投入翻译教学事业中，那么在日常的教学工作中，就能够勇于克服各种压力和负担，这种态度自然会影响到学生，继而转变学生对翻译学习的态度。

(3) 教学态度和教学效率。一般来说，积极的教学态度能够提高教师的忍耐力，进而提高教学工作的效率，创造出良好的教学工作绩效。但是目前，高校英语专业教师对待翻译工作的态度不容乐观，因此教学工作行为和教学工作绩效也会受到影响，虽然教师还会因为达成其他各种目标，而选择有效的教学手段，但是学生却会受到教师的影响，在无形之中改变了学生对待翻译学习的态度。

五、英语翻译教学中作业批改问题

(一) 英语翻译教学中作业批改的数据分析

在对高校英语教学现状进行调查的过程中，可以发现英语翻译教学中的作业布置、批改等方面也存在一定的问题。在对英语翻译教学作业的调查，可以分为三个方面，分别为：英语翻译作业的来源、英语翻译作业的批改、英语翻译作业的功能。

1．英语翻译作业的来源

首先针对学生进行调查，根据调查结果显示，学生的答案较为集中，一种为来自于课本、一种为来自于相关配套来信，而课外书、外文书籍报刊以及教学个人设计的作业来源比例相对较小，只有 10.2%和 14.3%。但是学生的实际需求和实际情况则有所出入，从学生的角度出发，大多数学生希望作业的来源是从课外书籍报刊等方面，或者是教师的个人设计。从实际需求和实际情况完全相反的现状来看，学生并不喜欢翻译练习处置课本或是练习册，而是希望练习能够由教师进行设计，并具有一定的新颖性。在调查过程中，还有一部分学生选择了其他，这就意味着还有一部分教师极少布置翻译作业，即使布置了也不是以书面作业的形式，同时也代表着，学生希望作业能够以多元化的方式组合出现，并非以单一的翻译句子存在，也能够增加一定的互动环节，具体数据情况如下表 8-10 所示。

表 8-10 翻译作业来源

调查内容	选项	频数		百分比(%)	
		实际情况	学生需求	实际情况	学生需求
翻译作业来源	课本	114	30	58.2	15.3
	练习册或者配套练习册	144	48	73.5	24.5
	课外书籍、报刊	20	80	10.2	40.8
	教师个人设计	28	94	14.3	48
	其他	11	24	5	12.2

除了对学生进行了调查以外，还对教师进行调查，和学生调查所得出来的实际情况基本符合。来源课本、练习册以及相关配套练习的作业占有的比例较大，而来自于报纸、杂志、外文书籍或者教师设计的作业所占比例较小。其中在作业来源的问题上平均分为 3.8000，最小值为 3。也就是说，大部分教师的作业布置都来自于课本和练习册，也从侧面印证了这一事实(见表 8-11)。

表 8-11 英语翻译练习来源

调查内容	选项	频数	百分比(%)
翻译作业来源	课本	12	60
	练习册或者配套练习册	14	70
	课外书籍、报刊	4	20
	教师个人设计	3	15
	其他	2	10

2. 英语翻译作业的批改

在英语翻译作业的批改上，同样是针对教师和学生进行调查，根据调查结果可知，批改方式有四种，其中最为常见的是老师自己批改翻译作业，或者由老师在课堂上直接核对，还有少部分教师选择让同学互相批改，以及学生自己批改。而在对学生进行调查的过程中，有近半数的同学希望教师可以在课堂上直接核对，还有大部分同学希望由教师来进行批改。值得一提的是，希望同学互相批改的人数最少，而自己批改的人数相对较多。其中调查学生在教师批改这项选择的平均分为 4.65，说明学生认为由教师批改翻译作业最为保险，也最为直接。而剩下三种方式，虽然可行，但是都没有教师批改的方式直观，明确。其中同伴互相批改也具有一定的作用，可以帮助学生巩固自身知识的同时，发现其他同学的错误，引以为戒。而学生独立批改，则会给一些积极性不高的学生创造机会。之所以选择同学互相批改的学生最少，是因为大部分学生不愿意其他同学看见自己的错误。而选择其他的学生，则是希望教师可以经常的变换批改模式，以此丰富教学活动，提高作业核对环节的趣味性。

表 8-12　翻译作业的核对情况

调查内容	选项	频数		百分比(%)	
		实际情况	学生需求	实际情况	学生需求
翻译作业的核对情况	老师批改	10	30	50	28.6
	自己批改	1	42	5	21.4
	同学互相批改	3	4	15	2
	课堂核对	6	90	30	45.9
	其他	O	24	0	12.2

和表 8-12 不同，表 8-13 中是关于教师的调查数据，以及和学生需求之间的差异。通过表 8-13 能够看出 70%的教师选择在批改过程中直接指出学生存在的问题和错误，而还有 20%的教师选择打分或者评级的方式完成批改工作，剩下 10%的教师仅仅在翻译文章中标出错误点，调查所选择的老师没有任何一个人在批改后留下评语。而从学生的实际需求来看，大部分学生希望教师可以在批改后留下评语，有针对性地进行评价，从而帮助学生有目的性的提高自身的翻译能力。根据学生的选择可知，学生希望能够从教师处得到详细的反馈，并非一个单独的分数或者标记。

表 8-13　翻译作业的批改方式

调查内容	选项	频数		百分比(%)	
		实际情况	学生需求	实际情况	学生需求
翻译作业的批改方式	打分数 / 评等级	4	22	20	11-2
	仅打对错号	2	4	10	2
	指出或订正错误	14	52	70	26.5
	批改后写评语	O	100	0	51
	其他	O	18	O	9.2

在对教师和学生进行调查的过程中，绝大部分教师和学生都已经意识到现阶段的英语翻译作业批改模式需要进行改革。由此可知，大部分学生认为可以共同批改，而且成绩优秀的学生越支持翻译作业批改模式改革。具体情况如表 8-14 所示。

表 8-14　英语翻译作业批改方式改革

	N(人数)	平均数	标准差	方差
老师评价：英语翻译作业批改模式需要进行改革	20	3.9000	1.07115	1.147
学生评价：英语翻译作业批改模式需要进行改革	196	3.6020	1.15239	1.328

3．英语翻译作业的功能

翻译作业的调查过程中，还有一个调查内容为翻译作业的功能。在对学生进行调查。过程中发现，在大部分学生眼中，翻译练习可以提高自身的英语成绩，认同翻译练习的作用，而其中也有部分同学表示，翻译练习的难度较高，经常会出现错误，对英语成绩的提高没有帮助，在对教师的调查中会发现，大部分教师在布置作业的过程中都会注意到班级内学生的不同水平。但是对小组性作业进行调查的过程中发现，学生希望能够由小组分工完成翻译作业，但是实际上只有不到一般的教师在布置翻译作业时，会考虑到小组性作业，且大部分教师虽然考虑到了学生水平的问题，但是在翻译练习作业上依然布置了相同的练习内容。具体内容如下表 8-15 所示。

表 8-15　翻译作业的功能调查数据

	N(人数)	极小值	极大值	均值	标准差	方差
教师自评：班级内全部学生的翻译练习相同	20	3.00	5.00	4.4000	0.82078	0.674
学生评价：翻译练习对提高英语成绩有较大帮助	196	1.00	5.00	3.5102	1.09305	1.195

除了对上述内容进行了调查之外，还对教师布置翻译作业的侧重点等内容，进行了详细的调查。调查发现教师在翻译作业上没有充分考虑到学生的需求，大部分学生更希望翻译练习能够多样化发展。具体的调查数据如下表 8-16 表示。

表 8-16　教师布置翻译练习的侧重点

	N(人数)	平均数	标准差	方差
老师评价：以复习课堂知识为主	20	4.2000	0.61559	0.379
学生评价：希望翻译练习多样化发展	196	4.1837	1.13992	1.299
老师评价：练习题型以句子翻译为主	20	4.1000	0.71818	0.516
学生评价：希望翻译练习题型多样化发展	196	3.6122	1.11523	1.244
老师评价：侧重口译能力，提高综合运用能力	20	4.2000	0.89443	0.800

（二）英语翻译教学中作业批改存在的问题

作业批改是除了课堂教学以外的基础环节，也是课堂教学的一种延续，是教学过程中的重要组成部分之一，现阶段翻译课堂教学虽然得到了一定的重视，但是在作业批改改革方面却一直存在漏洞，很多高校教师依然沿用着传统的作业批改方式，让作业批改成为教学过程中的障碍和难点，如果作业批改没有进行改革，那么教学改革能够获得效益就会减少。作业批改问题可以从两个方面人手。

1．课堂教学的恶性循环

随着新课程改革的发展，布置作业的方式逐渐发生了变化，但是批改作业依然保持着传统的方式，传统作业批改方式包括“批”和“改”两个方面，其中“批”就是要在作业中标记正确或者错误，而“改”是指教师将错误内容进行改正，常规的批改方式有两种，分别为：全批全改和精批细改，前者是指教师对学生的一份作业出现的错误都进行修改，而后者指的教师将作业中的每一人错误都进行仔细的批注并且予以更正。虽然这种批改方式，能够让学生更加直观地了解到自身存在的问题，但是这种批改方式也加重了教师的劳动量，普通高校的教师一般要承担两个或者两个专业以上的课程，每个专业每个班30个学生，每个专业两个班，教师每天至少批改上百道提，如果仔细批改，那么工作时间就会消耗的更多，加上授课时间和学校临时工作，教师没有更多的时间进行备课，课堂的教学质量就会受到影响，而课堂教学质量下降，就必须要用课堂练习和课外作业进行弥补，教师的批改量反而进一步增加，在作业批改和教学质量之间形成了恶性循环，不利于学生思维能力的发展。

2．教学功能的缺失

由上可知，作业批改是教学中的基础内容，作业批改本身有两种教学功能：第一，教师通过检查学生作业判断学生掌握知识的程度，获得相应的反馈信息，对教学内容和进度进行调控；第二，学生根据教师反馈回来的信息和完成作业的过程，对学习的知识进行整理，培养发展成为思维能力和反思能力。作业批改是一个教学中必备的环节，包括了完成作业、评价作业两大部分。但是传统的作业批改方式将这两个部分分割开来，让学生失去了整理反思的机会，课堂知识无法进行进一步的深化，也就不会形成批判思维能力。学生对自身的评价完全依赖于教师的反馈，这是一种不正常的作业批改状态。学生对于作业中的错误要形成一个自我反思的过程，但是这个过程在传统的作业批改模式中被教师替代，学生的学习主动性没得到良好的发挥。因此可知，传统的作业批改模式加重而来教师负担，也造成了作业批改本身功能上的损失。在这样的状态下，很多学生对教师的反馈信息过于依赖，而部分教师在这种超负荷的工作状态下，出现了懈怠感，让作业批改流于形式，错误无法及时修正，作业批改工作的价值日益丧失。

六、学生学习英语翻译时策略问题

（一）学生学习英语翻译时策略的数据分析

1．从教师的角度入手

除了上述五点内容以外，还要对学生学习英语翻译时的策略进行调查，一般情况下，学生学习英语翻译的策略分为四个层次：认知策略、调控策略、交际策略以及资源策略，分别对教师和学生进行了调查后，得到了教师培养学生学习策略情况。从调查结果看出，教师在培养学生学习策略上有着较高的意识，不符合学生需求的教师数量相对较少，其中大部分教师在培养学生策略上集中在认知策略和资源策略中。最终培养学生的课前预习意识，以及课后复习习惯，鼓励学生拓展思路，在课堂中融入了课外书籍和原文影片等多元化资源，并且要求学生能够自主总结归纳翻译经验，提高学习效率，并且为学生提供一些有助于学生发展翻译能力，培养翻译思维逻辑的网站、电视节目、广播节目等，鼓励学生学会利用课外资源展开学习工作。但是在某些方面上，教师选择和学生的需求存在差异，这种差异，在调控策略和交际策略中有着明显的体现。比如，当学生在翻译过程中出现焦虑情绪时，大部分教师没有意识到学生的状态和心理，也很少帮助学生制定学习计划、发现适合自己的学习方法。此外，学生和教师之间缺少互动，．学生很少有机会能够和外教进行互动。由此可知，教师在进行英语翻译教学的过程中，绝大部分教师有意识的培养学生的学习策略，能够运用较好的教学手段来帮助学生提高自身的翻译能力，但是在调控策略和交际策略上，存在一定的问题。其中表现最为明显的就是教师在课堂上缺少对词汇、短语等内容的文化背景介绍，缺少口头翻译练习，没有帮助学生调整学习状态等，这些问题都属于调控策略和交际策略的方面。

2．从学生的角度入手

和教师的情况相比较，能够看出学生在运用学习策略上并没有较为完善的意识。其中资源策略的百分比相对较高，大部分学生能够选择一些贴近生活的翻译材料进行联系，明确翻译学习需要达到的目标，并且能够在翻译学习过程中努力调整情绪和状态，选择一些较为轻松的方式，进入状态。此外，还有很多学生愿意积极的尝试口头翻译和交际能力，并且定期阅读外文书籍报刊，以及介绍英语国家文化的书籍报刊，不仅如此，大部分学生按照老师提供的网站、电视、电台等资源来学习英语翻译。但是这些学生只是其中的一部分，还有大部分学生在挑选练习材料和翻译资料时，不会根据自身的水平进行挑选，而且也没有形成独立的翻译思维体系和记忆方法，对于一些长难句的翻译，始终无法摸透其中的规律。在学习过程中，不愿意和老师同学分享学．习方法和学习策略，也不会主动地和外教进行对话交流。还有大部分学生认为英语国家文化类的书籍和报刊的阅读没有用处，造成翻译水平的提升受到阻碍。此外，和教师运用策略的程度相比，学生用运用学习策略的水平较低，运用的较多的策略均为交际策略，其次是资源策略。其中运用较少的是学习策略和调控策略，但是这四个策略之间的差异较小，因此可以说学生在学习策略的运用上总体水平一般。和教师最直接的不同，是学生使用的交际策略较高，而教师使用交际策略在四个策略中的使用次数则是相对较少的。而在教师和学生之间资源策略的使用频率最高。

（二）学生学习英语翻译时策略存在的问题

英语是现阶段使用最为广泛的语言之一，在当今社会得到了广泛的应用。随着英语使用范围的扩大，翻译能力的培养成为新时期的重点工作内容，但是目前大学英语翻译教学的状况却不容乐观。

1．教学内容单一缺少条理性和系统性

现阶段，国家很多大学在翻译教学内容上存在一定的不足。首先是教学内容上较为单一，其次，教学内容缺乏条理性和系统性，这样的情况下，对大学翻译教学开展极为不利。第一，教学内容单一，教师在教学过程中过于依赖教材，而课后作业练习也是简单的汉译英内容，缺少专业的听读翻译教材和阅读翻译教材，学生的听力能力和阅读技巧得不到提高，在翻译教学上也无法快速高效的进步。此外，教学内容上，教师安排教学内容的过程中，没有考虑到学生的实际情况，就盲目地展开教学，导致很多教学内容，虽然是按照教材和参考资料来完成的，但是因为缺少实际性，没有贴近学生的实际．情况，学生的情绪得不到调动，因此也就无法收到预想中的效果。翻译教学和外语教学相似，但是如果一直沿用外语教学的传统方法，单纯的讲解词义、词组，分析句子的语法关系，虽然能够在一定程度上，提高学生的英语理解能力，但是并不能够真正地提高学生的翻译能力，学生虽然能够把握住每个英语成语和习语等用法。

2．教学模式落后缺少多元化和创新性

就目前的状况而言，国家大学英语翻译教学依然采用的是传统授课模式，也就是大班授课制度。在这样的教学模式下，虽然能够适应学生整体的发展，但是随着时代的发展，学生发展的实际情况会发生变化，到后期也就这种传统的教学模式也逐渐和社会发展形势脱轨。虽然高校在逐渐改变这种传统的教学模式，将全新教学技术和教学方式引进到大学翻译课堂中去，但是教师和学生之间的互动环节依然存在一定的问题。因为教学模式过于单一，造成学生在翻译过程中没有认识到自身的不足和缺点，教师也没有考虑到学生的个体差异，学生的个体需求没有得到满足，综合实力也就不会得到有效的提升。

3．学生汉语表达能力较差翻译水平弱

不仅如此，许多学生宇翻译过程中存在即是读懂了原文，也无法用通顺的、流畅的汉语来表达原文意思，翻译出来的文章会让人感觉到生硬和晦涩。实际上，一个好的译文，不仅要保证对原文进行准确的理解，也要求对译文语言通顺流畅，要达到后者要求，就必须要有较高的汉语水平。但是很多教师认为，在英语课堂中强调汉语教学，会让学生产生矛盾感，因此很少对汉语表达能力进行要求，长此以往学生的汉语表达能力逐渐减弱，翻译技能得不到实质性的提高。

4．学生缺乏基本翻译技能训练和练习

由上述数据可知，很多学生对翻译技巧的运用较少，这是因为学生本身掌握的翻译技能就相对较少。比如，在英译汉的过程中，很多时候会遇见词性、词义上的变化，还会运用到省略、长句、重复等翻译工作中，如果学生没有足够的翻译技巧，就无法顺利地完成翻译工作。此外，学生在教学过程缺乏基本的翻译技能训练和练习，在面对一些长难句和复杂句子间的语法关系时，会产生畏惧心理，不愿意动脑

筋分析句子内部的结构，最终翻译出来的内容逻辑混乱，不符合翻译的基本要求。

5．学生知识面较窄缺乏翻译技能训练

翻译是一门综合性较强的学科，想要提高学生的翻译能力，首先就要拓展学生的学习知识面。一旦原文中的内容不符合专业知识，设计到国外历史、地理和现代科技等领域，大部分学生就会感到一筹莫展。这是因为学校教师在教学过程中忽视文化内容教学，单一的教学抽象的语言现象和翻译技巧，学生对英美等英语国家的文化没有足够的了解，就会弄出一些笑话。语言本身是为了更好地交流和交际，如果缺少对文化知识、日常常识的了解，就会产生理解上的障碍，在翻译过程中，无法得到最为准确的内容。

综上所述，从大部分大学生的翻译能力上看，很多大学生依然存在着严重的中式表达习惯，在语言逻辑和语法上存在着混乱不通的情况，很多词汇搭配错误，整个篇幅缺乏连贯性，而造成这些现象的主要原因就是学生缺乏基本的翻译理论和翻译技巧，而且在教学过程中时间有限，很难实现真正意义上的翻译教学。加之，大学英语教师的教学工作量相对较大，部分高校对科研工作的要求较高，教师无法全身心地投入翻译教学中。翻译教学能够帮助大学英语教学太高质量和效率，利用翻译教学检验学生是否真正的掌握其中的知识，贯穿英语教学中的词汇、含义、句法结构等全部语言现象，并且从侧面提高学生听、说、读、写这四个方面的能力，让学生能够得到全面的发展。翻译能力的高低能够体现出学生的交际能力，想要达到良好的交际效果，就必须要对原句进行准确理解，传统的教学方法和文章重点部分理解，已经不能够满足新时期学生对翻译水平的要求。所以在新社会的背景下，就要找到一套良好的教学策略，在教学过程中进行应用，进而提高学生的翻译能力，帮助学生适应新的社会需求，让学生能够翻译出来和原文风格、文体相似的译文。

第二节　改善英语翻译教学不足的对策

一、树立正确的翻译学习观念

新时期，教育文化体制不断改革的过程中，提倡教学过程中应该在教师的指导下。展开以学生为中心的学习，充分强调学生主体作用的同时，也没有忽视教师的指导作用。经过具体的调查结果可知，在高校英语翻译课堂上，教师的授课时间占了较大的部分，留给学生自己的时间相对较少，因此必须要树立起正确的翻译学习观念，培养学生自主学习的能力。

（一）高校学生学习观的成因分析

想要让学生树立起正确的翻译学习观念，首先就需要了解影响学生学习观念的原因，学习观念的形成和发展会受到多方面的影响，其中影响学生学习观的主观原因在于学生的自身因素，包括学习经验、学习目的、学习兴趣、学习方法和心理因素等方面，而客观原因来自于家庭、学校、和社会大环境等。首先，是学生的主观原因，学习经验的丰富性会对学习观造成直接的影响，对于高校的学生而言，已经积累了丰富的知识经验，随着接受教育时间的延长，学习观也会日益成熟。比如，学生如果长期被动接受翻译知识，那么就会产生较为僵硬的学习观，但是学生长期接受具有创造性的翻译知识，那么就有可能改变对翻译学习的看法。大学期间专业课程涉及的领域较为广泛，多元化的学习任务也可能会激发学生的知识观，而知识观又会影响到学生的学习观念。影响大学生学习观的外部因素有很多，其中最为重要的就是学校和家庭。调查显示，一个家庭整体的文化素质水平、生活方式、家庭氛围等内容都会对孩子的行为规范和心理特征造成影响，比如，如果家庭重视学生的学习，并且鼓励学生学习自己感兴趣的东西，学生就能积极的对待每一门课，相反如果父母缺少对学生的关心，无形之中也会影响学生的学习态度。和潜移默化、耳濡目染的家庭教育不同，学校的教育是一种宏观性和指导性影响。学校作为专门的学习机构，给学生营造了一个特殊的学习环境，在这个过程中学生可以有组织有目的完成系统化的学习，而学校对大学生学习观的影响可以表现在多种方面，以教学设备和课程体系为例，进行调查，从图表 8-3 和图表 8-4 中就能够看出，学校的教学设备和软件设施都会对学生树立正确的学习观起到着至关重要的作用。

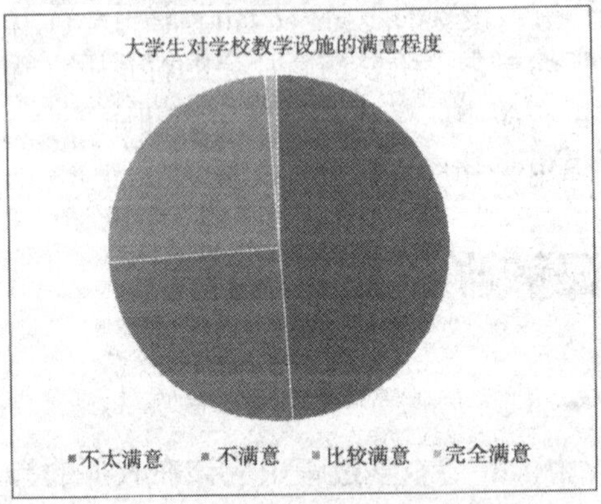

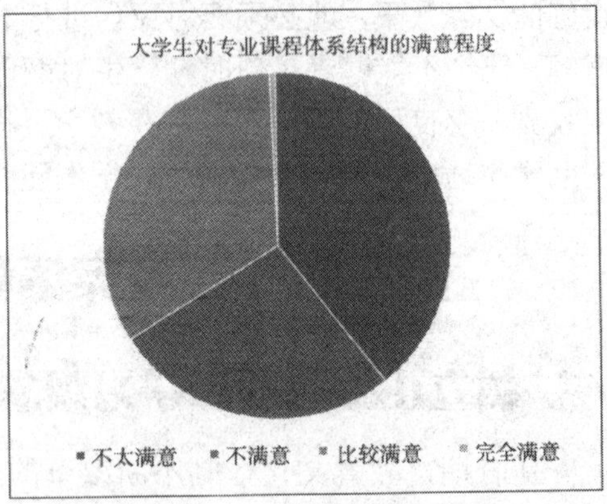

图 8-3 大学生对学校教学设施的满意度　图 8-4 大学生对本专业课程体系及结构的满意度

对教学设备和课程体系满意程度较高，学习的积极性也就会相对较高，学习效率和主动性也就不断提高。除此之外，教师对学生的学习观也起到着十分重要的作用，知识和情感的交流都会在课堂教学中完成，而在短暂的课堂时间内，教师会将自身的学习观传递给学生，而教师在教学过程采用的教学方法和语言也会影响到学生的学习观。

(二) 高校学生学习观的培养策略

1. 从教师的层面来讲

(1) 加强学习方法的指导。进人大学学习阶段以后，中学阶段的学习方法已经不能够满足大学学习生活的需要。大学学习是专业性的学习，而不同学科之间在性质和难度上存在一定的差异性，需要运用不同的学习方法。对于英语专业而言，翻译是其中难度较大的一门课程，不仅需要学生掌握一般的学习方法，还需要具备一定的认识论方法基础。对此高校教育工作者必须要引起高度重视，要在课堂教学阶段，引导学生运用科学的学习方法进行学习，并且在现有学习方法的基础上，探索出符合自身学习情况的学习体系。比如，教师培养学生翻译能力时，要将自身的总结出来的学习经验告知学生，要让有计划地独立的展开预习，突破教材的体系和具体的教学内容，利用丰富的课外知识帮助学生巩固翻译知识，并且要引导学生形成自己的思路，建立独立的知识体系。

(2) 深化教学范式的改革。学习的根本在于学生的主观能动性，想要从根本上提高教学质量，提高学生的翻译能力，就要教会学生学习。首先，教师要教育学生正确的理解、处理知识、能力和智力这三者之间的关系，要在传授知识的同时，开发学生的智力，改进学生的学习方法。其次，要帮助学生掌握智力劳动的具体方法，比如，在翻译能力的培养上，要引导学生通过多种途径主动获取知识，不只是从教辅书上学习，还可以阅读课外参考书、字典、词典、索引等各种和翻译相关的资料汇编工具书，让学生通过听广播、. 看电影等各种形式的实践活动学习翻译知识，也要让学生懂得观察、分析、比较、判断等各种锻炼记忆力的方法。最好还要注意自身的示范作用和教学方法，调动学生的积极性，让学生养成正确的学习态度，形成良好的学习氛围。

2. 从学生的层面来讲

(1) 树立起全面学习的观念。树立正确的学习观，学生自身的作用尤为重要。首先要树立起全面学习的观念，全面学习包括了两个方面的含义，一是要学习德才兼备，二是要处理专精和了解之间的关系。当今社会是现代科学技术飞速发展的社会，学生想要胜任未来的工作，就必须要在基础知识之上，进一步学习专业内容，拓展知识面，加深知识的认知程度，朝着全面化的方向发展。对于英语专业的学生而言，既要保证拥有扎实的基础知识理论，还要具备精深的专业知识和翻译技能，进而才能够成为井筒业务的专家，也是新世纪对翻译人才的需求。

(2) 树立起终身学习的观念。终身学习的观念，是将学习贯穿到人的一生之中，形成一个连续不断的学习系统。而且要把学校学习，拓展到家庭学习和社会学习，形成一个一体化的学习体系。终身学习的思想在中国很久以前就已经出现雏形，论语中更是体现除了孔子终身学习的思想。在国外古代的哲学家和教育家中也包含着终身学习的思想，随着时代的发展，终身挚习成为新世纪的生存概念，对大学生提出了全新的要求。英语专业的学生更是要在接受高等教育期间掌握住翻译所需要的工具性知识和学习技能，形成综合性和整体性较强的学习方法和学习结构，从而提高自身的翻译能力。

(3) 树立起数字化学习的观念。21 世纪是网络信息时代，数字化媒体已经成为国民学习交往的重要工具，同时数字化媒体也带来了丰富的资源宝藏，其中数字化图书馆、互联网网页、数字化光盘、网络讨论区等，具有形式多样化、获取时效性较强等特点。这些都让学习成为一种自主、平等的选择，为学生提供了方便快捷的工具。因此在网络信息时代，高校学生要学会利用数字化媒体，进行学习。比如，英语专业的学生，可以利用网络和国外的朋友进行在线交流，提高自己的词汇量，了解外国人的语言习惯，在翻译过程中也能够更加的顺利，准确性也会逐渐提高。

3．从高校的层面来讲

(1) 明确培养目标营造良好育人环境。在未来，国家社会将会朝着学习化社会发展，学习会成为人们生活中的重要组成部分：也是人们生存发展的关键手段，因此能否树立起正确的学习观，将会影响到学生未来的发展情况。除了教师和学生主体，学校是影响学生学习观形成的重要外在因素，首先学校要明确自身的人才培养目标，这也是学校教育工作的首要任务，人才培养的质量是高校生存和可持续发展的关键，只有保证培养出来的人才符合社会需求，就业顺利，才能够形成良性循环，学校定制人才培养目标应该凸显出人才培养的特色。以英语专业为例，想要让培养出来的学生脱颖而出，在社会上拥有一席之地，就要具有独特的优势，形成自身的核心竞争力，就要从国家经济发展的需求出发，按照社会和经济发展的需求设置具体的专业，比如可以设置商务英语、旅游英语等专业型、复合型和应用型的专业，为区域和地方社会的发展培育高素质人才。

(2) 加强思政教育注重学生三观教育。兴趣和需求会调动人的学习积极性。在调查过程中可知，能够驱动大学生学习的动机大多数属于较低层次的直接性冬季，对于时代使命感和责任感等远景性动机相对较弱。因此高校必须要加强思政教育工作，注重对学生世界观、价值观、人生观教育，利用马列毛思想和多年来中华民族的优秀传统文化，教育学生形成远大的理想，引导学生构建出正确的人生观、价值观和世界观，还要让思政教育工作渗透到学校的各项工作中。

(3) 加强校园文化建设充分发挥作用。校园文化是一个学校意识形态的综合，包括了学校全体人员的思想素养、道德素养、价值取向等多个方面。加强校园的文化建设，是从文化的角度上，对大学生的学习观进行影响，可以起到一定的干预效果，且这种非强制性的干预，更容易被大学生接受。大学校园中的文化活动内容对大学生的心理健康有着直接的感染力，同时文化活动也是高校的特色和魅力基础。以班级为例，班级是高校的基本单位，班风的好坏会对班级整体和个体的发展造成影响，因此必须要组件健全的班集体，保证班级方向正确、目标明确、机构健全，保证组织性、纪律性，以此保证班级的个体在一定的约束下展开校园生活。

二、培养学生自主学习的能力

自主学习在语言教学和语言学习中发挥着十分重要的作用和意义，想要对高校英语专业的学生展开有效的翻译能力培养，就要培养学生的自主学习能力。在调查中发现很多学习在英语学习上所花费的时间和效果不成正比，而且学生的翻译能力更是不够理想。针对这样的情况，只有教师提高学生的自主学习能力，才能够为国家社会的建设提供人才。

（一）大学英语专业翻译培养中自主学习能力的必要性

“自主学习”的理念源自于西方，在20世纪90年代后，自主学习的模式进入中国。成为教育学界关注的重点。自主学习能力在最初没有得到提倡，长期以来，中国的学生在课堂教学中一直都处于被动地位，和自主学习强调的主动性背道而驰，但是随着实践的发展，自主学习在中国教育文化中得到了推广，自主学习能力的培养也得到了重视。尤其是在大学英语专业的教学中，培养学生的自主学习能力更是必要的。培养学生的自主学习能力是现代社会发展和教育的需要，21世纪后，知识和信息成为发展的关键，更新速度不断加快，作为新世纪的大学生，仅通过学校的教育，已经不能够满足社会发展的需要，上文中提及未来的社会将会是一个学习型社会，需要人们不断地更新知识、学习知识，以此提高自我生存能力和质量。此外，现代化的语言教学理论和语言学习规律也要求学生具有自我学习的能力，时代的发展和进步，给大学生带来更多机会的同时，也带来了更多的挑战，只有具备较强学习能力的人，才能够更好地适应“国际型’’社会，现阶段对国际化人才的需求，要求英语专业的学生除了要具备基本的英语技能以外，也需要拥有良好的翻译能力，因此，构建自主性的教学模式，是国家高校英语专业教育改革的重点方向。

（二）培养学生自主学习能力的对策

1．建立人本主义的翻译培育理念

想要培养学生的自主学习能力，首先就要建立起人本主义的翻译培养教育理念，教师要深入理解人本主义理念的精神实质，主要体现在以下几个方面：第一，人本主义追求的最终目标是人的不断完善，为人在能力、活动、生活等方面的发

展提供了充分的、自由性较高的空间，以此将人的不断发展、不断完善作为追求的最终目标。第二，人本主义的核心是尊重人的主体性，主体性是人最根本也是最深刻的性质之一，只有当人具有一定主体性的情况下，才能够得到最大程度的发挥人最根本的力量，实现人的全面发展。第三，人本主义的理念是人的生存发价值取向，强强调尊重人、解放人、塑造人，在人与自然的关系之上，提高人的生活质量。教育发展也该如此，以学生为本、以教育人为本，在培养学生翻译能力的过程中，始终以“培养自我实现的人”为教育目的，坚持“以学生为中心”的教育过程，从“真实问题”人手，注重学生的“自主评价”。在教学课堂上，尤其是语言课堂教学上，以人为本的学生主体观：是重要的价值取向，英语语言教学的实践性很强，而翻译在其中又是综合性较强的部分，更要在教学过程中运用“以人为本”的教学理念，鼓励学生积极地投入各种学习活动和交流活动汇总，提高学生的学习是兴趣，让学生成为学习的主角，学生才能够最大限度地提高自身的英语语言能力，吸收西方语言文化中的背景知识和其中的精髓，接人养成良好的学习习惯，形成自主学习的能力。比如，在教学过程汇总，要给学生提供，良好的学习氛围，创造出最好的教学学习条件，让学生能够达道最佳的学习状态，全面协调的发展。立足于听、说、读、写、译这五大基本语言技能，出了好技能之间的关系，利用其他技能，帮助学生提高翻译能力，利用讨论式、案例式、方案式、启发式教学方法，综合现代多媒体教学手段，提高学生语言的实际能力，教会学生如何“学会翻译”。此外培养学生自主学习的能力，还能够实现长远的教学目标，让学生对自身的学习产生责任感，提高学生学习英语的自主性，让学习更加的主动、有效持久。

2. 建立构建出建构主义的教学模式

在中国传统的教学理念和教学模式中，过于固定单调，不能够满足新时期对创新注意精神和实践精神的培养，因此采用全新的教学模式，建构主义教学理论由此提出。在建构主义学习理论的教学模式下，以学生为中心，教师为组织者构建形成适合于建构主义学习的环境。在这种教学模式中，学生作为知识构建的主体参与到教学活动中，除了多媒体技术之外，还会用到多种西安话的教育媒体，创设情景。比如英语教师可以创设中真实具体、栩栩如生的英语学习环境，根据需要翻译的内容，选择相应的图片、声音等手段创设出不同形式的情境。又比如可以设置一些问题或者悬念启发引导学生形成联想思维，让学生在真实性交钱的体验中运用自己已有的知识结构，去学习全系你的知识，实践自身所学到的翻译机能，根据翻译技能的实践结果反馈出来的信息，让学生真正的理解语言知识，掌握翻译技能。此外，通过这种情境式教学，能够让学生在一种真实的体验中，基于已有的语言技能，反复练习新的语言知识，从而构建出对新知识的理解。除此之外，教师还可以让学生形成合作学习小组，通过合作学习的方式，让小组的每一位成员共享彼此的智慧资源和信息资源，并且以课堂内容为基础，展开翻译绘画训练，让学生真正成为语言学习的主体。在原有语言知识的基础上，构建形成性的语言知识，尤其是在“翻译会话”的训练时，需要给学生提供轻松的课堂环境，并且要合理利用现代化的教学手段，为学生提供直观、形象的英语视听材料，给学生营造出真实的语言情景，让学生能够实际的练习自身的语言技能。在全新的教学模式下和时代需求下，教师必须要转变观念，让学生的英语翻译技能得到全面的发展，从根本上实现高校英语专业教学模式的创新改革。在建构主义教学理念中，最为重要的就是“主动建构”，主动构建的直接目的的实际就是通过个体产生于，积极掌握学习内容的规律和特征，需要学生在教师的引导下，在学习英语翻译课程的过程中，根据自身的情况和需求，主动建构出个性化的态度和能力。这不仅是教师需要转变对英语翻译技能的态度，学生也需要认识到翻译技能的重要性，看出自身存在的不足，确定符合自身发展需要的学习目标，从而强化学习动机，提高学习效率，在教学环节中，将语法翻译法作为主要的教学方法，灵活运用多种教学方法配合完成教学任务，让学生利用已有的词汇基础，和学习经验，解决新的翻译知识。

3．培养学生的认知主义学习策略

自主学习的基本特征，直接决定了学生需要才去的学习策略，在自主学习中的基础策略是一个动态的有机系统，可以分为认知策略和猿人只是策略，早学习方法中涉及了理解、处理、记忆、提取等几个方面。学习方法必须要在认知、元认知的作用下，才能够发挥出有效作用。无论是学习还是工作，想要调动相关人员的主动性，就必须要让相关人员从心理上对学习或者工作产生认同、信仰，认知主义学习理论，通过强烈的内部认知所表现出来的一种高度的自主能动性，进而产生的高效学习效果。认知主义学习理论的重点在于强调学习者的主观能动性，对学习中可能产生的意识活动尤为看中，格外关注学习过程中的准备活动。学生的学习效果，不仅需要个体努力，还需要进行外部的刺激，学习的能力水平、知识储备、认知方法和认知因素的优势林外一种关注，在强调学生主动性和积极性的通知，也要让学生能够合理地激发自身的潜力，养成良好的学习动机和学习能力，让学生在翻译课程过程中，还能形成一种创造精神。首先应该激发学生的内在动机，激发学生的内在学习动力，让翻译不在成为阻碍学生提高英语成绩的发展的一种内在需求，英语是一门语言类学科，而兴趣是学习最好的老师，因此在开始阶段教师就要注重对学生的兴趣的培养，为今后的学习生活都能奠定基础。比如，如果学生对外国的风俗文化感兴趣，就会对外国语言感兴趣，继而在翻译过程中，就能能够提高注意力和积极性，主动地参与到学习过程中，达到预期的学习目的。除此之外，培养学生的认知主义策略中，还可以让学生积极的自主监控学习，一切事物的认知必须要经过自主参与和探究，来完成，因此在培养翻译能力的过程中，应该让学生通过“自我监控—自我检查—自我诊断”这个过程，反省自己在学习中所追求的是否符合自身的目标，继而满足学生成功感，提高学习积极性，通过这种方式，还能够提高学生的语言思维，形成一定的认知策略，让继而提高认知能力。

4. 建立大学英语专业翻译培养自主学习的保障体系

除了上述三种手段之外，想要培养学生形成良好的自主学习能力，就要确保自主学．习能力的持续发展，传统的大学教学策略正在逐渐的发生转变，学生和教师都要做出积极的调整，适应自主学习的教学模式中，因此就需要构建形成大学英语自主学习保障体系。自主学习直接关系到学生最终的学习情况，但是在自主学习的过程中可能会受到各种因素的影响，因此必须要机构建相应的保障体系，保证学生自主学习的效果。利用保障体系协调相关因素，保证自主学习在大学英语翻译教学中发挥出自身重要的作用。手自主学习保障体系的成功与否取决于三个层面，分别为：第一，自主学习的主体参与者和能否在自主学习过程中监控和效果评估；第二，教师在自主学习中的角色定位；第三，自主学习态度和策略的培养。通过对上述三个层面采取有效的保障措施，就能够从根本上保证自主学习的高效开展。

首先，自主学习并非是脱离教师、教材等因素的独立学习模式，教师并不能够完全的任由学生进行学习，要坚持组织者的地位，教师有责任也有义务对自主学习进行教学监控和评估。这也是教学过程中最为中重要的环节，能够帮助教师了解到教学整体状况，并且根据学生反馈回来的具体数据，对教学工作进行调整，帮助学生对学习情况进行阶段性的总结，弄清楚症结的所在，明确学习方向。教学监控可以分为学生的自我监控和教师监控，以测试和评估为例，作为最常见的检测手段，通过评估测试的结果，教师能够了解到学生存在的不足，改进方法。一般情况下，高校英语专业中的翻译课程和其他很多课程没有区别，都采用了终结性评估的方式，但是语言课程的自主学习过程本身就具有动态性这一特点，加上翻译能力本身还具有较多变量，仅仅凭借终结性的评估方式，并不能够反映出自主学习能力的变化。因此对自主学习的过程中，教师应将关注点放在对自主学习动态过程上，在原有的评估体制的基础上，加入形成性评估模式，并且随着自主学习进程的深入发展，逐渐降低终结性评估在评估模式中的比重。不仅如此，教师还需要明确自己在自主学习中的角色地位，传统的教学模式中，教师是教学环节的主导者，学生是教学活动的被动参与者，被动接受着教师传递过来的信息。在这样的情况下，学生的翻译技能没有得到明显提升，而随着自主学习模式的推广，师生地位发生了变化，学生在课堂上占据了中心地位，教师反而成为教学活动的组织者，但是教师依然是教学过程中参与主体，必须要发挥出自身的角色作用。最后，就要构建出自主学习的培养机制，形成以学生翻译能力的培养为中心，在传授知识的同时，引导学生建立学习自主性，进行创新性学习。

三、加大跨文化教学的力度

加强英汉对比教学，能够帮助学生更好地进行英语翻译工作中，想要加强英汉对比教学，就需要加大跨文化教育力度。按照语言单位的大小，词汇翻译是英语翻译中最基础的内容，但是仅仅依靠英语学习，并不能够满足交流的需求，文化也是语言学习的重要的组成部分，因此在高校英语翻译能力培养中，实行跨文化教学有着十分重要的意义。

（一）高校英语翻译能力中跨文化教学的重要性

1．提高大学生语言学习能力

对于高校英语专业的学生而言，语言学习能力十分重要，在进行高等教育的过程中，除了要进行基础的英语学习之外，还要对翻译能力的培养和学习，因此高校语言的教学方法不仅仅是要告诉学生如何掌握一门语言，还应该培养学生掌握语言学习的能力，让学生在以后的语言学习中，能够运用这些学习技巧，快速的学习其他语言。对于高校英语专业的学生而言，翻译教学尤为重要，实施跨文化的教学能够提高学生语言学习能力。这是因为语言的基础建立在文化之上，任何一门语言都有着身后的文化背景，语言是要根据不同的场合、地点以及人物进行全面的交流，这就需要学生学习不同场合的语言运用背景，从而有效避免一些不必要的文化冲突，保证翻译的准确性。

2．满足大学生的社会性发展

目前，网络技术不断地发展，足不出户就能够进行基本的网络社交活动，包括购物、交流、学习等等。但是网络技术也有一定的弊端，这会让大学生和人际交流社会越来越远，社会性逐渐减弱，但是社会性是极为重要的基本功能，能够对一个人的未来发展方向造成影响，尤其是在跨文化交流的过程中，需要和其他群体或者国外友人进行交流，在交流的过程中能够提高学生和他人交流的能力，进而增强他们的社会性，。让大学生能够顺利地融人日常生活中，为社会的发展做出贡献。

3．发展本土文化的具体需求

语言是交流的一种工具，在交流过程中不仅是要学习国外的文化知识，也是对本土的文化知识进行传播，文化的交流是双向的。如果想要让中国文化融人世界生活中，将中国的文化展示给其他国家，就需要对本土文化进行发展和传播，因此高校教师在对英语专业的学生展开翻译教学的过程中，就需要进行跨文化教育，让学生在理解国外优秀的文化的同时，将本土的文化传播出去，让世界能够进一步了解中国和中国的文化。

4. 顺应高等教育国际化发展

对于高等教育而言，除了本国学生以外，一定会有一些留学生和交换生来学校进行学习或者进行学术交流，因此在未来高等教育会逐渐朝着国际化的方向发展。在日常教学或者生活中，就必须要尊重彼此的文化和教育，避免出现文化冲突，这都需要高校在翻译能力培养的过程中进行跨文化教育，提高国家高校的国际化水平，从现阶段的情况而言，国内高校必须要不断地提升自身的力量，加强跨文化教育的力度，帮助学生了解国外文化，提高翻译水平。

(二) 高校英语翻译跨文化教学开展的几点对策

通过上文的调查和研究发现，现阶段高校英语专业的翻译跨文化教育开展情况不容乐观，对学生学习英语文化、提高翻译能力造成了严重的阻碍，因此必须要改变这一现状。

1. 明确跨文化教学的重要作用

首先，在高等教育中，老师作为知识的授予者，老师的素质和观念对学生的学习观和价值观都有着十分重要的影响。因此高校英语翻译教学更要注重教师国外文化的掌握情况，才能够对学生进行影响，因此高校英语教师跨文化教育在英语翻译教学中占有着十分重要的地位，必须要在现阶段的教学过程中进一步开展跨文化教育，而想要教职人员明确跨文化教育的重要性，就要做到以下几点。

第一，高校英语专业的任课教师要充分认识跨文化教育的本质和意义，进而了解跨文化教育的重要性，以此提高教师对跨文化教育的重视程度，并且将这种重要性告知给．学生，提高学生对跨文化学习的积极性，保证跨文化教学工作顺利开展。第二，高校需要为跨文化教学工作的开展提供相关学习设备，创设学习环境，保证英语专业的翻译能力培养工作具备开展跨文化教育的基础条件。以某高校为例，为了提高校内英语专业学生的实用技能，额外设立了翻译课程以及翻译教室，在教室内布置相应的教学设备，并且聘请国外教师，开展外教课，让学生更好地体会到国外文化，了解国外的语言方式，翻译水平得到了全面的提高。

2. 提高教师自身的素质和文化

跨文化教育的良好开展不只需要教师和学生正确认识跨文化教育的重要性，还需要提高教师的自身素质，教师要在正确对打多元文化的基础上，提高自身的素质和修养，对于英语翻译教学和英语教师而言，教师的英语教学能力和应用能力直接决定了培训效果，和学生对英语的态度。因此想要在英语翻译教学中开展跨文化教育，就需要提高教师的跨文化教学能力。比如，某高校就极为重视对教师的继续教育，任何人都需要不断地学习，教师也不例外，要在工作过程中总结工作经验，深入学习，顺应跨文化教育的需求，开展了优秀英语翻译培训示范课，让老师们针对教学方法、文化词汇、翻译知识等内容进行讨论和学习，从而保证为学生带来最为准确的知识和最正确的学习观念、学习方法等。除了要积极参加学校组织的培训活动，教师还要通过各种途径自学英语文化知识，包括听讲座、和国外教师交流等途径，不断地汲取英语文化知识，充实完善自身的跨文化知识结构，提升自身跨文化修养，以此在教学过程中，为学生提供更加丰富的翻译教学和文化学习资源，能够在教学中转变思维方式，避免汉语思维模式对学生造成影响，通过日常教学过程中英语思维，和英语文化语境下，培养学生养成英语文化思维方式，提高学生的翻译能力。

3. 科学的选择英语翻译的教材

科学的教材也是跨文化教育中的重要条件之一，因此想要在培养英语专业学生的翻译能力中进行跨文化教育，就必须要科学的选择英语教材，增加跨文化教育的内容。教材中必须要具备以下几点内容：第一，教材中必须要包括文化差异的介绍部分；第二，教材中要具有真实的交流场景；第三，教材中要包括文化对比的部分。只有具备以上三点内容的教材，才能够在教学和实际应用的过程中避免不必要的文化冲突，引导学生进行学习，让学生在深入了解本土文化的基础上，增加对外来文化的学习。翻译的目的是实现中西方文化交流和日常交往，因此无论是在大学英语专业基础课程的教学中还是在具体的翻译教学中，都要基于跨文化视角下的英语翻译教学，需要师生之间在充分尊重双方文化的基础上，认真看待文化中的存在差异性，继而应用到实际的翻译实践工作中。这就需要在科学的翻译教材，从而保证教学工作得到稳定合理地开展。以某校为例，为了突破传统的教学模式，提高学生的综合语言能力，全面增强了课本中知识和文化之间的关系，对教材进行了改革，在教材中增加了大量的描述介绍中西文化差异的段落，并且要求教师在教学活动中必须要对文化差异进行重点解读，让学生充分掌握住中西方文化差异。

4. 改进教学方法提高教学效果

当今社会，国家的教育体制正在不断的改革中，很多教师都在积极地改进教学方法，提高课堂的教学效果，但是在现阶段的跨文化教学工作中，存在着一些不正确的教学方法，尤其是在跨文化教学的过程中，这些教学方法会阻碍跨文化加与教学效果的提高。因此教师必须要引进全新的教学方法。以分组教学方法为例，教师在综合评定学生的学习情况和学习能力后，将学生有针对性地进行分组，让学生在小组内展开自由的交流活动，以此提高课堂氛围，提高教学的趣味性。

此外，教师还要学会合理利用多媒体技术设备，利用互联网等先进教学手段，为学生提供相关资料，营造出真实感较强的翻译氛围。除了分组教学法以外，还要采用整体语言教学法，让学生在语言表的过程中，加上肢体动作和表情，调动全身体会语境，分析语义，让学生在语言流利表达的同时，更好地开展进行翻译工作。

5．创造出跨文化翻译学习环境

英语翻译能力的培养不仅需要在课堂上学习相关的技巧和知识，更重要的是要学生能够在翻译过程中保证翻译结果的规范性和有效性，并且能够将所学的知识技能合理应用在跨文化翻译的实践中，因此教师和学校要尽可能多的为学生创造出跨文化交流和学习的平台。比如，学校可以定期举办“英语角”等翻译学习活动，鼓励留学生、外交等母语为英语的人参加其中，营造出良好的英语氛围，不断提升自身的英语表达能力，以良好的英语阅读习惯，在此基础上，学生的英语翻译和应用能力也会得到全面的提高。同时学校还要开展电影赏析、戏剧表演、台词翻译等多种英语比赛表演等活动，为学生营造出良好的跨文化翻译学习环境，帮助学生发展英语翻译素质，提高跨文化交际能力，为社会提供混合型人才。

四、丰富作业类型改进方式

在调查过程中，还发现了一个问题，那就是作业问题。现阶段很多教师在给学生布置作业后，作业完成率较低，且依然保持着传统的作业批改模式，由教师进行批改，虽然教师能够通过作业了解到学生的实际情况，但是浪费了大量的教学时间，也降低了学生的积极性和主动性。因此在上述几点措施的基础上，还可以对作业的批改方式和作业类型进行改革。

（一）同伴互评在翻译能力培养中的理论和现实意义

1．同伴互评的理论

目前，高校英语专业的翻译教学中，因为课时的限制，学生之间存在着较大的语言能力差异，很多翻译教学没有得到落实，传统的教学方式并不还适用于新时期的翻译能力培养工作，对于此很多教师选择了作业这种方式，来提升学生的语言能力，但是布置的作业大多较为枯燥，学生的主动性和积极性没有得到提高，因此提出了同伴互评这种合作学习的作业批改方式，以及分层教学的作业布置方式。同伴互评理论是从建构主义的合作学习理论中发展而来，同伴互评旨在提高译文质量，重点在于协作的环节，能够帮助学生激发学习兴趣，提高学生在翻译过程中的自主意识和参与度。

2．同伴互评的现实意义

在新大纲中，明确指出了高校英语专业的学生，需要具有将英语正确、通讯的译成汉语的能力，所翻译的材料包括句子、段落等，材料内容包括一般性和应用性。下面两个内容为新旧大纲中的《交际范围表》和《英语应用技能表》。

表 8-17　交际范围表

	读、译
日常交际	能够阅读、翻译一般题材的文字材料，包括：科普、人物、政治、商贸等
业务交际	业务信函、电子邮件、广告、产品、使用说明、科技文摘、技术专利等

表 8-18　英语应用技能表

	读、译
通用技能	能够阅读、翻译一般题材的文字材料，包括：科普、财经、人物、商贸等
业务技能	业务信函、书面通知、电子邮件、广告、产品、使用说明、科技文摘、技术专利等

在新大纲中对翻译机能的要求进一步深化，形成了“以实用为主，应用为目”教学理念，在语言知识的基础上，进一步强调应用性语言技能的重要性，并且丰富了通用技能的包括内容，但是在业务技能上却有所删减。

(二) 同伴互评在翻译能力培养中的实际应用

1．事前计划

首先，在开展同伴互评之前，教师需要建立起健全的评价标准，以段落翻译为例，在这种主观题目中，要求学生能够将一段 60—100 词左右的说明性短文，翻译成简单流畅的汉语，检测作业的内容和具体的评分标准可以参考英语等级考试。比如，某高校教师就是制作了如表 6-4 一样的评分标注。继而给学生进行分组，让班级学生以小组为单位，完成作业，并互换作业，对同伴的译文展开细致的互评工作。最后从小组中找到最优的修改后译文，教师根据具体的作业情况，进行点评。根据评分标准进行点评，点名其中的问题。事前计划尤为重要，教师要合理布置具体的翻译作业情况，根据班级学生的实际能力和水平，有针对性地进行分组，利用相应的激励制度，让学生积极地完成作业，投入到互评活动中去，从而保证作业的评价质量和完成程度。

表 8-19　翻译作业评分标准

档次(分)	具体标准
7	准确表达原文意思，符合汉语习惯，用词贴切，没有语法错误
5～6	基本表达了原文意思，较为流畅，有一些语言错误，用词欠缺
3～4	仅表达出一部分原文意思，错误较多，存在严重的语言错误，用词不准确
1～2	没有逻辑性，只有个别词语表达正确，存在着严重的语言错误
0	译文和原文毫不相关

2．事中控制

在同伴互评活动的过程中，不仅要做到事前计划，还注意到事中控制，在学生基本掌握了互评改译的步骤、技巧后，教师还需要对以下几点内容进行控制。

第一，教师要加强引导工作，基于小组合作同伴互评的作业批改机制下，虽然将作业的主导权交给了学生，但是很多学生的语言能力存在一定的差异，因此教师必须制定翻译错误清单，将可能存在的错误类型、和所涉及的内容以及示例，知道学生进行互评自纠，以此保证互评改译的试试效果。比如，某高校英语专业的教师就制定了如表 8-20 一样的错误清单。

表 8-20　翻译错误清单

类型	所涉内容
语法问题	时态、语态、句法、搭配等内容出现错误
语义问题	译文准确性、翻译过量或者翻译不足等问题
语用问题	专业词汇或者术语表述不当、语句生涩、文体风格不当
技术性问题	错别字、标点符号使用、分段

此外，还要提高纠错内容的针对性和对比性，教师需要全面考虑班级学生的翻译能力和课堂的教学时间，教师可以提供不同分数段的作业内容，供学生进行对比分析，从而更好地掌握住翻译的对比分析、理解。最后，还要加强对整个活动过程的控制，从翻译作业的提前布置收集，到选择合适的作业样本进行错误标准，再到课堂上的分组互评改译，最后，结合参考译文，分析优秀译文，进行总结训练，都需要教师进行设计，把控住每一个步骤，以保证活动效果。

3．事后总结

事后总结也不能忽视，总结可以分为两个部分：第一部分为小组互评改译活动结束后，由教师选择优秀改译范本，进行评价，将翻译知识反馈给学生。第二部分，是在活动结束后，教师对这种教学方法的实行效果进行总结，并且改进应用过程中存在的不足，完善流程，并且要求学生根据反馈结果及时地进行自我反思评价。通过两个方面全面完善同伴互评作业批改机制，让学生的翻译能力通过这种方式得到真正的提高。

（三）同伴互评在翻译能力培养中的策略分析

随着高校英语课程教学改革的不断深人发展，翻译教学也要进行改革，才能够有效提高英语专业学生的翻译能力，而 A 级新大纲中明确规定高校语言教师必须要改变现阶段的教学模式，要实现以学生为重性，开展小组合作学习等教育实践改革等活动，帮助学生提高自主学习能力，从提高语言应用能力和水平。高校应该根据自身的实际情况，采取有效的翻译教学改革策略，优化课程体系，完善相应的激励机制，以此保证高效的翻译教学落到实处，能够真正地帮助英语专业的学生提高翻译能力。比如，教师可以在传统教室教学的基础上，还可以建立起小型的翻译语料库，开展网络合作学习，构建出多元化一体化的教学模式，推动高校英语专业学生翻译知识和翻译能力的增加和提高。

想要进一步了解同伴互评活动的作用和具体的策略，还需要截距矩阵分析模型，对同伴互评活动进行分析，在分析后发现，同伴互评在翻译教学中开展既有优势，也存在一定的劣势。同时国家社会的大环境，也给同伴互评带来了更多的发展机会，也具有一定的风险，面对这样的情况下，高校和英语专业教师就要全面的分析影响同伴互评发展的内部环境和外部因素，继而总结出在翻译教学中开展同伴互评工作的具体对策。首先在内部环境中，同伴互评的优势在于其不仅能够全面培养学生的学习兴趣和自主学习能力，还能够在互评过程中提高学生的合作意识和互助协作能力，在学生互相评价的过程中学生的思辨能力也会得到锻炼，语言学习从原有的被动接受转变为主动接受，并且在实践过程中，学生也能够进一步掌握翻译的连基本理论和具体策略，有效提高学生的翻译能力和语言应用水平。但同时这种协作方式去也少一定的可信度和有效度，很多学生的英语翻译能力相对较弱，在互评过程中只能够针对语法错误等表面问题进行分析，一些文体、风格等深层次的问题，往往不会发现，而且高校的英语翻译能力培训一般都是大班教学，学生自主学习的动机减少，参与度也会逐渐降低。在这样的情况下，面对新大纲、新题型和社会需求对学生语言应用能力、翻译能力的要求，在信息基础不断发展下，同伴互评工作还可以进行进一步的改革。首先教师要基于社会用人单位的具体需求和新大纲的核心要求，对同伴互评进行改革，改变同伴互评的教学模式，以小组为单位，合作完成作业，互相批改作业，以此提高学生的分析能力和解决问题的能力，此外还要充分利用现代化的教学设备和信息技术。比如，某高校教师，就建立了微信群组，学生将作业发布到群中，全班同学都可以仪器检查，教师还利用群组发布一些和翻译相关的网络课程以及翻译知识。此外，教师还要对同伴互评这种作业完成和批改模式中的劣势提高重视，比如教师可以借此鼓励学生加强语言基础训练和职业英语知识学习，提高语言储备，因此提高同伴互评翻译教学活动的效果，并且在同伴互评的基础上开展分级教学，根据学生的语言水平程度制定具体的合作学习策略，改进相关的评价体系，完善激励制度，调动学生完成作业的积极性。

在外部因素中除了机会，还面临着一定的风险，翻译能力培养一直都是国家各高校的薄弱环节，缺乏完善合理的课程体系和教材内容，不仅如此，很多高校对翻译环节并不重视，翻译课时不足，考核评价体系不够完善，因此很多学生的翻译能力一直都得不到提升。在这样的情况下，教师应该根据学生的实际情况有针对性的布置翻译写作作业，开发翻译写作教材，根据翻译能力培养的具体流程，系统的制订出科学的作业计划，和大学英语教学进行有机结合，充分利用语言学习中心，开展网络作业和实践，利用网络布置相关作业，利用网络开展合作学习。以某高校教师为例，为了让学生的翻译能力得到真正的提升，将分级教学和同伴互评教学进行有机结合，对于班级内中等偏上水平的同学，布置的作业采用同伴互评为主，教师反馈为辅的批改方式，而对于中等偏下的同学，采用教师反馈为主，同伴互评为辅的批改方式，利用成果教学法，提高学生的作业完成率。此外根据不同水平的学生，提供不同的作业材料，并且利用网络开展合作作业，提高学生的学习兴趣和学习自主性。

五、采取多样化的教学模式

（一）有效教学模式

现阶段高校英语专业的任课教师在培训学生翻译能力的过程中，并没有形成系统科学的教学体系，缺少具体的统筹规划，教学内容应该具体到每一个课时，甚至是每一个板块，传统的翻译教学是以教师的讲授为主，因此现如今的翻译教学要进行改变，在以人为本的教学理念之下，教师可以鼓励一些水平较高的学生来进行讲解，也可以通过小组活动的形式进行讨论，去掉传统的应试型讲解方式，启发学生自主思考，开发学生的思维，进而对学生进行一定的指导。20 世纪以前，教学无法用科学进行衡量，但是随着科学和心理学的不断发展，西方开启了一场教学科学化的运动，哲学、心理学、社会学等理论知识开始和教学进行结合，有效教学的概念由此被提出，随后被频繁引用在了英语教育文献之中，引起了世界各国的关注。所谓“有效”就是指教学活动的有效性，是在对教学活动的结果进行判断后做出的一种结论，主要反映的是教学活动结果跟预期结果相比实现的程度。而“有效教学”则是指教师在遵循教学活动客观规律的基础上，以最少的时间、精力、物力，取得最多的教学效果，并且实现特定的教学目标，满足国家社会以及个人的教育价值需求。有效性教学可以分为三个部分，分别为：效率、效果、效益，其中效果是对教学活动结果情况的一种评价；效率是将教学活动看成一种精神性的生产活动，教学效率可以用教学产出 / 教学投入得出，或者可以用有效教学时间 / 实际教学时间×100%；效益就是教学活动的收益，也是教学活动本身价值的实现。

（二）影响大学英语翻译培养有效性的主要问题

翻译能力的培养，不仅是理论上的教学，还包括了实践教学，尤其是在对大学英语专业学生培养的过程中，学生、教师、高校管理层，乃至高校和社会之间的关系都包含在其中，涉及学生需求、社会需求、教学目的、绩效等多种互动关系，但是纵观现阶段的基础教学中，翻译教学仅仅占据了极少部分，学生的翻译能力的无法得到提高，而影响大学英语翻译培养有效性的主要问题如下。

1. 缺少个性化教学目标

英语专业学生在翻译能力上有着不同的目标，有的学生为了提高自身综合素养，有的学生为了进一步的考学，还有的学生为了未来的就业需要。但是，大部分教师依然采用传统的教学体制和教学方法，教师和学生之间缺少沟通，仅仅是以完成教学大纲为目的，展开课堂教学，很多教师没有考虑到学生的实际需求，以及在翻译过程中可能遇到的困难。不仅如此，如果教学目标和教学内容较枯燥，学生的学习积极性也不会提升，学习效率较差，课堂效率得不到提升，对培养学生翻译能力没有好处。

2．缺少有效的自主学习

大学英语专业中开设的翻译提高课程，大多数为大班课程，学生较多，教师无法及时的和学生进行紧密联系。在课堂上，学生基本处于被动接受的状态，教师虽然可以布置课后作业，但是教师不可能对全部的译文都进行批改和评价，继而造成学生缺乏课外的深化和交流，因此学生的主观能动性需要得到全面的发挥，不能够一直被动地接受，否则就无法达到最佳效果。

3．缺少量化的教学设计

“量化”概念和“最优化”概念主要强调的是教学效果和翻译实践量，在翻译教学中要不断缩短课堂学习和社会实践之间的距离，要从学生的学习成效中得到积极的反馈，根据学生的情况及时调整教学内容和教学方式，提高教学效果。高校英语教学多为大班教学，充分考虑到学生的多样化需求不太现实，但是可以根据大部分学生给你的需求，对课堂内容进行修改，并且提高学生的翻译实践量。

4．缺少合理的实践内容

在调查过程中发现，很多高校虽然设置了选修翻译课，来帮助学生提高翻译能力，正是这些翻译课程没有考虑到学生的个性需求，很多学生虽然选择了翻译科恒，但是在翻译学习的过程中，很多学生无法将理论知识应用到实际过程中，教学的内容和未来的发展方向、工作取向以及实际应用缺乏有机的联系。大部分因与专业的学生会在深造、就业和个人自我修养等方面之间权衡利弊。在未来的工作中，应用型专业人才需要具备翻译政府文献、专业技术资料的能力，但是在大学英语翻译教学活动中没有考虑到这个方面，高校和社会之间缺少有效直接的途径。

（三）大学英语翻译有效教学网络互动模式的构建

随着多媒体技术的开发和出现，为大学英语教学提供了全新的途径。通过多媒体技术，加强对教学资源的管理，从根本上提高教学效果，让信息技术和翻译课程进行有机结合，在最大限度上，构架有效的教学模式，将网络当作师生交流的基础。形成互动平台教学，提升教学质量。

1．师生互动平台

这种网络互动平台教学模式的建立，首先就为师生之间的互动、交流提供了途径，比如教师可以在平台设置相应的学习板块，让学生自主的展开学习，同时，在平台上对学生的学习情况做出成绩评估和意见反馈等模块，师生之间的距离缩短，沟通和互动明显加强，学生的学习自主性也会得到提高。

2. 译者交流平台

在网络互动平台上，不只是师生之间可以进行交流，学生之间也可以进行交流，只要是对翻译有需要的同学都可以进入这个平台，实现在线交流，并且对作品进行评论或者指正。比如，学生可以在这个平台之上，发布自己的问题和译文，不只教师可以进行回答，学生也可以互相讨论，不只可以达到资源共享、经验交流的目的，还能够锻炼学生的思维能力和分析能力，讨论的过程就是学生提高自身能力的过程。

3. 在线作家平台

在平台之中不只是学生和老师，还可以邀请原文作家参与其中。在平台之上，学生和教师可以和文本作者进行互动，以此对翻译内容和翻译知识的理解更加全面具体，为教学内容设置和具体的翻译能力提供参考和借鉴。比如，邀请英文原本作者进入平台，学生通过和作者进行交流后，可以更加理解译文的核心内容，在翻译过程中也会更加的顺畅，以此培养在实际应用过程中所需要的翻译技巧。

4. 供需联系平台

这种有效教学网络互动平台模式，也是一种供需平台，能够加深知识理论和具体实践之间的关系，帮助学生有效提高自身的翻译能力。比如企业可以将需要翻译的资料放在平台之上，供学生参考，在这过程中，学生就会思考自己是否适合企业所提供的职位，企业也可以通过学生的翻译情况，考察学生的实际能力，加深彼此之间的了解，形成双赢。综上所述，这种全方位、立体化和信息化的网络互动平台模式下，对翻译的理解更为彻底，实践和理论得到了有机结合，学生的学习兴趣得到提高，学习的主观能动性也会不断提升，有效教学模式也就得到了实现。

六、调整教学方法和具体策略

（一）教学方法和教学策略选择的原则

1. 充分考虑学生的年龄特征和思维能力

教学方法的选择要考虑到学生的年龄特征以及思维能力，不同年龄段的学生和思想水平都会发生改变，比如，新入学的大一学生和大三学生因为自身的需求不同，考虑的方向不同，思想的成熟程度不同，如果采用同种教学方法，往往会出现其中一个年龄阶段的学生达不到预期教学目标。比如，对于大三学生采用发现法和讨论法，促进大三学生的思维能力提升，而对于大一学生而言可以采用情景教学法，通过角色扮演，激发学生的学习兴趣和动力，让学生热爱翻译教学活动，为未来的教学奠定基础，帮助学生夯实翻译基础。此外，学生之间的思维类型和个性上的差异也会对教学方式产生影响，比如，有一部分学生需要在教室经过详细的讲解后才能够清楚地把握住翻译知识，而有的学生则需要在具体的翻译过后，才能够留下印象，因此针对不同的学生，要采用不同的方法，调动学生的积极性，方法的选择要能够反映出学生的主体需求，将主体性和学习特点进行有机结合，保证学习过程中主动有效。

2. 综合任课教师的自身素质和个性心理

不只是学生，教学方法的选择还要考虑到教师自身的素质，不同的教师之间性格不同。因此在课堂上表现出来的教学风格也就存在着明显的不同，比如课堂气氛、学生亲密程度等，而不同的教师，在使用同种教学方法时，教学效果也会出现明显的差异，比如，如果严肃的教师和一个和蔼可亲的教师同时使用游戏法和角色扮演法，产生的教学效果也会出现明显的差异，相比之下平时和蔼可亲的教师的教学效果就会比较好。由此可知，教师要善于根据自身你的素质和特点，选择合适的教学方法弥补自身素质上的不足。比如，如果口语表达能力相对较差的教师，可以利用电子设备来达到更好的教学效果，如果是表情严肃的教师可以采用逻辑法来帮助学生建立翻译逻辑，扬长避短，恰当的选撣办法，提高翻译教学的效果。

(二) 大学英语专业提升翻译能力的教学方法

1. 选择出贴近生活的翻译内容

建构主义理论中最为强调的内容就是学生的主体性，要求学生能够主动地思考、探索、并且发现问题，在主动学习的过程中体会知识，学习知识，承担课堂的主体任务，比如情景模拟、角色扮演等教学方法都是一种实践性较强的方式，有利于提高学生的翻译能力，激发学生的创造力。但同时这种方式也对翻译的内容提出了较高的要求，传统的翻译材料基本都是文学名著中的段落和句子，在实际生活中并不常见，和传统的翻译教学不同，实践性较强的教学方法中，所选择翻译材料也具有一定实用性和应用性，可能会涉及政治、经济、文化、科技、旅游等多个方面。比如，某教师学生翻译广告语或者一些企业介绍，将时下最流行的句子和内容放到课堂上，调动学生的积极性，此外还让学生主动寻找，选择一些自己较为熟悉或者感兴趣的翻译材料，以此提高教学效果，这种真是的翻译情景，能够从根本上让学生的翻译能力和自信心得到提升，翻译材料和内容选择的主动权也都交给了学生。

2. 强化经验论和方法论的结合

翻译是一个综合性较强，实践性很强的能力，又是一个需要基本理论指导的能力，想要提高英语专业学生的翻译能力就要开展高效的翻译教学，系统地向学生介绍翻译的基本技巧和理论，结合大量的翻译实践内容，以此提高学生的翻译技能水平。教师要在教学过程中要坚持科学的方法论和经验论，在翻译过程中，不能够以表面的形式对应实质，应该抓住翻译中的实质内容，任何方法的使用，都要坚持基本的指导原则。教师要认识到虽然翻译是一种经验科学，但是经验主义并不具有广泛的实用性，要将方法论和经验论相结合，帮助学生更好的理解翻译理论。比如，教师在教学过程中，要告知学生以实际情况为基础，学会变通，不能够一味地依靠固定的学习模式，让学生从语法、语义、语用、文体上进行分析。

3．组织多元化的翻译实践活动

不只要选择好的翻译材料和课堂教学方法，还要组织丰富的实践活动，在建构主义理论中还格外强调了协同学习的重要性，所谓协同学习就要在教师和学生之间建立学习共同体，分享学习资源、学习经验和学习效果，在这个过程中，教师充当着教师“中介”作用和学生一起讨论问题、交流、了解学生的想法。比如，可以通过集体讨论的方式，锻炼学生主动思考问题，培养学生的思维模式，让学生在讨论的过程中，实现思维碰撞，翻译水平也会得到一定程度的提高。除了课堂上的实践活动之外，还可以到事业单位进行翻译实训或者成立课外翻译学习小组，提升学生的实战能力。需要注意的是，在这个过程中，教师一直承担的都是协助者的身份，要让学生的主动性和创造力得到真正的体现，实现知识建构，积累实践经验，提升翻译能力。

4．采用多样化的教学授课形式

基于建构主义理论下的翻译教学，学生成为主体，因此传统课堂中的讲授环节就必须要有所缩减，转变为少讲、精讲、多练的形式，在保证课堂实践活动丰富的基础上，还要保证有效的授课形式。首先，教师要压缩授课时间，提问一些探讨性问题和启发性问题，将时间留给学生思考。其次，教师要有针对性地进行性授课，根据学生的实践，引导学生感受到翻译，在忠于原文的基础上，充分能发挥自身的想象力和创造力。对于翻译教学而言，其中最关键的基础知识的积累，这些基础知识能够帮助学生更好的理解文本中的意义，而帮助学生建立这些基础知识就是教师的主要任务。比如，教师在讲解提示的过程中，可以保留部分内容，留给学生一定的空间，让学生进行思考，启发学生，提高学生的课堂参与度。

5．重视翻译工具书的正确使用

除了上述四点内容以外，教师还要正确指导学生使用工具书，要帮助学生利用工具书，从原文语境等多个方面入手，准确查找词语的对应意思。在翻译实践的过程中，很多学生过度依赖于英汉词典，在翻译过程中，不考虑语境，生硬的将汉语释义搬弄到翻译中去，造成译文词不达意，措辞生硬，难以展现出原文的风格，表达不够流畅。虽然英汉词典本身也是一种翻译产品，但是也存在一定的局限性，在很多情况下，并不能够提供英汉对等的词语意思，更不能够提供在于语境中的其他意义，而且过分依赖英汉词典，还会养成学生的惰性，长此以往，学生的思维、遣词能力都得不到锻炼，翻译能力的提高受到影响。教室应该正确指导学升学习语义等基本知识，要求学生养成查阅工具书的习惯，比如英英词典，选择最为准确的词语意义，选择出准确的意义、选择对应的汉语词语，联系原文语境，获得原文词语的确切翻译。常见的工具书包括：英英词典、百科全书、专门手册、网络资源等，这也是教学大纲中的制定，二级要求、四级要求、六级要求、八级要求中包括了工具书使用的原则。

6．翻译教学中的任务型教学法

任务型教学方法最早出现在 20 世纪 80 年代，是在社会建构理论和语言学习理论的基础上提出来一种教学理论，现阶段被广泛应用在英语教学课堂中。任务型教学方法，运用一系列目标明确的任务来激发学生的学习兴趣和动机，促使学生积极主动地完成任务，在完成任务的过程中，就是翻译能力提升的过程。以某高校教师为例，在设计教学内容和选择教学手段时，根据学生的平均基础，给每项任务都制定了明确的目标，保证任务的可行性，加上考虑到学生的生活经验和个人兴趣，对任务进行全面的完善，将其和传统教学法进行结合，提高教学效果。翻译工作坊教学方法是任务教学法的一种衍生。1964 年，保罗．恩格尔在爱荷华大学创作翻译工作坊，从此文学翻译在美国文化中占有一席之地，翻译工作坊通过模拟论坛，或者会议的形式，组织参加人分担不同的教学角色，以此培养翻译人员的临场经验和能力，将翻译人员放在实际的工作中去，面对在实际翻译工作种可能出现的各种问题，掌握快速解决问题的能力，考验实际翻译人员的精神状态、临场应变能力以及协调互动能力等多种内容。这种教学方式延续至今，综合了现代化的教学方法，形成了以学生为中心，以翻译过程为向导的教学模式，让学生在翻译中学习，有效提高翻译能力，并且通过课堂的沟通、交流，促进学生形成批判性学习。

第九章　学生在学习翻译能力学习与习得中需要注意的问题

第一节　学习与学习理论

一、学习的定义

俗话说："活到老，学到老。"可见学习是每个人终身的事情，历来受到人们的高度重视。在心理学中，学习是个含义极广的概念，表现形式可谓多种多样。如：小孩练习行走穿衣，牙牙学语是学习；科学家的创造发明是学习；学生在学校里系统地掌握知识、技能，形成良好的态度和行为习惯，培养高尚的情操和道德品质等，更是一种有目的、有指导的学习。可是，学习到底是指什么呢？国外不同的心理学派有不同的回答。

以桑代克·赫尔为代表的刺激反应理论认为：学习是S–R(刺激–反应)的结合。以苛勒·考夫卡为代表的格式塔理论认为：学习是个体对情境的理解，是对零碎知觉信息的再组织过程。以托尔曼·布鲁纳为代表的认知理论认为：学习是对环境中的刺激，依其关系形成的一种新的认知结构的过程，是意义的获得和实现期望的过程。日本学者松井三雄则认为：学习是一种为了适应新环境和提高适应水平，依据先前的经验改变行动形态的过程。

近年来，随着对学习心理研究的不断深入，人们比较倾向于接受这样的学习定义："学习是由经验引起的比较持久的行为变化。"而所谓的行为，除了能观察到的外部活动，如表情、动作和言语外，还包括潜在的内部活动，如思维、能力、个性倾向等。这个定义尽管引起了人们的重视，但至今还远未被人们普遍接受。不过，如果我们对这个定义仔细地进行分析，也许有助于理解什么是学习。

第一，学习被标志为行为的变化。换句话说，学习的结果必定总是被转换成可观察的行为，在学习之后，学生就能够做一些在学习之前所不会和不懂的事情。例如：给学生先做预测，然后提供某种训练，接着立即进行后测。预测与后测之差反映了行为的变化，这种变化才是学习的标志。

第二，这种行为变化是相对持久的。学习与训练并不是引起个体行为变化的唯一因素，还有许多因素也可以使个体行为发生变化。如生长、成熟、适应、疲劳、疾病和药物等引起的行为变化，就不能认为是学习的结果。所以只有在控制了除训练因素以外的其他因素的影响之后所产生的变化，才是学习，才具有相对持久的特征。

第三，某些行为变化具有潜在性。经验告诉我们：成功＝能力＋机会。意思是说，具备某方面的知识和能力，还需要有机遇、有条件施展，否则，外人不易察觉，自己也难以成功。例如：练武之人，不会随时显示自己的功夫，但不显露并不等于他没有武功。一匹千里马若没有伯乐式的人来赏识和起用，它也许永远只能是一匹普通的马。

第四，这种行为变化是经验或练习的结果。这一点的用意在于强调后天经验或练习对学习的作用，排除由基因制约的生长和成熟对学习的影响。

第五，经验或练习必须加以强化。根据巴甫洛夫的反射理论，强化是建立条件反射的重要条件。一般来说，学习只有在反应(行为、操作)会导致奖励(正强化)的情况下，才会产生和持久。

以上分析为我们正确认识什么是学习提供了一个可供参考的框架，但这是对广义学习定义的分析，人和动物均可参考。如果从教育情境中的学习，学生学习的角度看，狭义的学习是指：“凭借经验产生的，按照教育目标进行的比较持久的行为变化。”通俗地说，是指学生在教师的指导下，有目的、有计划、有组织地获得系统知识，形成技能，培养才智的过程，是学生的行为在已有经验的基础上发生相对持久变化的过程。

二、学习的过程与分类

(一) 学习的过程

过程的研究有助于从整体上揭示研究对象的本质，各组成部分的关系及功能，有助于掌握研究对象的活动规律和特点。所以，对于学习过程结构的研究．历来是教育家、心理学家十分重视的问题。下面介绍几种有代表性的分析。

1．我国古代教育家关于学习结构的传统分析

我国古代教育家的学习理论有许多精辟的论述和独到见解，概括起来，我国学习过程结构的传统模式(图 9-1)。

- 学习
  - 学（获得知识和技能）
    - 学　闻见(感知)
    - 思　慎思(理解)
  - 习（形成能力和品德）
    - 习　时习(巩固)
    - 行　笃行(应用)

图 9-1　我国古代教育家的学习过程结构模式

这一模式表明：学习过程分为学和习两个方面，具体分为学、思、习、行四个阶段。其中，学是通过多种感官获得信息的阶段；思是对输入信息进行加工的阶段；习是通过练习、复述对信息的保持和巩固阶段；行是提取信息应用于实践的阶段。

学和思是获得知识和技能的过程，习和行是形成能力和品德的过程。从学到习就是从不会到会；从知之较少到知之较多的过程，实质上是德才兼备的发展过程。

2. 苏联心理学对学习过程结构的分析

苏联心理学的理论基础是反射学说。所谓反射是指有机体通过神经系统对体内外刺激所做的有规律的反应。

开始环节，主要是通过感官接受体内外的刺激，并把信息传递到中枢的过程。由于外界信息量远远超过主体感觉通道在单位时间内所能容纳的容量，也就是说输入的信息量总是少于外界的信息量。因此，接受哪些或不接受哪些信息，需要经过注意的筛选和过滤，表现出一定的定向功能。故开始环节又称定向环节。

中间环节即加工环节，主要是对输入的信息进行加工、组织和制作的过程。按照认知心理学的观点，加工信息的场所，意识活动的中心是短时记忆。它具有保持时间短、容量有限、易受干扰等特点。

终末环节亦称行动环节，是对加工组织过的信息进行反应的过程，担负着执行的功能，如肌肉收缩、腺体分泌等。

反馈环节是对行动是否符合任务要求，是否达到目的进行检查和评定的过程，担负着校正和调节的功能。

研究表明，任何一个复杂的反射活动，都不是一次单向传导所能完成的，而是在输入与输出，低级中枢和高级中枢之间有来回往返的联系。这种由效应器的活动引起的传人冲动叫“反馈”，或者说系统的输出转变为系统的输入就是反馈。如教师根据课堂纪律、学生听课、记笔记、回答问题等反馈信息，及时调整自己的教学内容或方法。学生根据作业、实验和考试等反馈信息，确定下一步的行为目标。这些均是通过反馈环节来实现的。通过行动获得的反馈信息如果是正确的，它将作为成功的经验存在于记忆当中，如果不符合任务要求，则需要重新输入有关信息，进行新的加工和组织，直至做出精确反应。可见，作为双向传导的反馈环节，对于保证大脑皮质对效应器的调控，保证有机体对外部环境的适应与平衡具有重要的作用。

3. 美国心理学的分析

美国心理学家对学习过程结构的研究，可以首推加涅为代表。加涅把学习过程分为八个阶段，提出了学习过程结构的阶梯模式。

(1) 动机阶段。每个人做任何事情都是有原因的。即为什么要去做，通过活动预期达到什么样的目的。这是整个学习过程的第一步，任务是解决个体活动的动力问题。

(2) 选择阶段。当确定要做的事情之后，就必然会注意与目标有关的信息，进而选择有用信息，淘汰无用信息，使心理活动指向并集中于学习内容，形成一种定式。定式一旦建立，学习往往会表现出一定的坚持性。

(3) 获得阶段。这一阶段起着编码的作用，即对经过选择的输入信息进行登记，以物理特性的形式暂时贮留起来。

(4) 保持阶段。被登记的信息如果继续给予注意，则进入短时记忆。通过在短时记忆中加工、组织等一系列制作过程，信息以表征的形式转入长时记忆加以贮存。

(5) 回忆阶段。根据当前的任务，检索提取出长时记忆中的有关信息，使这些信息复活并积极参与当前任务的解决过程。

(6) 概括阶段。指把已经获得的知识技能灵活地应用于新的问题情境中，做到举一反三，触类旁通。这一阶段反映出“为迁移而教，为迁移而学’，的思想。

(7) 作业阶段。是效应器的活动阶段，是使学习付诸于行动，通过作业、练习或操作完成学习任务的过程。在这一阶段，学习的效果及解决问题的能力都可得到初步反映。

(8) 反馈阶段。学生因完成了新的作业并意识到自己已经达到了预期的目标．从而使学习动机得到强化，并由此确定新的、更高的目标。加涅认为：“值得注意的是强化主宰着人类的学习。因为，学习动机阶段所建立的预期，此说在反馈阶段得到了证实。”

加涅的学习阶梯模式是以学生在学习中所发生的心理过程为依据的，从学习动机的确立到学习结果的反馈，从学习愿望的产生到愿望的满足，揭示出人类掌握知识、获得技能、形成能力的发展规律，对于学生的学习是有积极指导意义的。

(二) 学习的分类

关于学习的分类，由于学习活动本身的复杂性以及在学习定义、学习过程和分类标准等方面存在着不同的观点，其分类很难统一。这里针对学生的学习特点，介绍美国心理学家奥苏伯尔的学习分类。

奥苏伯尔的学习分类比较符合学校教育的实际。他分别从学生的认知过程、学习方式与学习内容出发，提出了不同的分类。

从认知过程出发，学习可分为：符号学习，就是学习单个符号的意义，目的在于弄明白不同的符号代表什么？这是初学者的学习。例如：识字、识数、拼音字母与单词及各学科公式里的符号等。概念学习，是对某类符号进行抽象的概括。奥苏伯尔认为，学生学习概念分为两步。第一阶段是在具体概念的基础上形成抽象概念。命题学习，是学习句子的意义，通过句子来理解各个概念的含义、结构及其关系，如“生命在于运动”，“学习的目的在于运用”。

根据学习方式和学习内容的不同，学生的学习可分为接受学习与发现学习，机械学习与有意义的学习。机械一有意义两个学习维度之间不是彼此独立、互不依赖的关系，而是一个连续的相互影响的过程。有意义的学习要以机械学习为基础，不识字，不识数，又怎么能够通过阅读和计算去进行高级的有意义的学习？机械学习也有待于上升为有意义的学习，否则只是记住一些零星、片段、没有联系的字、词、符号，无法适应环境的变化。

发现学习与接受学习也是同样的道理。没有接受学习，不积累大量的知识和经验就谈不上发现。仅仅是接受而不创新就意味着社会的倒退，最终会导致人类的灭亡。而且，独立发现学习由于内容的不同，可以是机械的(如迷宫学习)，也可以是有意义的(如科学研究)；有意义的学习也可以是接受学习或发现学习，如听讲演，看资料或新思想、新设计的产生。所以，在教育界把发现学习与有意义的学习等同，将机械学习与接受学习等同以及各部分独立的思想都是错误的。关于不同学习类型优劣的争论，更是毫无意义。因为，各种形式的学习在整个学习过程中都是需要的，所不同的只是根据对象、任务、内容和要求的不同，在选择上有所侧重而已。

从上述介绍可以看出，学习的分类繁多，千差万别，难以统一。其原因，首先是同学习活动本身的复杂多变有关。其次，同各学派的观点、划分标准、角度的不同等因素有关。而且在各种分类中，对于动物的学习与人的学习，人类的学习与学生的学习没有做出严格的区分，有的甚至混为一谈，这势必影响学习分类的科学性和逻辑的严密性。但是，了解这繁多的学习分类也不是毫无意义的，它可以帮助我们在借鉴前人成果的基础上，有所创新和发现。

作为体育学习来说，其分类就更为困难。因为，体育学习既要遵循各门学科认识事物的共同规律，又要遵循人体结构、人体生理机能活动变化和动作技能形成的规律。学习的材料除教材、挂图、教师的讲解外，更多的是各种运动器械、教师的示范，而且是以学生的身体练习为主要方式去掌握知识和技能。所以，体育学习的分类应具有自己的特色。但在目前这方面研究较少的情况下，为了便于学习，我们可根据体育学习的任务划分为以下四种类型：

(1) 体育知识的学习。体育的起源和发展，体育的基本概念、术语、规则及体育有关理论的学习。

(2) 体育技能的学习。包括跑、跳、投、掷、泅、攀登等基本运动技能和篮球、排球、足球、田径、武术等基本运动技能。

(3) 体育锻炼方法的学习。掌握有效锻炼的方法，包括室内、室外、不同季节、不同项目的方法的选择，养成自觉锻炼的习惯。

(4) 体育道德品质的学习。对体育的认识、态度，自觉遵守体育道德行为规范，培养健康的体育观。

三、学习理论的形成和发展

学习问题在长期的研究中，由于研究者的哲学观点、知识背景、研究角度以及对象、方法的不同，导致了多种理论并存的局面。归纳起来，大致可分为两大阵营：联结派学习理论和认知派学习理论。

(一) 联结学习理论

联结学习理论又称刺激—反应学习理论(S–R)。它是继承了英国联想主义心理学派的一种理论体系。其代表人物很多，对于学习的解释各家又有其独到的见解。如桑代克认为学习是“尝试错误”的过程；赫尔认为学习是习惯的形成；华生则认为有机体的行为完全可由 S–R 的公式解释，不必考虑机体的内部状态等。尽管各家见解各异，但比较一致的基本看法是：学习是刺激与反应之间形成联结。下面介绍这一学派的代表人物桑代克、巴甫洛夫和斯金纳的学习观。

1．桑代克的“尝试错误说”

桑代克是美国哥伦比亚大学的心理学家，也是第一个根据动物的试验研究对学习问题提出系统见解和理论的教育心理学家。从 1896 年开始，他先后研究过鱼、小鸡、猫、狗以及猴子的学习，其中最著名的是猫解决疑难笼的学习试验。

试验过程如下：将一只饿猫关在疑难笼中，笼外放有鱼或肉。猫在笼中用爪求食而不可得，于是在笼中乱咬、乱摇、乱撞。后来，偶然拉动门钮逃出笼外，得到了食物。把猫重新关进笼内，它又重复上述过程。如此反复地进行试验，可以看到猫的无效动作逐渐消除，打开笼门取得食物所需的时间逐渐减少。也就是说能够满足需要的行为反应与情境刺激发生了联结，而不能满足需要的行为反应(乱摇、乱撞等)渐渐消退。最后，猫一进笼内，就能立即打开门取食物或逃走。至此，解决疑难笼的学习完成。

桑代克认为学习过程是一种渐进的、盲目尝试与错误的过程。随着错误反应的逐渐减少，正确反应的逐渐增加，终于形成了固定的刺激与反应之间的联结。故桑代克的学习理论即叫联结说，也称试误说。

2．巴甫洛夫的经典条件反射学习

俄国生理学家、高级神经活动学说的创立者巴甫洛夫曾用狗做过一个著名的试验，提出了条件反射学习理论。试验过程如下：

当狗吃食物时会出现唾液分泌现象，这是无条件反射，食物称为无条件刺激。给狗以铃声(无关刺激)，则不会出现唾液分泌现象。如果每次给狗吃食物以前先出现铃声，经过多次结合以后，铃声一响，狗也会出现唾液分泌现象，这时条件反射就形成了。为什么呢？因为，铃声本来与唾液分泌无关，但由于多次与食物结合，铃声已具有了引起唾液分泌的作用，即成为进食的信号了。此时的铃声已转变为信号刺激(条件刺激)。所以，由无关刺激引起的反射活动，就是条件反射。

可见，形成条件反射的基本条件是，无关刺激与无条件刺激在时间上的结合。

这个过程称为强化。

巴甫洛夫认为，学习就是暂时神经联系的形成，也就是刺激与反应之间通过强化的过程形成联结。强化的次数越多，条件反射就越巩固。而且，凡是能有效地作用于体内外的各种刺激，包括时间因素以及事物的关系等，只要得到强化，都可以转化为条件刺激，建立条件反射。当某一条件反射已得到巩固后，用新的无关刺激与这个条件刺激相结合，还可以形成二级、三级甚至多级的条件反射，这也正是人的行为之所以复杂、多样的根本原因。值得注意的是，为什么说条件反射的形成机制是“暂时神经联系”。因为条件反射形成之后，如果不继续给予强化，已经形成的暂时神经联系就会逐渐消退，引不起应有的反应。所以，这与一吃东西就必然会流口水的无条件反射的固定、永久性神经联系比较起来，确实是暂时的。

3. 斯金纳的操作条件反射学习

1938 年，美国心理学家斯金纳进行了一种操作性条件反射试验：把一只饿鼠放入试验箱内，开始它东碰西撞，当它偶然踩在杠杆上时，自动装置就会送来一粒食丸以强化这一动作。经过多次重复，老鼠会主动踩杠杆而得食。这一事实表明，老鼠的学习已经形成。也就是在食物(刺激)与踩杠杆的动作(反应)之间形成了联结。之后，斯金纳通过对其他动物学习的验证性实验，深信人类的学习行为大多数也是操作性的。他在 20 世纪 50 年代把“操作条件反射”学习理论引进课堂，提出了程序教学和机器教学的设想，在教育界掀起了一场教学改革的运动，被誉为“机器教学之父”。

巴氏与斯氏的两种条件反射有许多相似的地方。最基本的共同点是两种反射都是刺激与反应之间形成联结。联结是随着强化次数的增多而巩固，随着不强化而消退的。同时两种反射也存在一定的差别，主要表现在：

(1) 从两种反射的不同过程可反映出主动与被动的差别。经典条件反射是一个先有刺激后有反应的过程。也就是说先有报赏、奖励、表扬等，而后才进行操作或活动。这样的学习要推一把才走一步，显得十分被动。操作条件反射是先有反应. 后有刺激。也就是说通过个体的积极操作与活动，先做出成绩，然后才得到相直的报赏。这样的学习是积极主动的，也是符合社会主义分配原则的。

(2) 在操作性条件反射中，有机体的反应是骨骼肌的活动，是一种能控制的、随意的行为：在经典条件反射中有机体的反应是不随意的，多是植物性神经系统控制的内脏活动。

在日常生活中，操作条件反射比经典条件反射建立得更快、更巩固，也多于后者。但是，复杂的反射活动又往往是两者的结合。

上述代表人物的学习观都是建立在动物试验的基础上，把人类的学习还原到动物的学习也不失为一种有意义的研究方法和途径，对学习心理的研究和发展起了积极的促进作用。但他们用生物学的观点把人与动物的学习相提并论，忽略了人与动物学习的本质区别，忽视了人类学习与学生学习的差别，否认了意识和语言在人的学习中的作用，这是各家理论的共同错误之处。

(二) 认知学习理论

认知学习理论来源于格式塔心理学派。这一学派的代表都十分强调事物的整体结构，事物与事物之间的联系和关系，注重行为内部原因的探讨和认知结构的变化，其研究成果，对心理科学的发展及世界教育改革产生了重大影响。德国心理学家苛勒在大量试验的基础上断言：人类和高等动物的学习，不是对个别刺激做出个别反应，不是由于盲目的尝试而偶然获得成功，而是由于对整个情境有所领悟和理解的结果，是对知觉信息重新组织的过程。他于 1917 年提出“顿悟说”与桑代克的“试误说”相抗衡。瑞士当代著名心理学家、发生认识论的创始人皮亚杰认为：人类天生具有一种与环境取得平衡的倾向，其表现有两个方面：同化与顺应。同化是指个体将获得的新信息(经验)纳入已有的认知结构，使认知结构发生量变的过程，如知识范围的扩大，量的增加。顺应则是指用新的信息(经验)去改组或重新建构原有的认知结构，使认知结构发生质变的过程，如看法、意见、态度的改变。个体的学习就是通过同化和顺应这两个过程来实现的，其目的是求得与外界环境的适应和平衡。

美国心理学家托尔曼依据试验结果认为，个体的行为是有目的的，学习就产生于有目的的活动之中。个体所学到的不是刺激与反应之间的关系，而是连续出现的各种刺激或符号之间的关系。这种对一系列刺激(符号)和目的物之间关系的认知，就好像对整个情境获得了一张认知地图，以后再遇到这些符号时，就可在认知地图的引导下，顺利到达目的地。因此，他的学习理论被称为认知目的说，也叫符号学习。下面我们侧重介绍布鲁纳、奥苏伯尔、鲁墨哈特、维特罗克的学习观。

1. 布鲁纳的认知发现理论与教育

布鲁纳是美国哈佛大学的教育心理学家，从事认知与发展的心理学研究。他在吸取格式塔理论、托尔曼与皮亚杰学说的基础上，通过长期的研究，逐渐形成了自己的具有特色的“认知一发现”学习模式。这一理论强调兴趣、动机、直觉思维和知识结构的重要性，对美国的教育改革起了积极的、重要的推动作用。他的学习模式的基本点在于：

(1) 注重学习各门学科的基本结构。他在《教育过程)一书中指出：“不论我们选教什么学科，务必使学生理解(掌握)该学科的基本结构。”所谓的结构，他认为：“……就是以允许许多别的东西与它有意义地联系起来的方式去理解它。简单地说，学习结构，就是学习事物是怎样相互关联的。”

(2) 有了知识结构才能更好地形成认知结构。知识结构是经验的简约与联系的构造，是个体了解世界所经历的几个过程的总称。包括感知、领悟和推理等过程。而认知结构则包括知识的获得和知识的应用两个方面。显然，只有掌握了大量的知识，才能灵活自如地加以应用。

(3) 有了认知结构才能更容易通向原理、原则的迁移。布鲁纳认为：掌握了较基本的结构和原理，就可通过变式去理解特例，从而有助于增进学习中的迁移。这种态度和原理的迁移，布氏认为应该成为教育过程的核心。这就要求突出或加强教材体系结构的中心地位，以利于促进为迁移而教，为迁移而学。

(4) 缩小高级知识与低级知识间的差距。根据上述基本思想，布鲁纳提出了一个大胆的假设：“任何学科的知识都可以以某种方式教给任何阶段的任何儿童。”如当前的大学少年班，小小年纪同样可以学习高深的知识，并获得好成绩。这正是因为他们掌握了某门学科的基本结构，通过原理、原则的迁移缩小了高级知识与低级知识之间差距的结果。

与他的理论观点相适应，在学习方法上，他也有所创新，提出了“发现学习”法。具体内容包括：①强调对比；②激发有根据的猜测；③鼓励学生参与学习活动；④激发学生学习的自觉性。

2．奥苏伯尔的认知同化论

奥苏伯尔是美国纽约州大学研究院的教育心理学教授，是当代认知派杰出的代表之一。他的同化论是对皮亚杰和布鲁纳思想的发展和具体化，有独到之处，也易于被人们所接受。他和布鲁纳都强调学生应主动地、有意义地学习，但对于如何学习才算主动，才是有意义的，两人强调的重点有所不同。布鲁纳强调发现学习，奥苏伯尔则强调接受学习。他认为主动学习不等于排除教师的作用，事事都让学生卷入或参与。学生接受教师有目的的、有计划的、系统的知识传授并非就是消极被动的。他认为，学习的目的是要有所发现和创新，但发现创新的前提是拥有雄厚的基础知识，这种基础知识的获得与积累，在初级阶段是离不开教师传授的。因此，他认为学生在教师的指导下获得系统的知识本身就是一种有意义的学习，因而也是积极主动的学习。

这种有意义的学习过程，是以同化方式实现的。所谓同化是指学生头脑中某种认知结构，吸收新的信息，当新知识被吸收到原有认知结构之内，新旧知识的结构就形成了同位关系(A)。例如：“灯”是照明的工具。现在出示一个形状奇特的东西，你不知道它是什么，有什么作用?但只要一说它具有照明的特性，你就会把它归属于“灯”这一概念中。又如：一种新的动作设计，只要规定它在竞赛中以单脚起跳，以不碰落横杆的高度来计成绩时，大家就会立刻把这一新技术纳入跳高项目。

当所学的新命题包括了原有认知结构中的几个概念时，就形成了上位关系

(B)。如“水果”概念的学习，儿童在掌握了苹果、桃子、杏子、梨、西瓜等概念之后，再学习“水果”这一总括性的概念时，新概念包括了原有的概念，具有了更高层次的意义。

当新命题与原有认知结构既不产生类属关系，也不能产生总括关系时，可结合起来，构成并列关系(C)。如篮球、排球、足球、乒乓球之间的关系便是一种并列关系。

奥苏伯尔重视教师的主导作用，强调有意义的接受学习，强调学生原有认知结构与新知识的相互作用，促进同化，进而扩充和形成更高层次的认知结构等思想，符合教学实际，易于学生接受，因而受到世界各国的高度重视。

3．鲁墨哈特的图式理论

关于图式的概念一般认为是德国心理学家巴特利特在1932年提出来的。而图式理论则由美国心理学家鲁墨哈特(Rumethart)于1980年首创，并专门用来研究人的内部过程。

鲁氏认为，图式理论是一种关于知识的理论，它要说明的是：知识是怎样在头脑中被表征(信息贮存的一种方式)以及贮存的知识又是怎样以特有的方式被提取而加以应用的。也就是说，图式包括知识本身和知识应用两个方面。

在鲁氏看来，图式是由若干变量所组成的。在结构上就像剧本一样，有角色、情节和对白，而图式中的变量正如剧本中的角色一样可由不同的人来扮演，也可同环境中的不同情境发生作用。例如：教学的图式，变量包括师生双方、教室、教材、教具、教学过程及方式，其中师生双方可以是我国人、外国人、男人、女人、老年人或小孩；教室可以是新的或旧的，也可以是楼房或茅屋；教材可以统一自编、铅印、油印或手抄，但只要结构不变，仍是一个教学的图式。由此可见，在同一图式中，我们总是把原有知识同变量结合起来去分析新问题的。

但图式中的各个变量并不是孤立的，它总要与其他变量发生一定的关系。这种变量本身的价值和变量之间相互关系的知识，他称为变量的约束。变量的约束在图式理论中的重要作用有二：第一，能够帮助我们识别与图式变量有关的客观情境的各个方面。如买卖双方的约束，使买卖双方在价格问题没达成协议之前，不可能同货币发生联系。第二，变量的约束可以为我们提供一种“缺少的价值”。所谓缺少的价值是指对没有观察到的变量的猜测或推论。如联系什么程度的业务，可猜测或推论出大概的货币数目。当图式结构的变量与外界情境相结合，图式所具有的变量就被一些特殊的信息具体化了。这如同剧本的演出一样，不管是什么剧种，什么人演，在什么地方演，只要付诸实践便是具体化。具体化的过程就是理解的过程。

图式的中心作用在于建造对于一个事件、一种客体或一种情况的解释。也就是说，当遇到新问题、新情境时，图式的活动作用在于能否说明或解释你所观察到的情境。如选择的图式能说明情境，那么图式是合适的；如不能解释情境，则需要重新选择图式。因此，一种图式就是一种理论。一个人头脑中所有图式的总合，就构成了一个人对客观世界的总的看法，即世界观。

需要加以区别的是，图式和理论尽管都具有高度抽象、推测等特征，其作用都在于对客体、情境、问题做出解释和说明，但仍有两点是不同的。其一，理论是被动的，图式则是一个主动建构的过程。一种理论的诞生，其寿命相对来说是较长久的，人们只可套用，不可随意更改。而图式只是一种框架或结构，它可以根据具体情境灵活选择，次要部分可以改变，甚至主要部分也可以改造或重建。与理论相比，显得积极主动。其二，理论本身一般不包括许多亚理论，而图式则由非常明确的层次、等级结构所组成，如同计算机的程序网络系统一样，各个层次的图式都在执行着自己的任务。

鲁墨哈特根据对图式理论的研究，对图式的主要特点做了下列归纳：

(1) 图式具有变量。

(2) 图式具有层次。

(3) 图式可以在各种抽象水平上来表征知识而不是定义。

(4) 图式是一种主动的过程。

(5) 图式是一种认知的手段，其目的在于评价它所加工的材料的适合性。

图式理论是一种新兴起的理论，它强调知识结构与知识变量之间、变量与环境之间的相互作用，使各种变量具体化，以求对问题的理解和解决，对我们教学工作是有启发意义的。但图式仅仅给教师的教学提供了一个框架或一种工具，它本身并不规定教师在课堂上应做什么，不应做什么。教师可根据对象、内容的不同，灵活处理教学工作。

4. 维特罗克的学习生成模式

维特罗克是美国加利福尼亚大学的心理学教授，他的研究综合了 20 世纪 60 年代以来认知心理学的发展成果，集中反映出当代认知心理学家们对学习问题研究的思想转变。这种转变主要表现在以下三个方面：

第一，过去人们研究学习和记忆的兴趣在于探索外界环境的直接影响，现在人们的兴趣转向研究人类认知过程的重要性，探索教学怎样影响学生的思维过程，思维过程又是怎样反作用于教学过程的。

第二，过去的研究重在强化物怎样提高刺激物作出反应的概率，现在对学生接受刺激强化的归因感兴趣，也就是加强了对动机的研究。

第三，在更深的水平上，教学领域研究向认知领域转变，使教师从过程一产物的研究转向认知过程本身的研究，转向学生怎样利用外界信息，利用他原有的知识经验而形成对事物的理解。在此基础上，他提出了学习的生成过程模式。他认为，学习的生成过程是原有的认知结构(已贮存在长时记忆中的事件和人脑对信息加工的策略)与从环境中接受的感觉信息相互作用，主动地选择信息，注意信息和构造信息意义的过程。

学生原有的认知结构贮存在长时记忆之中，感觉到的经验是外界环境的刺激，两者相互作用的加工场所在短时记忆。其中，以特殊方式加工信息的倾向指的是个体活动的动机和兴趣。个体为满足某种需要，必然会注意和选择外界有关信息，表现出一定的倾向性和指向性。感觉信息，经过选择进入头脑的信息，它保持的时间很短，与有关的记忆贮存发生联系后，即刻进入构造意义阶段。主动构造意义是一个试验性的过程，可能成功，也可能失败。而不成功的原因主要有两个方面：一是选择的信息不妥，包括注意的对象；二是从记忆中提取的信息错了。在这一阶段，还包括一个双方的检验对照过程，既要跟感觉到的经验去对照，又要跟长时记忆中的经验相对照。构造如果成功，即达到了对事物意义的理解，这种成功的经验进而贮存于长时记忆，以备再次提取，同时也扩大了原有的认知结构。

维特罗克的这一模式对学习过程做了深刻细致的解剖，对各门学科的学习都适用，这主要是因为三个方面的原因。

第一，从任何信息的输入活动来看，无论是观察，做实验或阅读课文等，都不是从经验本身开始，而是从对刺激的选择性注意和知觉开始，具有一定的倾向性。因此，我们说学生的学习并不是被动的接受，而是一个主动的、深层意义的构造过程。这种选择性的意义，既涉及直接的刺激，也涉及有机体内部的动机与兴趣，更涉及主体随意控制的努力。

第二，对感觉到的经验信息进行意义构造时，必然要寻找跟原有认知结构的联系，也就是寻找现有的信息与贮存在长时记忆中的有关信息的联系。这种联系对构造新信息的意义是很重要的。当寻找联系的工作失败，个体就不能理解薪事物的意义了。

第三，掏造成功的经验会输入长时记忆，对原有认知结构进行充实和改造。在这种学习观的指导下，维特罗克提出了一系列由学生采取的旨在促进学习的具体技术(也称生成技术)。例如，列标题与小标题，自己设计问题、做笔记、写概要，抽象出主要观点、规则和原理等。

综上所述，学习就是学生在经过一定的活动和训练之后，在行为上出现的某种相对持久的变化。但是这种变化是多方面的，有运动的(动作技能、习惯的形成)，有情感的(惧怕、喜悦、悲痛等)，有认知的(知识与策略的变化)。导致这种变化的心理机制也是多种多样的，有条件反射、尝试错误，模仿与领悟、发展与成熟、发现与接受等。引起这些变化的原因也不尽相同，有学习情境和学生自身等多种因素。所以，就目前的学习理论来说，不论是哪一家，都难以解释所有的学习事实。各家的学习理论都有它合理的因素和部分，同时也存在一定的片面性和局限性。因此，对于不同类型、不同情境的学习，我们只能用不同的理论来加以说明。不过，现代认知派注重学习内部过程的研究趋向，应引起教育工作者的高度重视。

第二节　英语翻译学习时应注意的问题

翻译是在情境和经验基础上的一个创造性过程，翻译者认知前提包括自我认识和外部认知，译者思考过程的重要特征是问题的求解，思维能力是解决翻译问题的条件。译者翻译能力实现的根本在于他们的思维能力，加强对学生思维能力的培养，可进一步提高学生翻译能力。在英译汉过程中，要求译者双语能力要达标，积累较多的翻译知识，并具有严谨的翻译精神。思维能力是有效解决翻译问题的核心能力，有必要强化学习者思维能力的锻炼。为了增强思维能力训练，应主要从以下方面着手：第一，重视译者的问题解决能力。将每次翻译实践布置为一项任务，要求学生根据已有知识储量，仔细分析原文，找到其中的翻译难点，之后将翻译思维能力重点运用到这些翻译问题上。借助电子工具，或者请教翻译小组共同探讨翻译难点，在反复质疑和修正后，得到较为完善的翻译结果。翻译结果可看作是译者思维能力的体现，因此，我们认为反应思维能力对翻译质量有重要影响。第二，应加强对学生创新、严谨、科学求证等精神培养。例如，翻译家傅雷素在实际翻译前，会首先细致的研读原文，以期把握原文主旨和文气，之后开始进行翻译，并力求表现出原文风采，在这种翻译观作用下，可保证翻译质量。翻译文本、翻译环境和翻译工具等正在不断变化发展，这种情况下，要求翻译能与时俱进，特别要求译者将创新精思维、思辨思维等运用在翻译过程中，从而提高翻译质量。通过对有关译学的研究理论进行分析后，有专家认为，还有部分理论假设需要接受实践检验，需要译者在合理质疑下，实现知识理论体系的完善。传统翻译研究问题大多集中在忠实和美的辩论上，之后又引入了翻译文体，指的是译文忠实度和创造程度，主要与翻译文体有关。例如，在进行文学翻译时，为了翻译效果，应在忠实于原文的前提下，为译者提供足够空间来发挥其创造性，避免译文中体现不会文学性，特别在诗歌翻译上，需要呈现较多的创造性成分。第三，不仅要从作者角度考虑，还需要充分考虑读者阅读体验。翻译过程中，译者不能脱离原文进行翻译，同样不能过于重视原文，尽可能达到表达形式的一致，将加强译文的理解难度。翻译是为了加强不同语言文化间的交往，应考虑到译文质量和风格等。因此，将上两种因素充分考虑到的做法便是，在重视原语内容的同时，从读者角度出发，利用相关策略达到译文同时满足忠于原文和读者阅读体验的要求。处理思维能力的运用外，学生学习翻译时，还应保证译文运用的准确性和规范性。为了避免出现死译、硬译的现象，要求译者严格按照翻译规范进行翻译。翻译家余光中先生提出保持汉语之生态的观点。英译汉便是利用中文将英文含义表达出来，达到信息交流和共享的目的。但是，现阶段大多英译汉中注重对“精”的追求，忽视语句的自然流畅，使得译文表现出句法夹缠、语法错误的情况，影响了文化间的正常交流，甚至破坏了中文简练对称的常态。译文中语言文字为原文表达含义的载体，如果译文恶性西化，势必会违背翻译目的。有翻译学者认为，英译汉过程中应遵循以下原则：忠于原文和译文的表达习惯。翻译理论指出，翻译能力实质上是译者对及环境、知识等要素处理能力，翻译是作者和译者的跨时空交流过程。想要保证文化信息的有效传达，要求信息匹配度较高。一般情况下，信息匹配度与翻译效果成正相关关系。从这一角度出发，在翻译实践过程，不仅应注重文本的译者互动时思维能力的运用，还要求译者具备推导原文意图的能力。总的来讲，翻译可看作是搭建、解释关联信息的相似性，力求原语和目的语的最大匹配度。翻译学习就是保证译者与原文间进行有效对话，所以，学生在学习翻译时，应注重信息匹配能力的训练。学生应按照以下标准要求自己：关注任务环境、社会环境和生态环境；翻译主要以意义翻译为核心；翻译思维较复杂，需要合理运用高阶思维。

第三节　翻译学习中应运用的学习策略

一、认知视角下的翻译学习策略

英语学习者在学习能力、学习环境等条件大体相同情况下，将产生差距较大的学习效果。学习策略便是影响翻译效果的主要因素之一，因此，需要学生在翻译学习时重视多种翻译策略的掌握。加强对学习策略的研究，不仅可明确解释学生的差异性，还能为翻译教学发展提供理论支持。翻译学习策略指的是学生针对学习目的应用的学习方法，包括对翻译学习有直接影响的特殊思路，还包括间接提高翻译学习效果的一般方法。在翻译学习中，势必会利用多种学习策略。然而，需要注意的是，学习效果较好的学生通常会选择独特的学习策略，在对造成学生学习策略选择存在差异性的原因进行分析时，发现主要体现在以下方面：学生的目的语掌握程度；学生文化背景；学生个人特征；学习策略观念；学习时间。这些因素互相关联，构成策略选择和使用的影响因素，将对学生翻译能力产生一定影响。因此，教师应针对这些因素，加强学生在上述方面的认知能力。学生个人能力存在明显差异，只有学生明确认知自身能力水平，才能保证学习策略的合理选择，从而实现学习目标。为了掌握学生在翻译学习中的策略使用情况，可采用问卷调查这一方法，相关调查结果表明：学生在翻译过程中还没有意识到策略的重要性，很少使用学习策略；学生利用的学习策略大多基于语言学上的，几乎不涉及以心理学为基础的相关策略的运用。为了充分发挥学习策略的积极作用，可结合学生特点和翻译教学具体情况，设计以下几种学习策略。

第一，图式策略。人类在与外部世界进行交往的过程中，将认识周边物体和各种情景，并在大脑中形成相应模式。这种认知可看作是围绕多种事物及情境而构成的知识系统。通常将这一知识系统称作图式，是人的大脑对外部世界的理解形式，同时是进一步理解其他事物的基础。图式事实上是一些知识片段，存在与人的大脑中。而对语言的认知便是激活大脑保存的知识片段。当面对新知识时大脑中没有对应的知识片段，将对语言理解产生阻碍作用。因此，有必要将图式作为一种重要的学习策略并加以研究，帮助学生有效激活大脑中与原文信息相对应的图式，以便对原文有精准把握。翻译过程中，文字内容能激活译者大脑中有关图式，有利于译者判断文本接下来可能运用的情况。翻译实践时如果不能合理利用背景知识或者欠缺背景知识，将加大译者对原文的理解难度。从这一角度出发，译者在阅读原文时，应利用自身已有知识来激活头脑中对应图式，以便在对原文有准确理解的基础上，促进翻译过程的顺利进行。从学生角度来讲，在翻译时应注重原有知识的运用，是取得良好翻译结果的重要条件，而对于教师来说，应为学生提供能激活学生大脑中图式的翻译材料，在翻译实践中加强对学生翻译能力的培养。为了保证图式策略的科学应用，需要注重以下问题：一是翻译过程中可能出现图式运用错误的现象，特别是语言表达较抽象时，不利于学生在头脑中产生对应图式；二是学生已经掌握的图式内容，不一定是对文字信息的准确反映。所以，翻译教学中，教师不仅需要指导学生掌握记忆语言功能和语言形式，还应提高他们激活相关图式的目的，科学利用翻译技巧来补充原文中没有的语言信息，并帮助学生不断完善和充实自身的认知图式。

第二，推理策略。推理指的是由已知条件或假设事实中得出结论的一个过程，能作为一个独立的活动过程存在，经常涉及其他认知活动。推理体现出原文结构上的特征，不是译者通过自身认知习惯而进行的随性行为，一些翻译文本需要借助推理策略才能达到对原文的准确理解。译者在看到原文内容后，将会结合已有翻译知识和实践经验来做出相关推理，能为译者提供大量有效信息，还会将原文中的内容联系起来，保证译文满足通俗易懂的要求。另外，将推理策略结合到翻译实践中，可帮助学生认识文本内容间联系，加深他们对与原文的理解。教师应有意识的向学生讲解一些推理技巧，例如翻译中常用的从文本结构进行推理、从上下文联系进行推理等，这些推理技巧应与原文结构联系起来，以便确保推理结果的准备性。

第三，猜词策略。学生自身的概念能力在翻译中有明显作用。概念能力指的是在阅读原文过程中将语言信息转变为概念的能力，同样是将原文感知输入转化为文章理解的过程。学生在词汇匮乏、段落总结能力不强和对原文理解不足情况下，将无法获取信息反馈，导致学生陷入对胡乱猜测中，因此应引导学生合理利用猜词策略。翻译范畴的猜词策略包括以下几种：一、根据词汇构成来猜词词义，属于较常见的一种方法。要求学生具备一定的语法知识，尤其应掌握词根、前缀和后缀的含义。二、按照词汇意义上的关联性来猜测词义，上下文间在词汇意义上通常有一定关联，根据这种联系进一步猜测词义。三、借助换用词语的方式来猜测生词意义。在文本中通常会存在使用不用词汇表达同种意思的情况，将难以词语互换使用，以此猜测生词词义。四、合理利用信号词。信号词在文本中起到衔接作用，利用这类词语能帮助学生更好地了解原文信息。五、结合实际案例来推测生词词义，对于有的文本来讲，会对文中提出的例子或事物加以阐释，这时学生可根据例子中常见词汇来猜测文章内容。最后，语境策略。已经指的是语言文字经过使用后出位于的语言环境，包括宏观环境和微观环境两种。微观环境指的是词义组合和词汇搭配，可将词汇意义特定在某一语境中。宏观语境则包括场合、话题等，将文本意义确定化。

在翻译过程中，不仅应考虑微观语境，还要注意宏观语境，通过两者的有效结合来明确文本意思。从语境实质出发，可将其看作是人类大脑中的丰富知识与激发短期记忆的相关情境与语言刺激共同作用的产物。翻译过程中译者除了根据已有语言知识来理解句子意义外，还需要结合原文语境进行思考和推理，明确作者写作意图，进一步形成自身对原文信息的认知图式，进行有效的翻译过程。语境在翻译中具有重要作用，译者对原文的理解以及译文的表达都是在相关语境中完成的。语义选择、篇章结构、选词造句等离不开语境作用，可以说语境是保证翻译质量的基础。教师在指导学生翻译时，要求学生阅读原文时联系语境，达到对原文的充分把握。同时，译文表达也要贴近实际语境，尽可能与原文一致。上述翻译学习策略在翻译实践中有重要作用，需要注意的是，不同学习策略适用于不同情况，并且这些学习策略之间有一定联系，可交替运用到翻译中，保证翻译的灵活性。

二、建构主义理论下的翻译学习策略

学习策略的掌握和应用对学生翻译学习效果有重要影响。因此，学生在进行翻译学习时，应充分重视学习策略的合理选择。有关学习策略的探究主要包括两个阶段，分别是初始研究阶段以及从 20 世纪 80 年代起至目前的发展阶段。社会学习研究者主要从学习方法分类以及特点等方面展开了讨论，但是翻译学习策略这一范畴的研究却少有涉及。针对这一问题，我们应加强对翻译学习策略应用价值的研究，培养学生的策略意识，促使人们充分认识翻译学习策略在翻译教学以及学生翻译能力培养上的价值和优势。通过结合建构主义理论，可得到具有一定应用性的研究理论，希望为翻译学习策略相关研究的发展做出贡献。建构主义理论指出，学习者在面对新的语言信息前，已经积累了充足的知识和经验，当面对新的事物时，他们将调动已有的知识和经验，进一步了解新的事物。这一过程便是重新建构的过程，将改变旧的知识，以此来完善学生知识体系，当新知识和已有经验与知识完全无关的条件下，则建构主义理论不发挥作用。建构主义理论强调学生是自身知识不断创造的主体，所以按照建构主义的相关研究理论，可将学习看作是一个在以旧知识为基础的情况下不断增加新知识的过程。大多数情况下，知识主要是由学生自己获得的，而教师则逐渐弱化其在课堂上的主体作用。

Kirly 的观点表明，翻译教学和语言教学应顺从教学改革的要求，使得课堂重心从以教师为核心或者与学生为核心逐渐转变为以学习为核心。为了实现这一转换过程，应注重学习过程中师生关系的合理建立。目前较为有效的模式便是注重合作和交往的新垂模式。建构主义理论指导下，鼓励学生积极进行自主学习，以便在翻译教学过程中加强学生信息收集、知识探索、解决问题以及合作交流的能力。通过采取新型模式，能保证学生主动有效地学习，而对于教师来说，他们应是教学活动组织者和协助者，在教学内容制定时充分考虑学生特征、爱好兴趣、情感变化以及未来发展趋势等，从而引导学生主动构建其知识体系。吕俊认为翻译就是一个重建过程，利用新的语言来构建目标社会，可将其看作是由社会文化以及译者交互影响下进行的过程。翻译教学家较为看重构建主义理论，主要是由于他们意识到以教师为中心这一传统教学理念的缺陷，而解决这一问题的有效方法便是发挥构建主义理论的指导作用。鼓励学生提出关于翻译学习的建议，并让他们切实参与到翻译情景中。将翻译课程变为翻译实践，并在教师与学生积极进行信息交流下，有针对性地开展课后活动。Kirly 则将建构主义理论和翻译教学结合起来，他指出传统的翻译教学存在机械化、操作性差的弊端，而借助建构主义相关理论，可帮助教师完成从教到协助，从单纯传授到积极参与的过程，这会极大程度提高教学效果。我国在建构主义这一方面也有所研究，主要针对它在翻译教学中实际应用价值进行讨论。从当今的翻译教学情况来看，我国已经具备将建构主义结合到翻译教学中的基础条件。

高校翻译课程一般设置在高年级，主要是考虑到只有在学生掌握一定英语知识后，才能顺利进行翻译活动，大多数参与翻译学习的学生已经具备有一定的外语经验，对于他们来讲翻译学习更加简单，从而确保学习效果。在教学实践过程中，相对于传授学生学习策略来讲，更应该注重对他们策略意识的培养。学习策略不仅指的是学习方法，还包括翻译实践中多种技巧的应用。从建构主义角度上看，说明学习策略有着重要的应用价值。翻译教学旨在实现终生学习、有效学习以及知识构建的目标，从教学目标角度出发，学习策略的应用可实现这些目标，充分体现学习策略在教学实践中的应用价值。由此可见，指导学生了解并合理运用学习策略是教师应该考虑的重点内容，并且是加强翻译教学效果的重要手段。

翻译理论及实践是高校英语专业的重要课程，目的在于向学生讲解基本理论知识和翻译技巧，在涉及大量实践训练后，提高学生翻译能力。建构主义强调学生是翻译教学中的主体，要求学生在进行翻译学习时，对自身的学习进度要善于管理，并在自我监控下有效完成学习任务。在翻译课程建设中，大多数高校都遵循建构主义提出的学生占据课堂主体地位这一观点，将其作为教学改革的基本原则，严格遵循精讲多练的课堂开展原则，实现课堂教学课后活动以及教学效果评价的有效结合。重视翻译实践中师生的积极互动使得翻译教学始终处于动态变化状态，打破传统教学模式下理论知识与实践训练分离的局面，同时应注重学生自主学习意识的增强。建构主义可对翻译学习策略起到启示作用，在这一理论作用下，翻译教学理念以及教学设计具有较强的实用性和可操作性。具体来看，在理论知识及翻译实践相结合的翻译教学过程中，需要坚持学生为课堂主体，教师起指导、辅助作用的教学理念。教师不仅通过教学来传授学生翻译知识，还加强对他们研究能力和学习能力的培养，帮助学生明确学习动机，在发挥学生能动性和自主性的基础上，促进翻译教学课堂的高效开展，发挥翻译教学效能。总之，建构主义理论为翻译教学的发展提供了新的视角，对教师和学生都提出了相关要求。在对学生翻译学习时注意事项进行分析时，需要从建构主义理论对学生要求着手，明确学生在学习过程中，应注重积极主动地进行自我能力培养，对所学知识进行主动建构。除了课堂教学外，课外实践同样对学生能力培养有一定影响，通过组织翻译实训、课外训练、合作学习等活动，能提高学生综合能力。而建构主义对学习策略的指导作用还体现在教学方法的选择上，建构主义观点认为，语言学习是为了培养学生语言能力，从而在具备一定能力下来构建所掌握知识的意义，进一步将所学知识应用到实践中。教学方法方面，教师可采取情景设计、合作学习、课外实践活动等，充分落实学生的主体地位。在开展教学活动时，教师应合理采纳学生对课堂教学的建议，充分尊重学生想法，激发学生课堂活动参与积极性。另外，还可将多种教学方法结合起来运用，建立新型的教学模式，采取互动教学法，加强课堂内外互动和师生互动，加深学生对学习策略的理解。

首先，可采取讨论式的翻译学习策略。翻译教学中，利用师生交流模式以及学生交流模式来进行课堂教学，教师负责设计相关问题，与学生共同互动讨论，使得学生可有效分析问题并解决问题，培养学生语言能力和问题发现及解决能力，进而充分发挥学生的主动性和能动性。例如，在讲解翻译知识时，教师将针对某篇文章，要求学生通过查找资料并互相讨论来分析文章体现的文化背景，结合双语语言特点，比较原文和译文的不同之处，为学生翻译能力提高奠定坚实基础，是一种较好的学习策略。其次，翻译教学中还可运用课内外相结合的学习策略，将翻译课堂与社会需求结合起来。课堂活动可实现课内知识及课外实践练习的密切结合，再将翻译课堂与社会相联系，可保证学生掌握的翻译知识与实际生活中可能面对的翻译问题相吻合，做到知识的有效利用，保证翻译教学有效性。传统教学理念下教师的角色更多体现在课堂活动中的独裁者，限制了学生的创造思维，而当今时代教师更加注重为学生提供广阔空间去应用所掌握的知识，并通过引导方式来调动他们的学习能动性。为了保证翻译课堂教学内容能满足市场对人才的需求，教师可采用模拟商务情景、案例式教学等方法，从而培养应用型翻译人才。

三、较翻译视角下的翻译学习策略

在比较翻译学方面，吕叔湘先生在《中国文法要略》中提到：只有比较才能找出不同语言表现形式的异同点。王力先生在《中国现代语法》内指出，英语教学效果最佳的方法便是中外语言的对比教学。翻译是一个语言信息传递和艺术重现的过程，通过将语言符号转变为新的语言符号，得到新的语言形式结果，翻译中主要涉及英汉语言意义的理解和表达。并且转换过程需要借助比较和对比等方法。比较知识的学习和利用是学生翻译学习时需要重点注意的内容，有利于翻译教学效果的提高，同时在比较学研究理论作用下，强化了翻译实践中的对比过程。比较翻译学是针对比较翻译这一学习策略展开的研究，揭示了重译、复译等翻译行为的内在规律。例如，译者在进行翻译学习时可能遇到这样一种现象：对于一篇原文的译文包括多个版本，并且翻译教材和相关学者对翻译作品评价看法不同。如在对《葛底斯堡演说》中：“…that government ofthe people．by the people，for the people，shall not perish from the earth．”这一语句进行翻译时，包括以下几种译文：第一，……并且让这个民有、民治、民享的政府将永世长存：第二，……要使这一归人民所有，由人民管理，为人民服务的政府在世界上永久存在。在对两个译文进行比较分析时，可观察到译文一具有简洁明了的特点；译文二更加忠实于原文意义。

翻译学家在进行译文比较时，将采用不同翻译标准，这种情况下将势必产生不同的评价结果。即使采取同种标准，但是标准尺寸也会有所差异。在有关翻译标准定量分析、多元化等方面的研究，已经取得了一定的研究成果，并且翻译界还加大了对翻译概念多样性的研究，在这些研究理论支持下，为翻译界扩展了视野，但是加大了翻译学习难度，会造成学习者翻译过程中有较大困惑。而比较发建议学相关理论可为学习者提供启示，帮助学生更好掌握翻译知识。比较翻译学以对比为主要手段，指导学生进行英汉语言知识的对比分析，包括抽象与具体、静态与动态、意合与形合等方面的对比，进一步加深对中外文化的了解，明确微观意义上的区别。复译和重译行为可帮助学生判断译文质量，引导学生利用理论知识开展实践活动，在总结自身翻译中存在的不足基础上，提高自身翻译能力。总的来讲，翻译学习就是一个不断进步的过程，而分析总结翻译实践中的问题，是增强翻译能力的重要措施。

因此，决定比较研究学在翻译教学中有一定应用价值，可促使学生明确自身能力上的缺陷。学生在翻译学习时，需要注重对比学习方法的运用，通过对翻译结果进行合理评价，为之后的翻译学习提供参考依据，从而保证技能学习的针对性。在比较知识学习以及比较翻译学方面，虽然关于对比知识学的研究较多，但还有大多数研究者分不清对比和比较间区别。在比较语言学与对比语言学的区别研究上，王宗炎指出，对比分析和对比语言学与比较语言学存在一定区别。比较语言研究倾向于历史性的研究，需要对语言间谱系关系进行分析，进一步得到合理的研究成果。而对比分析主要是共时 1 生研究，旨在表明语言间的分歧性和一致性。从上述观点可看出，比较语言学重视对语言长期发展过程进行研究，即是历时研究，而对比语言学则重视共时研究。在对两个语言学进行分析时，可看出比较是认识事物和研究事物的一项基本方法，同时是应用在语言学研究领域的基本犯方法。语言包含结构和系统两个构成要素，从它的特点来看，对语言的研究离不开历时研究与共时研究。传统对比互译教学模式已经不适用目前翻译教学中，通过从语言特点出发，利用多进行语言的对比和比较，从而准确掌握语言内在规律。. 学生翻译学习过程就是语言能力不断提高的过程，而学生只有在对语言规律有明确认知，并科学运用语言知识基础上，才能实现翻译能力有所提高的学习目的，有利于学生未来发展。

首先，文军在他的论文中表明了比较翻译研究中的不足：一是无法脱离以实用性为评价指标的技术性评价，以及将挑错作为主要评价手段的批评性圈子，批评视角狭窄；二是大多评论较感性，类似读书笔记，但是缺少系统的、综合的、理论依据较强的翻译批评。由此可见，翻译界中的比较语言和对比语言有一定区别，在实际翻译时，需要综合考虑共时、历时、地域等因素，逐渐形成自己独特的理论体系，并将其应用到翻译中。为了提高学生合理选择学习策略的能力，教师应重视为学生传授比较理论知识，使得学生掌握较好的理论知识，加强翻译结果的准确性。其次，考虑到学生语言基础知识和理论基本功有所差异，造成不同学生的翻译结果不同。在对译文进行比较时，不仅可针对同一翻译能力或者不同翻译水平的译者的翻译作品进行对比评价，还可翻译者在不同阶段对某一语篇进行翻译的译文质量进行评价。通过利用这种评价方法，可促使养成自主学习的习惯，在知识体系不断完善下实现翻译能力的提高。大多数翻译者意识到，翻译能力与翻译实践次数关联性不大，主要与每次翻译实践后的分析总结有关，即是重在评价和翻译的精益求精上。再次，在比较理论指导下，将引导学生对自己和其他人的作品进行比较，从而激发学生的翻译学习兴趣，并在翻译过程中体现思辨这一思想活动。对优秀译品进行比较，可促使学生掌握多种翻译学习策略，并且在对多种学习策略进行实际运用后，可逐渐形成学生自身的翻译体系。例如，有些学生将采用回译这一学习策略，即是先将源语转换成目的语，再由目的与转换成源语，进行双语间的互译，潘文国认为这是一种较为有效的翻译学习方法，能帮助学生找出翻译中的不足。另外，通过对比分析，可进一步确定翻译体裁，在翻译实践中，学生可在进行词汇选择、造句以及篇译的过程中感受不同翻译题材的精髓。为了提高评价结果的说服力，学习者更倾向于针对原文进行多方面探讨，从而加深对语篇和文体的理解，拓展学生的知识面，并尽可能在实践过程中学到较多的翻译知识。

除了上述翻译策略外，从比较翻译学角度出发，还可加大翻译学习中词典以及多媒体技术的应用。社会学习研究者重点强调了个体行为和环境间的互相影响，将比较翻译学和先进科学技术结合起来，可为学生提供多种翻译方法。多媒体网络是实现对比学习与比较学习的重要条件，尤其是在进行优秀翻译作品的比较学习时，学生在学习过程中应充分发挥自主意识，综合运用幻灯片、音响、黑板等学习工具来达到理想的学习效果。在为学生发散思维的应用提供广阔空间的同时，使得教师处于课堂指导地位，与当今高校翻译教学发展趋势相一致，特别是在广告、新闻等翻译问题的学习中，更是体现多媒体网络在翻译教学中的积极作用。而词典的利用则为学生提供了自主学习资源，通过陕速查词可加强对译文的比较效果，不断丰富学生翻译知识。例如，在语篇翻译过程中，生词词汇的出现将为学生翻译带来障碍，当学生无法采用适当的翻译策略后，将影响翻译准确性。这时可利用多媒体网络的作用，在网络查询下，对词汇含义有准确掌握，进一步开展对比学习。通过以上阐述，可看出学生在翻译学习时，应合理借助相关学习工具，保证自主学习过程的顺利进行，使得译文质量逐步提高。在双语翻译中，大多学生将使用电子词典，很少使用英英词典。但是很多电子词典及英汉词典对某一词汇的翻译差异不大，使得词汇含义不完全对应这一问题没有得到有效解决。实践翻译中对词句应用要求较高，而学生利用这种不精确的翻译资源时，将不能做到忠实原文，更不能得到高质量译文。由此可见，为了取得较好的学习效果，需要学生在运用多种学习方法后，选择适合自身发展的学习方式，以便充分发挥多种学习资源的有利作用。学生学习翻译的重点便是实现理论知识和翻译实践的有效结合，并探索出高效的翻译学习方法，从比较学习角度来看，同一作品的多个译本，将为学生翻译学习提供充足的学习材料，同时可为比较翻译理论的探究提供有效素材。总的来讲，比较翻译学相关研究理论将为翻译界研究的深入创造有利条件，还可为学生翻译学习提供了新的视角，体现出一定的现实意义。